# Penser tout haut l'économie avec Keynes

Paul Jorion

# Penser tout haut l'économie avec Keynes

Odile Jacob

15, rue Soufflot, 75005 Paris

www.odilejacob.fr

ISBN : 978-2-7381-3308-3

# Introduction

À partir des années 1870, la pensée économique, qui existait jusque-là sous l'appellation d'*économie politique,* a opéré un tournant radical faisant d'elle une supposée « science » économique. Dans un saisissant contraste avec l'*économie politique* qui prévalait alors et dont la prétention à la scientificité, dans le cadre d'une science « morale », était dans son cas justifiée, la « science » économique s'est épanouie sous la houlette du milieu financier. Celui-ci lui a prodigué son soutien et l'a encouragée à générer un « savoir » qui serve ses intérêts et ignore les sujets et les approches susceptibles de le fâcher. La production de la théorie économique se faisait à l'origine dans le cadre des départements d'économie universitaires, elle s'est déplacée ensuite – tout particulièrement aux États-Unis – vers les écoles de commerce, qui se trouvent davantage encore dans la sphère d'influence des milieux financiers.

Paradoxalement, depuis cette époque, une réflexion qui était jusque-là authentiquement de nature scientifique s'est dévoyée, singeant avec une détermination croissante les signes extérieurs de la scientificité, mais s'éloignant en réalité de plus en plus de ce qui serait une réelle démarche scientifique. Elle sacrifia en particulier la validation par la confrontation des constructions théoriques avec les données empiriques*, de crainte qu'un tel test ne mette en péril les acquis dont l'« harmonie préétablie » avec les desiderata de la communauté

---

* On se reportera aux enquêtes minutieuses menées à ce sujet par Donald MacKenzie dans *An Engine, Not a Camera*, Cambridge (Mass.), MIT Press, 2006.

financière est considérée comme providentielle, sans que la question soit jamais posée du pourquoi de ce caractère providentiel.

S'évanouirent du champ de la pensée économique les questions qui lui étaient centrales au XVIIIe puis au XIXe siècle mais qui irritaient ses sponsors : la propriété privée comme objet d'étude disparut des manuels d'économie, les conflits d'intérêts entre les classes sociales furent ignorés car ramenés au rang d'illusion produite par le cerveau d'énergumènes mus par le ressentiment et incapables de comprendre le caractère *naturel* de la division sociale du travail, la spéculation – en faveur de laquelle les milieux financiers avaient si vaillamment combattu, obtenant de haute lutte dans le dernier quart du XIXe siècle l'abrogation des lois qui l'interdisaient jusque-là – fut qualifiée de mirage : elle n'était rien d'autre nous dit-on qu'un *artefact* fruit d'une compréhension déficiente du mécanisme de la formation des prix.

Le résultat nous est connu : lorsqu'une crise d'une ampleur considérable s'est déclenchée en 2007, les économistes, dans leur quasi-totalité, ne l'ont pas vu se dessiner et, faute d'une modélisation adéquate, ils se montrèrent alors incapables de proposer les mesures nécessaires pour remédier au mal. Un moment désarçonnés, ils se sont rapidement ressaisis et ce sont à nouveau eux qui dispensent leurs conseils et leurs prévisions décollés de la réalité économique, aussi bien dans la presse que dans le cadre universitaire.

Que conviendrait-il de faire ? Il faut bâtir enfin et sans plus tarder la théorie qui fait encore défaut. N'y a-t-il rien encore d'où prendre un départ ? Si, il y a l'œuvre de John Maynard Keynes !

Nombreux sont les économistes à s'affirmer aujourd'hui « keynésiens », mais la plupart d'entre eux, à juger de ce qu'ils écrivent, n'ont pas même pris la peine de lire Keynes dans le texte ou, s'ils l'ont fait, ils ne semblent pas en avoir perçu les enjeux, la raison étant qu'ils l'ont lu avec les lunettes de la théorie économique dominante et tout ce qui « dépassait », c'est-à-dire tout ce qui constitue la véritable nouveauté de son apport, leur est demeuré tout simplement invisible. Ce sont eux qui, par exemple, croient entendre dans l'expression d'« euthanasie du rentier » une évocation voilée de l'inflation, ignorant qu'il s'agit de la transition vers le socialisme décrite par Keynes dans les « Notes finales sur la philosophie sociale à laquelle la théorie générale peut conduire », dernier chapitre de sa *Théorie générale de l'emploi, de l'intérêt et de la monnaie* (1936), dont le mot « inflation » est en réalité entièrement absent. Sans compter les contresens commis par les « keynésiens » qui n'ont lu que des traductions défectueuses de Keynes dans la langue qui leur est familière. Les économistes francophones sont de ce point de vue des victimes toutes désignées, interprétant par exemple le terme « conventionnel » comme s'il désignait le « produit d'une convention », alors qu'il signifiait « fruit d'un esprit conformiste » pour Keynes.

En fait, Keynes « savait parler le langage des économistes », comme il savait parler celui des politiques, des spéculateurs, des artistes, et de bien d'autres encore, sans être pour autant un économiste dans l'âme. Keynes était essentiellement un « *Cambridge man* », autrement dit un homme de culture générale, mâtiné d'un moraliste. C'était en particulier un critique aigu de G. E. Moore (1873-1958), apôtre d'une social-démocratie bienveillante, dont l'influence, massive à Cambridge à l'époque où Keynes était étudiant, s'exerçait aussi bien sur les enseignants de l'université, professeurs et répétiteurs (*tutors*), que sur leurs élèves.

La première chose à faire pour reconstruire une théorie économique digne de ce nom, c'est de ressusciter Keynes, non pas pour critiquer sa pensée, comme ont tenté de le faire d'autres économistes tel Friedrich von Hayek (1899-1992), mais dans l'intention précise de la dépasser dans le cadre élargi que proposent les sciences de l'homme dans leur ensemble. De même que, pour produire une théorie alternative de la formation des prix dans mon livre *Le Prix* (2010), il m'a fallu commencer par ressusciter la « proportion diagonale » permettant à Aristote de représenter le mécanisme de la formation des prix tel qu'on le trouve expliqué dans l'*Éthique à Nicomaque*, pour ensuite adapter son modèle aux données économiques et financières du monde contemporain.

Et pour rebâtir à partir de Keynes, rien n'est plus propice sans doute que la familiarité avec le monde qui l'avait engendré, à savoir avoir été comme il le fut lui-même un « *Cambridge man* », autrement dit le produit d'un milieu intellectuel très particulier.

Ce que je vise en particulier par ce terme de « *Cambridge man* », c'est ce que les anthropologues du XIXe siècle désignaient du nom de *survivance* : une institution venue du fond des âges, ayant partiellement préservé sa forme originale qui la rend essentiellement étrangère au temps présent, à savoir dans le cas qui nous occupe, une mentalité : l'esprit scolastique de l'université médiévale qui, dans le système universitaire occidental, reste représenté tout spécialement à Cambridge et à Oxford. Je n'envisage ici que la scolastique « progressiste », celle qui s'était consacrée à la poursuite du projet aristotélicien au cours du Moyen Âge classique, et non la scolastique théologique « conservatrice », qui prônait la crainte de Dieu et considérait que toute connaissance est vaine aux yeux de l'omniscience divine ; de cette dernière, Martin Heidegger (1889-1976) est bien entendu à la fois le dernier représentant et le couronnement.

Keynes affirmait que, dans leurs réflexions portant sur l'économie, les hommes et les femmes des temps futurs trouveraient en Silvio Gesell (1862-1930), l'anarchiste allemand promoteur de la monnaie « fondante », un point de départ plus fécond que chez Karl Marx (1818-1883), ce qui ne signifiait pas pour autant qu'il cautionnait les conclusions auxquelles Gesell était parvenu : il en souligna d'ailleurs les faiblesses dans sa *Théorie générale* de 1936. Nous qui sommes les hommes et les femmes des temps futurs auxquels pensait Keynes, nous trouvons de la même manière chez lui un excellent point de départ, sans qu'il faille pourtant, et semblablement, s'abstenir de relever au passage les insuffisances de son œuvre, insuffisances de plus en plus criantes d'ailleurs depuis que son décès en avril 1946 mit un point final à ses efforts constants de faire de chacun de ses textes, une version améliorée de ceux qui le précédaient.

Mon but avec le présent livre, c'est de compléter pour les temps qui sont les nôtres l'œuvre de Keynes sur certains points, de découvrir les endroits où il existe en son sein des erreurs ou des lacunes flagrantes et m'efforcer d'y remédier, comme ont tenté de le faire avant moi l'économiste américain Hyman Minsky dans son *John Maynard Keynes* ([1975] 2008), ou l'économiste britannique Geoff Tily dans *Keynes Betrayed* (2007).

Il convient d'examiner aussi les questions clés sur lesquelles Keynes ne s'est pas prononcé, qu'il s'agisse de problèmes déjà présents à son époque mais qu'il avait choisi d'ignorer, ou de questions qui ne sont apparues que plus tard, et de compléter son analyse dans ces cas-là – dans la mesure de mes moyens bien entendu.

## *L'homme Keynes*

Dans ce projet de rebâtir une science économique digne de ce nom, dont on puisse retirer les guillemets que l'on est forcé d'ajouter mentalement aujourd'hui au mot « science », Keynes nous a aidés en facilitant le ravalement nécessaire de sa propre œuvre. Il l'a fait en attirant notre attention sur les points faibles de son argumentation, en plantant le fanion signalant soit un obscur « mécanisme psychologique » jailli soudain de son chapeau de magicien, soit la forme la plus élémentaire d'un mécanisme psychologique, son « degré zéro », ce que Keynes couvrait du terme « conventionnalisme », à savoir l'esprit conformiste ou « conventionnel » qui ne réfléchit qu'à regret et prend pour argent comptant la représentation « toute faite » qu'offre la langue ou, pire encore, celle que propose par défaut le simple sommeil de la faculté de penser.

Ce sont en effet ces références hâtives à des *mécanismes psychologiques* – de simples « boîtes noires » chez Keynes – qui désignent avec le plus de sûreté une articulation manquante dans sa construction théorique. Et c'est à ces endroits précis qu'il convient de proposer autre chose, pour faire se rejoindre les deux bords sur lesquels les explications valides, qu'il a par ailleurs offertes, se sont arrêtées, en raison de sa perplexité quant à ce qu'il aurait fallu mettre là. Lacunes, vides, où Skidelsky, le biographe de Keynes, a repéré à très juste titre l'absence, le manque, d'explications d'ordre historique ou sociologique : autant de points stratégiques pour compléter et peut-être achever l'édifice et remplacer les « boîtes noires » des *mécanismes psychologiques* par des explications invoquant l'homme dans l'autre de ses dimensions : en tant que *zoon politikon*, selon l'expression d'Aristote, en tant qu'animal social, partie prenante d'un tout doté d'une organisation.

## *Le véritable Keynes*

Malgré le nombre considérable d'ouvrages qui lui ont été consacrés et dont la plupart se sont paresseusement contentés de recycler les mêmes clichés, le véritable Keynes est aujourd'hui fort mal connu.

On peut découvrir l'homme, les actes qu'il a posés et l'œuvre qu'il a écrite dans les trente volumes de ses œuvres complètes publiées sous l'égide de la *Royal Economic Society* dont il avait été le secrétaire pendant plus de trente ans avant d'en devenir le président quelques mois avant sa mort, et avec la collaboration pour la diffusion de ces ouvrages, de Macmillan, son éditeur de toujours : Daniel Macmillan était l'ami proche des jours passés à Eton, et les Cambridge University Press, la maison d'édition de son *alma mater*.

On trouve de Keynes un portrait extrêmement détaillé et magistralement brossé dans la biographie en trois volumes qu'a publiée, de 1982 à 2000, Robert Skidelsky : *Hopes Betrayed 1883-1920* (1983), *The Economist as Saviour 1920-1937* (1992), *Fighting for Britain 1937-1946* (2000). L'éditeur de Robert Skidelsky pour l'édition américaine le força à changer le titre du troisième volume qui devint : *Fighting for Freedom* (« Combattre pour la liberté » au lieu de « Combattre pour la Grande-Bretagne »), laissant transparaître une conception curieuse de la liberté de l'auteur. Skidelsky s'en explique avec mauvaise humeur dans la préface du livre.

Skidelsky a très judicieusement fait observer que la méthode de Keynes procède en deux temps : il commence par clarifier le point de politique qu'il entend mettre en avant, pour proposer ensuite l'argument théorique qui en serait la justification irréfutable. C'est sans surprise que l'on découvre alors que Keynes admirait cette stratégie très particulière chez autrui. Voici par exemple ce qu'il écrivait en 1943 à propos de « l'homme Newton », qu'il qualifiait de « dernier des magiciens » quand il entendait évoquer le physicien éminent devenu par la suite le Maître de la Monnaie du royaume britannique :

> J'ai le sentiment que Newton était capable de conserver un problème à l'esprit durant des heures et des jours et des semaines jusqu'à ce que celui-ci finisse par capituler et lui livre son secret. Ce moment venu, parce qu'il était un technicien des mathématiques au suprême talent, il lui était loisible d'apprêter ce problème, d'une manière ou d'une autre, dans un but de démonstration. Mais c'était son intuition qui était tout spécialement d'une qualité hors du commun. « À ce point heureux dans ses conjectures, dit De Morgan, qu'il semblait en savoir bien davantage qu'il n'aurait jamais le moyen de prouver. » Les preuves,

> pour ce qu'elles valent, étaient, comme je l'ai dit, apprêtées par la suite – et ne constituaient nullement l'instrument de sa découverte (Keynes [1943], 2010 : 365).

Keynes fut-il entendu de son vivant ? Il fut entendu bien davantage sans aucun doute que le commun des mortels mais il ne fut pas écouté autant qu'il l'aurait souhaité lui-même. Il lui restait quinze ans à vivre lorsqu'il écrivit les lignes qui suivent dans la préface d'un recueil de ses textes publié en 1931, intitulé *Essais en persuasion* (*Essays in Persuasion).* Voici ce qu'il déclarait :

> Sont rassemblés ici les croassements de douze années – les croassements d'une Cassandre qui ne parvint jamais à influer à temps sur le cours des événements. Le volume aurait pu s'appeler *Essais en prophétie et persuasion*, car la *prophétie*, hélas, fut davantage couronnée de succès que la *persuasion*. Mais ce fut dans un esprit de persuasion que la plupart de ces essais furent rédigés, dans une tentative d'influencer l'opinion. Ils furent considérés à l'époque, un grand nombre d'entre eux, comme autant de propos exagérés et imprudents. [...] Il me semble au contraire – alors que je les relis, conscient que mon témoignage personnel est nécessairement biaisé – qu'à la lumière des événements qui eurent lieu ensuite, ils reflètent davantage une modération difficile à justifier qu'une prétention excessive (Keynes [1931], 1972 : xvii).

L'histoire conjecturale est un terrain miné sur lequel il est plus prudent ne pas s'aventurer : on peut en effet y prétendre avec le même aplomb tout et n'importe quoi sans crainte de se voir jamais contredit mais, prenant ici un risque calculé, j'affirme, et je ne suis pas le premier, que si les propositions rédigées par Keynes en 1919 sur les réparations dues aux Alliés par l'Allemagne avaient été adoptées, Adolf Hitler serait resté le peintre d'aquarelles moyennement doué qu'il était, épanchant son fiel dans des livres lus par une minorité substantielle sans doute de la population allemande – les idées d'extrême droite séduiront toujours les personnalités rigides –, mais insuffisante pour lui permettre d'accéder au pouvoir. Et si la proposition de Keynes en 1944 à Bretton Woods en faveur d'un ordre monétaire international avait été adoptée, nous ne serions pas dans la situation inextricable où nous sommes aujourd'hui plongés : nous aurions progressé pendant soixante-dix ans déjà sur la voie inscrite dans son projet de pacification des relations économiques entre nations et, au sein de celles-ci, entre leurs citoyens.

Tout n'était pas pertinent, tant s'en faut, dans ce que Keynes eut l'occasion de dire et d'écrire – et j'ai tenu à rapporter certains de ses propos qui nous font aujourd'hui d'abord sourire parce qu'ils sont davantage le témoignage de son insolence que de la profondeur de sa réflexion –, mais faisons en sorte que ce qui survit de Keynes aujourd'hui – et le bilan est considérable – fasse retour dans nos esprits, et y demeure, pour le bonheur du genre humain.

PREMIÈRE PARTIE

# Formation et premiers écrits

CHAPITRE 1

# Bloomsbury et la Première Guerre mondiale

## « *Beautiful people* »

Le groupe de Bloomsbury, du nom du quartier londonien où il avait établi son quartier général, était constitué dans les années 1910 et 1920 d'intellectuels et d'artistes, issus de la moyenne bourgeoisie (c'est le cas de John Maynard Keynes), voire de la haute bourgeoisie. Ils vivaient en bohèmes, sans grand souci de survie immédiate. Bloomsbury était de fait une colonie de l'Université de Cambridge située à cent kilomètres, droit au nord de la capitale.

Quand la Première Guerre mondiale éclate au début du mois d'août 1914, Bloomsbury reste indifférent à ce qui lui apparaît comme un jeu mis en scène par des officiels aux cols empesés, banquiers et généraux, se prenant tous bien trop au sérieux. La guerre est aux yeux de ces jeunes gens outrageusement « modernes », un jeu d'un autre âge.

Pour comprendre comment s'est formé Bloomsbury, il faut remonter au roi Henry VI (1421-1471) et au vœu qu'il forma selon lequel les adolescents les plus doués du collège d'Eton (fondé par lui en 1440) poursuivraient ensuite leurs études au King's College de Cambridge (également fondé par lui, l'année suivante).

Non contents de voir leur identité d'élite royale confirmée jusqu'à l'âge de vingt-quatre ans, les anciens d'Eton fondèrent à Cambridge en 1820 une association d'anciens qui prit la forme d'une « société secrète » appelée « The Apostles ».

Ces « Apôtres » constituaient en réalité, et très innocemment, un club où l'on débattait soit de questions morales, soit des implications morales de questions plus générales d'ordre politique. Les meilleurs orateurs d'entre eux y joutaient, comme ils avaient déjà eu l'occasion de le faire durant les nombreuses années qu'ils avaient passées sur les bancs et dans les dortoirs d'Eton.

Dans les années 1920, les Apostles se convertirent en masse au marxisme et la société secrète deviendra dans les années 1930 une pépinière d'agents soviétiques tout aussi discrets.

Le cœur masculin de Bloomsbury (à Cambridge, les femmes ne sont encore à cette époque qu'une minorité reléguée aux sphères extérieures) est constitué d'Apostles. Or c'est une femme : Virginia Stephen, romancière, épouse Woolf, qui incarnera pourtant Bloomsbury aux yeux du monde.

En août 1914, alors que la guerre éclate, John Maynard Keynes, Apostle passé par Eton, puis par King's College, a trente et un ans. Il est maître de conférences à Cambridge et débute parallèlement une carrière de fonctionnaire au Trésor à Londres. Mathématicien, puis économiste de circonstance, il n'a rien d'un artiste. Il n'en est pas moins pleinement chez lui à Bloomsbury : il s'improvisera trésorier du groupe informel, puis deviendra son financier officieux. Il sera de tous les événements, il participera à toutes les soirées, il se trouvera au cœur de la promiscuité sexuelle dont Bloomsbury avait fait l'un des traits de sa liberté antivictorienne, homosexuelle essentiellement quant à lui.

Quand l'un de ses anciens condisciples de King's, Apostle comme lui, l'aristocrate hongrois Ferenc Bekassy, se met en quête de l'argent qui lui permettra de rentrer chez lui, Keynes lui prête la somme nécessaire. Un ami lui fait observer que si Bekassy s'en va, c'est pour rejoindre les troupes ennemies. Keynes lui répond qu'il a fait tout ce qui était en son pouvoir pour dissuader son ami de partir mais que seule sa volonté compte désormais à ses yeux. Lieutenant des Hussards, le Hongrois meurt à Bukovina en juin 1915 (Skidelsky, 1983 : 295). Il écrivait le mois précédent dans une lettre :

> Les poètes tiennent à leurs sentiments et ne sont pas disposés à se séparer d'eux, les autres laissent leurs sentiments suivre leur cours naturel et n'écrivent pas de poésie (*ibid.* : 421).

À un autre de ses anciens camarades qui lui envoie une lettre du front, demandant à Keynes s'il peut lui ramener un souvenir de Berlin, « une gravure, par exemple », celui-ci répond en lui faisant part des plus récents potins. Laquelle lettre lui revient barrée de la mention « TOMBÉ AU FRONT » (*ibid.* : 296).

Rupert Brooke est l'un des amis de Virginia Woolf à Cambridge, il a fréquenté un temps Bloomsbury, pour devenir ensuite un poète va-t-en-guerre renommé, il est l'auteur de « The Soldier », « Le soldat », qui débute par ces vers que tout Anglais connaît encore :

*Si je devais mourir, pense de moi seulement ceci :*
*Qu'un coin de champ étranger*
*Est à jamais l'Angleterre.*

En avril 1915, en route vers ce qui sera la bataille de Gallipoli dans les Dardanelles, aux cent mille morts, Brooke meurt de septicémie.

À l'été 1915, à Bloomsbury comme à Cambridge, pour tous ces jeunes gens pleins d'idéal intellectuel ou artistique, la guerre a désormais cessé d'être indifférente.

## *La fin de l'innocence*

Quand trop de troupes auront été décimées et que l'hypothèse d'une fin rapide de la guerre aura perdu toute vraisemblance, la conscription sera décrétée en Grande-Bretagne. Le 27 janvier 1916, les hommes célibataires et veufs sans enfants âgés de dix-huit à quarante et un ans sont mobilisés (les pères de famille sont exemptés). L'option leur est offerte de faire la preuve qu'ils sont indispensables à la nation dans leur emploi présent ; ils peuvent choisir aussi l'objection de conscience. Un tribunal détermine la validité de leur demande. Pour le candidat qui voit celle-ci rejetée, et qui refuserait quand même la conscription, c'est la prison assortie, selon la rumeur qui court à l'époque, de mauvais traitements.

Pour les hommes de Bloomsbury, le choix n'en est pas véritablement un : ils se déclarent dans un bel ensemble, objecteurs de conscience. Pour Keynes, fonctionnaire au ministère des Finances, acteur clé dans l'économie de guerre, dont les rapports rédigés par lui jouent un rôle déterminant dans les décisions prises, la question se pose en des termes différents. En tant que membre de la coterie Bloomsbury, il s'affirme objecteur de conscience. La lettre qu'il envoie, où il prend soin d'écarter un pacifisme de principe, est digne de l'orateur qu'il avait été parmi les Apostles : plus convaincante par l'articulation logique de ses arguments que par la chaleur de son plaidoyer. Au même moment cependant, le ministère informe les autorités militaires que Keynes est indispensable dans l'emploi qu'il occupe. Quand le tribunal chargé de décider du bien-fondé de son objection de conscience le convoque, il répond avec insolence qu'il est à son très grand regret bien trop occupé pour se rendre à l'invitation.

Aux yeux de Bloomsbury, Keynes n'en est pas moins un rouage, et particulièrement efficace, de la machine de guerre. Il a beau affirmer dans ses conversations comme dans ses lettres que la situation le rend malade des deux manières dont on peut exprimer la chose en anglais : « *sick and ill* » ; il a beau écrire à son ami Duncan Grant : « Je travaille pour un gouvernement que j'exècre en vue d'objectifs qui sont selon moi criminels » (*ibid.* : 319), ou écrire à sa mère que la révolution russe « est le seul résultat de la guerre jusqu'ici qui en vaille la peine » (*ibid.* : 337), ou que : « L'abolition des riches sera plutôt une bonne chose, ils ne méritent guère mieux [...] parce que nos dirigeants sont aussi incompétents qu'ils sont insensés et mal intentionnés, une ère particulière d'un type particulier de civilisation touche à sa fin » (*ibid.* : 346), Keynes ne seconde pas moins aux yeux de ses amis les gentlemen en hauts-de-forme qui maintiendront toujours une distance respectable entre eux-mêmes et les champs de bataille où de jeunes hommes tombent désormais par centaines de milliers.

Keynes est à Paris à partir de janvier 1919 : il appartient au contingent britannique participant à la Conférence de paix qui négocie les traités entre Alliés et vaincus. L'atmosphère revancharde l'indispose, il s'impatiente des mesquines exigences additionnelles de dernière minute. En mai, il écrit à Duncan Grant : « L'Anarchie et la Révolution seraient la meilleure chose qui puisse nous arriver, et le plus tôt serait le mieux » (*ibid.* : 371). Il se lie d'une amitié qui se confortera au fil des années avec l'un de ses adversaires allemands : Carl Melchior. Il fera de celui-ci le sujet d'un mémoire dont les qualités littéraires susciteront l'admiration de Bloomsbury. Dans *Le Dr Melchior : un ennemi vaincu* (1921), il écrit :

> Il semblait penser tout comme moi. Il me fixait, les paupières lourdes, désarmé, avec ce regard que je lui connaissais déjà, celui d'un animal blessé digne dans la douleur. Ne pouvions-nous pas mettre fin aux formalismes dénués de tout contenu de cette Conférence, cette grille à trois barreaux de triples interprétations, et parler plutôt de la vérité et de la réalité, comme des êtres en possession de toutes leurs facultés mentales ? (Keynes [1933b], 2010 : 413).

En date du 8 juillet, Virginia Woolf écrit dans son journal, à propos de Keynes :

> Il est déçu, selon ses mots. À savoir qu'il a cessé de croire en la stabilité des choses qu'il aime. Eton est condamné ; les classes dirigeantes aussi, peut-être même Cambridge. Ces conclusions se sont imposées à lui en raison du spectacle affligeant et dégradant de la Conférence de paix, où des hommes jetèrent les dés sans vergogne, non pas pour l'Europe, ni même pour l'Angleterre, mais pour assurer leur propre retour au Parlement lors des prochaines élections (Skidelsky, 1992 : 378).

## Les Conséquences économiques de la paix *(1919)*

Le 5 juin 1919, dans un état de détresse et de rage combinées selon sa propre description, Keynes démissionne de son poste de fonctionnaire au « Treasury », le ministère des Finances. Il quitte du même coup la délégation britannique dont il était membre à la Conférence de paix à Paris. Le traité de Versailles sera signé trois semaines plus tard, le 28 juin.

Dans les premiers jours d'août, il se rend à Charleston, la maison coquette au sud de Londres qu'il partage, en sus de leur logement dans la capitale, avec quelques représentants de Bloomsbury. Il rédige alors d'une seule traite *Les Conséquences économiques de la paix* (*The Economic Consequences of the Peace*), au rythme qu'il s'impose lui-même, soit mille mots par jour, sept jours sur sept.

Pendant qu'il rédige son manuscrit, il en partage le contenu avec son entourage. Sa mère lui enjoint de retirer les épithètes trop désobligeantes à l'égard des grands de ce monde qu'il a côtoyés au cours des quatre années de guerre : « Il faut manifester un minimum de loyauté envers ton chef », lui écrit-elle. Elle ajoute : « Épargne un peu le Président [américain Wilson] pour autant que ce soit possible… Évite de l'appeler "le pauvre" […]. Il est vraiment important que tu ménages les susceptibilités internationales – ne qualifie donc pas les exigences françaises d'"absurdes" – n'appelle pas non plus ces *grands* hommes "vicieux" ou "irrationnels". Ton travail bénéficiera – il n'en sera pas diminué – d'une certaine modération » (Skidelsky, 1983 : 383).

Le cercle de ses lecteurs dépasse cependant celui de sa famille et de Bloomsbury. Herbert Asquith qui fut Premier ministre de 1908 à 1916, lit le manuscrit et suggère à Keynes d'en retirer le portrait brutal de Lloyd George, son successeur au poste de Premier ministre. Sheppard, alors vice-provost, avant de devenir provost de King's College en 1933, lui déconseille de qualifier le même Lloyd George de « représentant de l'Homme néolithique » (*ibid.* : 383).

À la mi-octobre de la même année, quand Keynes reprend son enseignement à Cambridge, l'ouvrage est pratiquement terminé. Ce texte mordant, toujours au bord du sarcasme ou de l'indignation véhémente, lui a permis de coucher sur le papier les frustrations des quatre années de guerre et d'épancher la rage accumulée.

Voici ce qu'on y lit à la première page :

> Mû par un rêve insensé et un amour de soi destructeur, le peuple allemand a bouleversé les fondements du monde où nous avions vécu ensemble et sur lesquels nous avions bâti. Mais les représentants des peuples français et britannique prennent le risque de compléter la ruine initiée par l'Allemagne au moyen d'une Paix qui, si elle devait être instaurée, causerait davantage de dommage encore, alors qu'elle pourrait veiller au contraire à reconstruire l'organisation délicate et complexe que la guerre a ébranlée, puis brisée, organisation qui permettra seule aux peuples européens de s'assurer un emploi et de vivre (Keynes, 1919 : 3-4).

Cent mille exemplaires de l'ouvrage furent rapidement écoulés. Il avait été traduit en douze langues.

Bien sûr, comme Keynes le dirait plus tard dans cette préface déjà citée des *Essais en persuasion* publiés en 1931, où il évoquait « les croassements d'une Cassandre qui ne parvint jamais à influer à temps sur le cours des événements », avoir toujours eu raison, en ayant été entendu de l'opinion mais non des décideurs, ne constitue qu'un pis-aller. Et dans ce cas-ci, pour le malheur hélas des millions qui sont morts de la manière que l'on sait, et pour le malheur aussi des survivants.

Le rôle que Keynes avait joué, et qu'il continuerait de jouer jusqu'à sa mort en 1946, est celui dont doit se satisfaire l'intellectuel, écarté de la prise de décision par les hommes à gibus et à portefeuille rebondi. Comme l'écrira Skidelsky :

> Il avait admis que les intellectuels et les politiciens ont sans doute des obligations distinctes : le devoir de l'intellectuel est de dire la vérité en réponse au mensonge *nécessaire* du politique, avec le bénéfice que s'il le fait, la nécessité pour le politicien de mentir en est réduite d'autant (Skidelsky, 1983 : 396).

Ou, pour reprendre les termes de Keynes lui-même dans *Une révision du traité* (*A Revision of the Treaty*), la suite qu'il donnera en 1922 aux *Conséquences économiques de la paix* :

> [...] les citoyens ordinaires ne sont pas soumis à la même obligation que nos ministres, de devoir sacrifier la véracité au bien public. Parler et écrire librement est l'une de ces petites satisfactions qu'un particulier peut s'autoriser. Il s'agit peut-être même d'une façon d'apporter un élément de plus à cet agrégat de choses que la baguette magique des hommes d'État réussit à faire travailler ensemble, de la manière merveilleuse que l'on observe, pour notre bien ultime (Keynes, 1922 : 3).

La souffrance intérieure de ces années passées dans la désapprobation de ses camarades de Bloomsbury se trouvait effacée grâce aux félicitations par lesquelles ceux-ci saluaient *Les Conséquences économiques de la paix*. Cette désapprobation l'avait cependant hanté, comme il le leur concédait quelquefois au cours de ces quatre années quand il admettait que le caractère « passionnant » des tâches dont la nation l'avait chargé lui faisait parfois perdre de vue quel était leur véritable enjeu.

Skidelsky dit des « Bloomsberries » (faisant un jeu de mots sur *to bloom* : « fleurir », et *berries* : les « baies », comme dans *blackberries*, les « mûres ») :

> ils n'étaient pas riches. Mais ils ne durent jamais s'asservir à des institutions étrangères à ce qui constituait leur véritable esprit. Il y eut juste assez d'argent hérité pour leur permettre de vivre la vie qu'ils s'étaient choisie jusqu'à ce que leur talent personnel opère la transition vers une indépendance méritée (Skidelsky, 1983 : 250).

Il est bon de rappeler à ceux qui seraient tentés de ne voir en elles qu'un luxe importun que s'offrent les civilisations, que c'est quelquefois aux bohèmes bourgeoises – avant-gardes encore sans public, intellectuels « précaires » – que l'histoire confie la tâche de rappeler que la révolution n'est ni dans les mots que l'on énonce ni dans la véhémence avec laquelle on les prononce, mais dans la manière dont on l'incarne. Pendant les quatre années de la Première Guerre mondiale, Bloomsbury fut la conscience de John Maynard Keynes, avec la sienne propre bien entendu, qui en était l'un des constituants indispensable et parfaitement indissociable.

## *Keynes devient économiste*

Quand, en juin 1919, Keynes démissionne avec pertes et fracas du ministère britannique des Finances, claquant du même coup la porte de la Conférence de paix à Paris à laquelle il participait, il vient d'avoir trente-six ans. Le livre qu'il écrit dans le même accès de rage, *Les Conséquences économiques de la paix,* sort en librairie le 12 décembre. Comme je l'ai dit, plus de cent mille exemplaires s'en vendront.

Keynes ne renouera avec le service public que vingt et un ans plus tard, en 1940, et en la même qualité durant la Seconde Guerre mondiale que celle qui avait été la sienne durant la Première : en tant que technicien surdoué de l'administration de l'économie d'une nation en guerre.

L'occasion lui sera bien entendu donnée d'être consulté par l'administration et le gouvernement britanniques durant cet entracte de vingt et une années : il est invité à donner son avis lors de réunions ou d'auditions en tant que professeur d'économie à Cambridge. Et quand c'est plutôt au titre de journaliste qu'il intervient (il dirige la revue *Economic Journal* et chronique dans plusieurs journaux au fil de ces années), il ne se prive nullement de faire connaître ses vues, qu'on le lui demande ou non. C'est manifestement pour que puisse être entendu « un autre son de cloche » qu'il est invité et, bien que son opinion ait un grand retentissement auprès du public, elle n'a pas d'impact direct sur le cours des événements. Skidelsky a bien caractérisé le Keynes de l'entre-deux-guerres :

> [...] le rôle de fonctionnaire/économiste technicien se transforma insensiblement [pour lui] en celui d'éducateur/économiste politicien [...] interprétant les positions officielles à l'intention du public informé, et faisant en sorte qu'une opinion éclairée possédant une base solide exerce une influence sur l'action politique (Skidelsky, 1983 : 377).

Keynes avait saisi l'occasion que lui offrait la rédaction d'un livre comme *Les Conséquences économiques de la paix* pour offrir une première expression à certaines propositions qui se sédimenteraient peu à peu chez lui pour devenir les points forts de son système de pensée. En voici un exemple :

> Quelques-unes de ces catastrophes de notre histoire qui ont rejeté le progrès humain plusieurs siècles en arrière sont dues aux réactions qui résultèrent de la fin soudaine [...] de conditions temporairement favorables ayant autorisé une croissance de la population exigeant des ressources qui dépasseraient celles qui seraient disponibles quand ces conditions favorables cesseraient d'exister (Keynes, 1919 : 231).

Un commentaire qui vaut encore aujourd'hui...

Cela dit, jusqu'en 1919, ce n'est pas véritablement en tant qu'économiste que Keynes s'était fait entendre. Son rôle d'intendant de la guerre menée par la Grande-Bretagne de 1914 à 1918 consistait essentiellement à faire correctement des calculs portant sur des rentrées et des dépenses, et le cœur du livre qu'il publie en 1919 repose sur des arguments de bon sens, complétés d'observations, suggérant par exemple que les politiciens étant des imbéciles doublés de couards revanchards préoccupés seulement de leur réélection, un tel bon sens leur était étranger. La théorie économique à proprement parler n'avait pas encore mobilisé son intellect.

Quand, en 1908, Keynes accède au titre de maître de conférences en science économique, la discipline n'a pas encore acquis son autonomie à Cambridge. Les cours sont donnés par des professeurs formés dans d'autres domaines. Tout comme, au dernier quart du XVIIIe siècle, Adam Smith (1723-1790) était philosophe ou, au début du XIXe, David Ricardo (1772-1823) était agent de change.

C'est Alfred Marshall (1842-1924) qui s'efforcera de fonder un véritable enseignement de science économique à Cambridge. Il avait déjà tenté sans grand succès de rallier à sa cause Neville Keynes, le père de Maynard, un homme sans ambition qui écrivait dans son journal intime quand il avait trente-quatre ans : « À mon âge avancé… » (Skidelsky, 1983 : 53) et qui préférera s'en tenir à son rôle d'administrateur de l'université. Marshall tente à nouveau sa chance, cette fois avec le fils.

Keynes est mathématicien et philosophe de formation et s'il s'engage dans l'enseignement de l'économie en 1908, ce n'est pas en raison d'un goût particulier pour la branche, mais uniquement parce que Marshall lui en offre la possibilité au lendemain de son échec à obtenir une *fellowship* à King's College à Cambridge, poste sur lequel il comptait énormément et qui, pour tout dire, lui semblait lui revenir de droit. Aussi, quand il est question d'économie, il se contente de répéter ce qu'il trouve dans les livres, et tout spécialement dans les *Principes d'économie* (*Principles of Economics*) que Marshall avait publiés dix-huit ans auparavant, principes complétés par ceux d'économistes plus anciens ayant gagné son respect, comme Robert Malthus (1766-1834), connu pour ses craintes relatives à l'épuisement des ressources en raison d'une natalité excessive, et en qui il se découvrira un précurseur en tant que fier défenseur de la *demande* plutôt que de l'*offre*, ou comme Stanley Jevons (1835-1882), l'un des fondateurs de l'école économique « marginaliste » aux côtés de Carl Menger (1840-1921) et de Léon Walras (1834-1910).

Skidelsky note très justement qu'« il faudra attendre que la Grande-Bretagne revienne à l'étalon-or en 1925 pour que Keynes se mette à penser que toutes ces politiques fallacieuses sont l'aboutissement de théories [économiques] fallacieuses » (Skidelsky, 1992 : 6). Et pourtant, le *chef-d'œuvre* auquel l'apprenti Keynes travaille de 1906 à 1914, son *Traité de probabilités* (*A Treatise on Probability*), qui ne sera finalement publié qu'en 1921, établit qu'il n'existe en réalité aucun moyen de mesurer à proprement parler la probabilité d'un événement futur. Il est sans doute possible d'associer à des événements aussi spéciaux que l'apparition d'une face particulière lors du jet d'un dé un nombre spécifique représentant la probabilité de cet événement, mais notre connaissance à proprement parler s'arrête là. Pour les événements dont dépend la vie quotidienne de la finance et de l'économie, il n'existe, à de rares exceptions près, aucune fréquence extrapolable en mesure de probabilité et, serait-ce même le cas, ajoute notre jeune mathématicien, une telle fréquence ne constituerait en bonne pratique, que l'un seulement des éléments dont il faudrait tenir compte.

La conclusion à laquelle était parvenu Keynes invalide bien entendu tout calcul relatif à l'évolution d'un taux d'intérêt, tout calcul relatif au prix d'un instrument financier dérivé, toute gestion du risque par la constitution de réserves, comme celle que proposent aujourd'hui Bâle-III pour les banques commerciales, et Solvabilité-II dans le domaine de l'assurance, et ainsi de suite.

Avant même de se mettre à réfléchir à partir de 1925 aux faiblesses de la théorie économique, Keynes a donc déjà involontairement scié l'un des principaux piliers sur lesquels celle-ci repose dans son monumental *Traité de probabilités*, dont Bertrand Russell dira au moment de sa publication en 1921 qu'« il est incontestablement le travail le plus important qui soit apparu sur la probabilité depuis très longtemps » (Russell, 1922).

CHAPITRE 2

# Le scepticisme de Keynes à l'égard des mathématiques

## Un traité de probabilités *(1921)*

### *Les enfants « bons en maths »*

Être « bon en maths » a toujours été un atout dont parents et éducateurs ont voulu maximiser le potentiel, si bien que tout enfant présentant cette disposition qui n'a pas fini mathématicien, physicien ou ingénieur, ne l'a dû qu'à sa force de caractère.

Telles furent les pressions que Keynes dut lui aussi subir. Pour lui, la maîtresse de toutes les formes de connaissance était la philosophie, dont l'une des qualités, et non des moindres à ses yeux, est sa résistance à toute tentative de restreindre le domaine de sa compétence. En 1901, alors que le jeune Maynard vient de fêter ses dix-huit ans, à la veille d'importants examens de mathématiques, ses répétiteurs – ainsi que son père – découvrent avec stupeur qu'il vient de consacrer la totalité de ses efforts des derniers mois à la rédaction d'un mémoire consacré aux mérites de la poésie en latin médiéval du scolastique Bernard de Cluny (XIIe siècle).

Keynes « entre en économie » quand Alfred Marshall lui confie un cours en 1908, époque où la « science » économique s'est convertie depuis plus de trente ans déjà au calcul différentiel, mis au point plus de deux siècles auparavant par les « mécaniciens » qu'étaient Newton, Leibniz et quelques autres, et qui avait permis de couronner l'astronomie, en tant que « mécanique céleste », reine des sciences. Mais Keynes n'en a que faire : les mathématiques n'apparaîtront dans ses écrits économiques que comme la notation permettant d'abréger une longue explication à l'aide de symboles clairement définis. Il écrira ainsi en 1930, dans son *Traité de la monnaie*, alors qu'il vient de couvrir quatre pages d'équations :

> Ces conclusions sont bien entendu évidentes et nous servent de rappel que toutes ces équations sont purement formelles ; ce sont de simples identités, des truismes qui en soi ne nous apprennent rien [...]. Leur seule finalité est d'analyser et d'arranger notre matériau en ce qui s'avérera une manière utile de découvrir la cause et l'effet, quand nous lui aurons donné vie en y introduisant des faits qui lui sont étrangers, empruntés au monde réel (Keynes, 1930, vol. I : 138).

Et il nous avait prévenus, dès son *Traité de probabilités* de 1921, que les mathématiques ne recelaient aucune magie :

> La meilleure manière d'éviter la confusion de la pensée n'est pas toujours le recours à des expressions techniques et inhabituelles auxquelles l'esprit ne réagit pas avec immédiateté par la compréhension ; la possibilité existe, sous couvert d'un formalisme méthodique, d'avancer des propositions qui, si elles étaient exprimées dans une langue simple, seraient immédiatement répudiées par la pensée. C'est pourquoi il y a beaucoup à dire en faveur de la pratique consistant à saisir *en permanence* la substance de ce que l'on dit et de ne jamais réduire les substantifs de son argumentation au statut mental d'un *x* ou d'un *y* (Keynes, 1921 : 19).

Keynes rejetait en fait tout *platonisme* ou *néopythagorisme* en matière de mathématiques : celles-ci sont à ses yeux un outil, et à ce titre elles ne nous apprennent rien sur la nature intime du réel au sein duquel nous baignons et dont nous sommes l'un des éléments. Le réel n'est pas davantage fait de nombres que de quoi que ce soit d'autre dont nous pourrions avoir une connaissance intuitive. Pour Keynes, le mathématicien est un inventeur, et non un explorateur découvreur de continents inconnus. Une position qu'il défendra sous une forme extrême : dans son *Traité de probabilités* il ira jusqu'à mettre en question la possibilité de traduire valablement en *numérique* ce qui relève pour nous de la catégorie du *quantitatif* :

> Les vieilles suppositions que toute quantité est numérique et que toutes les caractéristiques quantitatives sont additives ne peuvent plus être entretenues. Le raisonnement mathématique nous apparaît maintenant comme une aide du fait de sa nature symbolique plutôt que numérique. Quant à moi, en tout cas, je ne partage pas la vive espérance de Condorcet [...] d'« éclairer les sciences morales et politiques par le flambeau de l'Algèbre [en français dans le texte] » (*ibid.* : 316).

Allant jusqu'à rejeter l'hypothèse d'une transposition non problématique du *quantitatif* en *numérique*, Keynes refusera *a fortiori* tout recours aux mathématiques à des fins purement rhétoriques, voire *oraculaires*. Il expliquera ainsi en 1936 dans sa *Théorie générale de l'emploi, de l'intérêt et de la monnaie* :

> Il s'agit d'une profonde erreur des méthodes symboliques pseudo-mathématiques de formalisation d'un système d'analyse économique [...] que de supposer expressément une indépendance stricte entre les facteurs en jeu et perdre alors toute pertinence et tout pouvoir persuasif si cette hypothèse devait être désavouée ; alors que, dans la langue commune, lorsque nous ne sommes pas en train de manipuler aveuglément mais sommes avec constance pleinement conscients de ce que nous sommes en train de faire et de ce que les mots veulent dire, nous pouvons préserver « dans un coin de la tête » les réserves nécessaires et les qualifications et les ajustements que nous devrons faire par la suite [...]. Une portion trop importante de la théorie économique « mathématique » récente n'est rien d'autre que des concoctions, aussi imprécises que les hypothèses initiales sur lesquelles elles reposent, ce qui permet à l'auteur de perdre de vue les complexités et les interdépendances du monde réel dans un labyrinthe de symboles prétentieux et n'aidant en aucune manière à la compréhension (Keynes [1936], 1973 : 297-298).

Bizarrement, cela n'empêchera pas Keynes, quelques pages plus loin dans le même ouvrage, de recourir au type de formules dont il vient de nous convaincre avec brio qu'elles sont sans objet, mais c'est pour ajouter aussitôt qu'il « n'attache pas grande valeur à des manipulations de ce type » (*ibid.* : 305), avant de conclure sur un ton désabusé qu'« il est possible que le meilleur objectif atteint en écrivant [les équations] est de mettre en évidence l'extrême complexité de la relation entre les prix et la quantité de monnaie, quand nous tentons d'exprimer cette relation de manière formelle » (*ibid.*). En fait, et nous le savons aujourd'hui, les équations présentes dans son texte sont une concession consentie à son entourage, dans le but de ne pas couper les ponts avec la communauté des économistes, qui en est, elle, bien entendu, friande.

## *L'originalité du* Traité de probabilités

Ce traité à la rédaction duquel Keynes consacra le plus clair des années 1906 à 1914 paraîtra finalement, partiellement réécrit, en 1921. C'est un ouvrage universitaire, sans rapport dans son style avec *Les Conséquences économiques de la paix,* son succès de librairie sensationnaliste et accusateur, paru deux ans auparavant.

Keynes y déclare pour commencer que :

> La Théorie des Probabilités [...] traite des différents degrés dans lesquels les résultats obtenus [par l'argumentation] sont concluants ou non concluants. [...]
> [Certains] arguments sont rationnels et revendiquent un certain poids sans ambitionner la certitude. [...]
> Donc pour un traitement philosophique de ces branches du savoir, l'étude de la probabilité est requise (Keynes, 1919 : 3).

Le *Traité de probabilités* est, en concordance avec la définition ainsi proposée de la théorie des probabilités de constituer une branche de la logique, un ouvrage très peu mathématique pour ce qui touche à la contribution originale de son auteur au sein du volume. Keynes renoue en fait avec la discipline dans l'état qui était le sien avant que les colles astucieuses qu'Antoine Gombaud, chevalier de Méré (1607-1684), posa à Blaise Pascal (1623-1662), Christian Huygens (1629-1695), Pierre de Fermat (1607-1665), ainsi qu'aux autres membres du « groupe [du duc] de Roannez » (sur, par exemple, la façon équitable de partager les enjeux d'une partie de cartes interrompue alors qu'elle est déjà entamée), n'ait conduit à assimiler la probabilité d'un événement à une mesure (un nombre entre 0 et 1), constituant la généralisation de sa fréquence observée (Hacking, 1975 : 57-62).

Si les formules mathématiques émaillent cependant le *Traité de probabilités* de Keynes, c'est qu'il y rapporte les travaux de ses prédécesseurs, dont il caractérise les contributions comme ayant couvert certains cas particuliers, intéressants sans doute mais sans portée générale. Selon ce qui deviendra son habitude, il n'aura pas abordé le problème que pose la probabilité à partir de ce que la *doxa* considère comme étant « l'état présent de la question », mais en rasant la construction existante pour la rebâtir ensuite entièrement à partir de ses fondations.

Dans son traité, Keynes a en effet rebâti une théorie des probabilités sinon à partir de rien du moins à partir des fondations qui sont les siennes dans la période où débute sa mathématisation au XVI^e^ siècle avec les travaux de Jérôme Cardan (1501-1576). Un *Traité de probabilités* est iconoclaste parce que le livre rejette la convention pour un auteur consistant à considérer que les « autorités » du moment sur la question ont nécessairement raison et qu'il suffit d'élaborer et de broder à partir des affirmations qu'elles ont produites sur la base de leurs certitudes.

Le lecteur du *Traité de probabilités* de Keynes en 1921 se trouve alors devant un choix : soit il aborde le sujet avec les œillères que lui proposent les « autorités » du moment et le livre de Keynes lui apparaît sous le jour que celles-ci souhaitent – comme une bizarrerie produite par un excentrique coupé des usages de la profession –, soit il l'aborde tous sens éveillés et, par comparaison, les livres contemporains qui parlent de probabilités lui paraissent guindés, prisonniers des conventions d'une profession académique et de ses « jeux de langage » pour reprendre l'expression qu'utilisera Wittgenstein et, à tout prendre, naïfs.

Keynes s'amuse de cela bien entendu : après avoir annoncé d'emblée qu'il n'est possible d'attribuer un chiffre à une probabilité que dans quelques cas particuliers, il cite les auteurs qui ont très doctement mis leur main au feu ou leur tête à couper, qu'il en va du contraire. Ainsi un certain W. F. Donkin qui a écrit :

> Je ne vois pas sur quelle base il serait permis de douter que chaque état de croyance précis portant sur une hypothèse envisagée est de par

> soi à même d'être représenté par une expression numérique, quelle que soit la difficulté ou l'impraticabilité de déterminer sa valeur réelle (Keynes, 1921 : 20-21).

Ou même, le fameux mathématicien et logicien Auguste De Morgan (1806-1871), « de la même opinion, pour la raison que, partout où existe une différence de degré, une comparaison numérique *doit* être théoriquement possible » (*ibid.* : 21).

Si Keynes admet qu'il existe des circonstances d'un type très particulier où une fréquence observée procurera le matériau permettant d'associer à un événement un nombre mesurant sa probabilité (les jeux de dés, les jeux de cartes, qui permirent les premières découvertes en cette matière des pionniers que furent Cardan, Pascal, Huygens, Fermat...), il insiste sur le caractère exceptionnel de ces cas, sur le fait que toute probabilité est en flux : une opinion liée à un ensemble de faits pour la plupart sans stabilité aucune dans un univers comme le nôtre. Il écrit à propos de la probabilité de retrouver l'épave du cargo *Waratah*, disparu au large de l'Afrique du Sud, telle qu'on peut l'évaluer à partir du taux de la prime exigée par les réassureurs :

> Le temps qui passa fit grimper le taux ; le départ des navires qui partirent à sa recherche, le fit baisser ; un bout d'épave innommable est découvert : il monte ; quelqu'un se souvient à point nommé que dans des circonstances similaires il y a trente ans, un vaisseau navigua pendant deux mois, à la dérive mais peu endommagé, et il tombe (*ibid.* : 23).

Mais au moment où ce *Traité de probabilités* paraît, la question ne se pose pas de savoir quel rôle il jouera dans la carrière professionnelle d'un jeune mathématicien puisque Keynes a déjà quitté la discipline : professeur d'économie à Cambridge, auteur d'un livre à succès, présence inévitable des tribunes libres et les chroniques dans la presse sur les questions économiques et financières.

Quand Keynes aborde à cette époque les sujets économiques, comme il l'avait fait dans *Les Conséquences économiques de la paix* (1919), il décerne très libéralement les bonnes et les mauvaises notes aux uns et aux autres mais, sur le plan de la théorie économique proprement dite, il ne fait pas de vagues, se montrant d'un très grand conformisme vis-à-vis de la science économique « standard » de son époque ou de ce qu'avance son mentor Alfred Marshall.

Cela ne pouvait cependant pas durer : le *Traité de probabilités*, son premier ouvrage authentiquement universitaire, remet fondamentalement en cause l'usage des mathématiques qui prévaut depuis trente ans déjà en théorie économique, soit depuis les travaux de Jevons en Grande-Bretagne, de Carl Menger en Autriche, et de Léon Walras en France et en Suisse, économistes « marginalistes », qui ont proposé – quasi simultanément – de rendre compte de l'économie à l'aide du *calcul différentiel*, selon les mêmes principes que ceux de la *mécanique* en physique. Chez ces auteurs, dans les calculs d'*utilité subjective* qui sont les siens, l'*Homo oeconomicus* est rationnel : au sens d'« optimiseur mathématique » hors pair. Ces économistes vivent dans un univers *laplacien* dont le déterminisme absolu implique qu'une connaissance parfaite du présent génère, comme du papier à musique, une connaissance sans faille de l'avenir.

Cette conviction que le monde est essentiellement instable et donc peu prévisible, Keynes la partageait en fait avec Marshall qui la professait dès les années 1870, c'est-à-dire à une époque contemporaine des tout débuts du courant marginaliste. Ce dernier l'évoqua en particulier dans la leçon inaugurale qu'il délivra à Cambridge en 1885, et dans laquelle il reprochait à ses prédécesseurs de la première moitié du XIXe siècle d'avoir considéré les hommes et leurs institutions comme « quantité constante ». Marshall leur en veut par exemple d'avoir considéré la loi de l'offre et de la demande comme ayant eu un effet beaucoup plus automatique et régulier que ce n'est le cas en réalité. Il est bien sûr navrant que la lucidité en ces matières d'un Marshall et d'un Keynes après lui, soit suivie à partir des années 1950 par un retour à la naïveté que Marshall avait dénoncée, et qui laisse supposer que l'économie fonctionne comme un parfait mouvement d'horlogerie.

Un événement dont on imagine la venue est soit impossible, soit possible. S'il est impossible, sa probabilité de se produire, dans la perspective « mathématisée » de la probabilité qui est la nôtre aujourd'hui, est de 0. Un événement qui n'est pas impossible est possible, et, dans ce cas, il peut être de deux types : soit il se produira nécessairement, soit il se produira ou non ; on dit dans ce dernier cas qu'il est « contingent ». S'il est nécessaire, sa probabilité de se produire se voit attribuer la valeur 1. La probabilité qu'un événement contingent se produise est plus grande que 0, sans quoi il ne serait pas contingent mais impossible, mais elle est inférieure à 1, sans quoi il ne serait pas contingent mais nécessaire.

Donc, dans la perspective d'une mathématisation de la probabilité d'un événement, un événement impossible a une probabilité de 0, un événement (possible mais aussi) nécessaire a une probabilité de 1, et un événement (possible mais) contingent, une probabilité supérieure à 0 mais inférieure à 1.

Pour qu'un nombre puisse être supérieur à 0 tout en étant inférieur à 1, il faut qu'il ne soit pas entier et donc qu'il compte des décimales. L'option existant de mettre autant de décimales qu'on le juge utile, la quantité de nombres susceptibles de mesurer une probabilité est infinie.

J'ai déjà fait allusion à la manière dont a eu lieu cette mathématisation : Jérôme Cardan, inventeur entre autres d'un mécanisme auquel il a laissé son nom, permettant de transformer un mouvement en un autre mouvement perpendiculaire au premier, était par ailleurs un joueur invétéré ayant réfléchi à d'éventuelles manières d'augmenter ses chances de gain. Il en résulta un livre intitulé *Liber de ludo aleae* (~ 1550), le livre des aléas au jeu, où il introduit la notion d'événements que nous appelons aujourd'hui « équiprobables », à savoir qui ont la même chance de se produire sur le long terme, comme les nombres de 1 à 6 dans le jet d'un dé non pipé.

C'est grâce à cette notion d'événement *équiprobable* qu'au siècle suivant, quand le chevalier de Méré demande à Pascal, Huygens, Fermat et quelques autres : « Combien de fois faut-il jeter deux dés pour avoir au moins une chance sur deux de tirer un double six ? », ces messieurs constituent de bon gré le cerveau collectif qui découvrira la solution.

Pour trouver la réponse exacte à cette question, il faut savoir que les chiffres de 1 à 6 sont *équipossibles* lors du jet d'un dé. Il faut penser aussi au nombre de combinaisons envisageables en fonction du nombre de dés. Il faut penser également que si l'on dit « double six » à l'occasion du jet de deux dés, il n'y a en réalité que 1 possibilité sur 36 (6 × 6). Que si l'on dit « un 4 et un 5 », il y a 2 possibilités sur 36, soit 1 sur 18, à savoir, 4 sur le premier dé et 5 sur l'autre ET 5 sur le premier dé et 4 sur l'autre. Que si l'on dit : « 5 en tout », il y a 4 possibilités sur 36, soit 1 sur 9 : 1 et 4, 2 et 3, 3 et 2 et 4 et 1, etc., et il faut aussi avoir observé que les 6 cas *équipossibles* sont, sur le long terme, également *équiprobables*.

À l'époque où Keynes découvre la théorie des probabilités, on s'est convaincu qu'à tout événement (possible et) contingent correspond une probabilité que l'on peut légitimement mesurer, comme on l'a vu, par un nombre égal ou supérieur à 0 et égal ou inférieur à 1.

Quelle est la probabilité de faire apparaître le chiffre 3 lors du jet d'un dé non pipé ? Une chance sur six : un sixième, soit 0,1666... ou 16,66...%.

Le nombre associé à la probabilité d'un événement comme étant sa mesure peut être utilisé dans les calculs relatifs à des paris :

« Je vous donne 100 euros si c'est un 7 qui apparaît lors du jet d'un dé, combien êtes-vous prêt à miser ? » L'événement est impossible, sa probabilité est de 0, donc la mise maximale de celui qui accepte un tel pari doit être de 100 × 0 = 0 euro.

« Je vous donne 100 euros si c'est un chiffre de 1 à 6 qui apparaît lors du jet d'un dé, combien êtes-vous prêt à miser ? » Comme vous gagnez quoi qu'il arrive, l'événement est nécessaire et sa probabilité vaut 1. La mise maximale est donc de 100 × 1 = 100 euros. Vous recevrez 100 euros dans tous les cas, donc si vous misez 100 euros, vous ne gagnerez rien mais vous ne serez pas pour autant de votre poche ; toute mise de *n* euros produira un gain de (100 – *n*) euros.

Et de même : « Vous gagnez si un 2 ou un 4 apparaît... », soit dans 2 cas sur 6, soit dans un tiers des cas. La mise maximale doit donc être de 100 × 0,1666... × 2 = 33,33... euros.

Pour la fréquence d'événements de ce type, la probabilité des diverses occurrences correspond aux coefficients des puissances du binôme $(1 + x)^n$. Les valeurs des coefficients des facteurs résultant du développement de cette expression dessinent la fameuse courbe en cloche dénotant la distribution statistique appelée « gaussienne » ou « normale ». Ainsi, pour $(1 + x)^5$, les coefficients sont 1, 5, 10, 10, 5, 1 ; pour $(1 + x)^6$ : 1, 6, 15, 20, 15, 6, 1, etc. Plus la puissance de *n* est élevée, plus la courbe en cloche constituée par les valeurs des coefficients est lisse.

La simplicité conceptuelle des cas équiprobables a conduit, par généralisation abusive, à la croyance selon laquelle tous les événements « au hasard » ont une distribution « normale ». Cette hypothèse non fondée présente l'avantage de simplifier considérablement toutes les questions d'ordre statistique puisqu'elle implique que la « moyenne arithmétique » (la somme des valeurs attachées à chacun des cas, divisée par le nombre de cas) sera automatiquement aussi le « mode » (le cas le plus représenté) et la « médiane » (le cas central à la séquence de tous les cas rangés par valeur croissante ou décroissante) ; elle suppose aussi que l'écart-type – l'écart moyen de l'ensemble des cas par rapport au cas moyen – est un nombre fini calculable.

Malheureusement dans toute réalité résultant de l'interaction d'êtres humains, dont l'économie et la finance font partie de plein droit, la distribution statistique d'un type d'événements n'est pas « gaussienne » ou « normale » : une représentation graphique de la distribution, où chaque instance se voit associer sa fréquence observée, produit par exemple une cloche plus pointue et dont les « queues » sont plus épaisses que dans le cas *normal*, ou bien encore la courbe n'est pas symétrique : la surface de sa partie à la droite du sommet est plus importante que celle de la partie à gauche, ou bien l'inverse. Tout cela ne serait qu'un moindre mal si l'on pouvait établir une fois pour toutes, pour un certain type d'événements, une distribution précise. Or, de manière caractéristique, en économie et en finance, les distributions ne sont pas stables : ainsi, les variations de prix à la Bourse de Paris avaient une certaine distribution de 1819 à 1859, mais en avaient une autre de 1860 à 1914 ; les variations de l'indice boursier américain Dow Jones avaient une certaine distribution de 1930 à 1960, une autre de 1961 à 1972, une troisième de 1973 à 2003 et une quatrième de 2004 à 2009, etc. (Brian, 2010 : 203-205). La capacité des hommes à apprendre, à adapter leur comportement aux effets qu'ils observent, joue bien entendu un rôle important dans l'évolution de ces distributions, le progrès technologique des marchés également, et tout particulièrement quand ce sont désormais des robots, les « algos », qui jouent en Bourse, comme c'est maintenant le cas le plus souvent.

## *La leçon de Keynes fut ignorée*

On appelle « risque » une chance de perte. Si la perte est nécessaire lorsque le risque est couru (sa probabilité mesurée est de 1), il ne doit pas être pris. Si la perte est seulement contingente, le nombre représentant sa probabilité constitue le degré du risque couru qui, combiné au montant moyen de la perte possible, permet de calculer le niveau des réserves qui doivent être constituées, la perte la plus lourde associée à une probabilité encore significative devant également être prise en compte.

La réglementation de Bâle-III, proposée aujourd'hui par la Banque des règlements internationaux, relative au risque financier des banques, se fonde sur ce raisonnement ; la réglementation de Solvabilité-II relative au risque des compagnies d'assurances également.

L'actuaire Michel Piermay note pour ce qui touche au calcul du *capital requis de solvabilité* d'une compagnie d'assurances dans Solvabilité-II :

> [...] chaque facteur de risque est représenté par une loi normale, ces facteurs de risque sont soit indépendants (action/taux), soit dépendants linéairement (matrice de corrélation fixe). Le risque total se distribue alors suivant une loi normale et peut être entièrement mesuré par un écart-type (Piermay, 2010 : 85).

Une simple analyse des données révèle que la distribution des événements qui sont ainsi représentés ne relève en réalité pas d'une loi *normale*. Pourquoi Solvabilité-II considère-t-il quand même que c'est le cas ? Les auteurs de ces textes l'ignoreraient-ils ? On aime à penser que non, leur justification est sans doute la justification classique en théorie économique et financière depuis le tournant marginaliste des années 1870, à savoir que le problème qu'il s'agissait de résoudre a été simplifié par étapes successives jusqu'à ce qu'il devienne soluble. La question qui n'est jamais abordée dans ce cas-là est de savoir si la simplification n'a pas été excessive, au point que le problème en ait été en réalité dénaturé. Si tel est le cas, l'approche choisie est inadéquate et, en l'occurrence, le risque n'est pas maîtrisé.

Qu'aurait dit Keynes à propos de Solvabilité-II, et de manière générale de l'usage fait aujourd'hui du calcul des probabilités en finance ? Que rien n'a changé depuis 1921 et que son *Traité de probabilités* n'a manifestement fait aucune différence puisqu'on n'en a toujours pas tiré les enseignements.

## *L'incertitude quant à l'avenir*

Keynes économiste n'est, nous l'avons vu, ni sociologue ni historien, et il n'est pas non plus physicien. Il est psychologue et « idéaliste », au sens de la philosophie : les prix et les taux iront se situer là où nous les observons en tant que produits de nos représentations. Les prix et les taux sont dans la tête avant d'être dans le monde : fruits de spéculations intellectuelles sur ce qu'ils seront à l'avenir. Cela explique pourquoi le prix chez Keynes est avant tout le fruit des cogitations du vendeur et le taux, celui des cogitations du seul prêteur. Aucune intuition chez Keynes que le prix pourrait se fixer où il le fait comme aboutissement d'une tension entre acheteurs et vendeurs, et le taux où il le fait quant à lui comme aboutissement d'une tension entre emprunteurs et prêteurs. Et cela est parfaitement logique si l'approche de ces phénomènes est de type psychologique : il n'existe en effet aucun lieu où les spéculations intellectuelles des parties impliquées pourraient se confronter dans un espace de représentations partagées, le mieux que chacun puisse faire à ce point de vue est de tenter de « se mettre à la place » d'autrui. Le psychologisme de Keynes est la raison pour laquelle il sera toujours incapable de lire les rapports de force inscrits dans les relations économiques et financières. De ce point de vue, il est malheureusement parfaitement dans la ligne de ses adversaires théoriques d'hier et aujourd'hui.

Le rôle joué selon Keynes dans nos décisions présentes par nos représentations de l'avenir explique pourquoi l'incertitude inhérente au devenir du monde qui nous entoure est à ce point cruciale pour lui et pourquoi toute théorie économique postulant que cette incertitude est moindre qu'elle ne l'est dans la réalité est condamnée selon lui à l'erreur et la source de décisions fautives.

Keynes écrira bien des années après la publication du *Traité de probabilités*, en 1937, dans un article intitulé « The General Theory of Employment » :

> Cela ne signifie pas que [mes prédécesseurs] se représentaient un système dont le changement était exclu, ou même dont la non-réalisation des attentes était exclue. Mais à chaque moment précis les faits et les attentes étaient censés être accessibles sous une forme précise et calculable, et les risques, auxquels on ne prêtait guère attention, bien que leur existence soit admise, étaient censés relever d'un calcul actuariel exact. La mathématique des probabilités, même si sa mention demeurait cantonnée à l'arrière-plan, était censée être capable de réduire l'incertitude au même statut de calculabilité que la certitude elle-même, de même exactement que l'arithmétique de Bentham de nos peines et de nos plaisirs ou de nos avantages et de nos inconvénients, permettait à la philosophie benthamienne de postuler que les hommes sont influencés par elle dans leur comportement éthique global. En réalité cependant, nous n'avons, c'est la règle, que l'idée la plus vague des conséquences de nos actes, à l'exception des plus directes (Keynes [1937a], 1973 : 112-113).

Et Keynes explique alors ce qu'il entend très précisément par connaissance « incertaine » :

> Par connaissance « incertaine », je vais m'en expliquer, je n'entends pas distinguer simplement ce que nous savons avec certitude de ce qui est seulement probable. Le jeu de la roulette n'est pas sujet, en ce sens, à l'incertitude, ni le rappel d'une obligation de la Victoire. Ou, dans le même sens, l'espérance de vie n'est que modestement incertaine. Même le temps qu'il fait n'est que modestement incertain. Le sens dans lequel j'utilise le terme est celui dans lequel l'issue de la guerre en Europe est incertaine, ou le sont le prix du cuivre et le taux d'intérêt à vingt ans d'ici, ou l'obsolescence d'une nouvelle invention, ou la situation des grandes fortunes dans le système social de 1970 [Keynes écrit en 1937]. Sur ces questions, il n'existe aucune base scientifique à partir de laquelle formuler une probabilité calculable quelle qu'elle soit. Le fait est tout simplement que nous ne savons pas. Néanmoins, la nécessité d'agir et de prendre des décisions nous oblige nous, hommes pratiques, à faire du mieux que nous pouvons pour ignorer cette contrariété et nous conduire exactement comme si nous disposions du renfort d'une bonne arithmétique benthamienne portant sur un ensemble d'avantages et d'inconvénients futurs, chacun multiplié par la probabilité appropriée, et en attente d'être additionnés (*ibid.* : 113-114).

Hyman Minsky commente ce passage en restreignant considérablement, par rapport à Keynes, le champ de la pertinence de l'incertitude en économie et en finance :

> L'incertitude joue massivement dans la détermination du comportement à deux endroits : dans les décisions de composition de portefeuille pour les ménages, les entreprises, et les établissements financiers, et dans les représentations des firmes, des détenteurs de capitaux, et des banquiers des entreprises quant aux rendements futurs de leurs capitaux (Minsky [1975], 2008 : 64-65).

## *Le concours de beauté de Keynes*

Il y a deux composantes au scepticisme de Keynes quant à l'ambition d'assigner un nombre à la probabilité d'un événement contingent, c'est-à-dire, je le rappelle, un événement qui n'est ni impossible, ni nécessaire : d'une part la très grande difficulté qu'il y a à le faire en raison de la complexité intrinsèque du monde tel qu'il est, difficulté qui confine souvent à l'impossibilité, et d'autre part, la vanité de cette ambition quand la situation à évaluer résulte de comportements humains dont la motivation est quasi insaisissable, très éloignée en tout cas de la rationalité de l'*Homo oeconomicus* postulée par les économistes du courant dominant, et ne découlant souvent de rien de plus que la démangeaison de l'être humain de faire quoi que ce soit plutôt que se morfondre dans l'inaction. Pour évoquer la première dimension, Keynes fera appel à l'illustration du *concours de beauté*, et pour parler de la seconde, il utilisera l'ancienne expression d'« esprits animaux ». Elles seront toutes deux mentionnées dans sa *Théorie générale de l'emploi, de l'intérêt et de la monnaie* de 1936, au chapitre intitulé « Le statut de la représentation sur le long terme ».

Quand en 1936 Keynes illustre par un concours de beauté la difficulté d'associer à un événement une mesure numérique de sa probabilité en raison de la complexité du monde, il a certainement encore en tête le fait qu'il a déjà pris pour exemple un concours de beauté quinze ans auparavant, dans le *Traité de probabilités*, quand il s'agissait pour lui de mettre en évidence cette difficulté.

Dans le traité de 1921, il était question d'un concours de beauté s'adressant aux lecteurs du *Daily Express*. En voici les termes.

La Grande-Bretagne est divisée en cinquante circonscriptions correspondant aux éditions locales du quotidien. Les cinquante finalistes sont les jeunes femmes qui, parmi un total de six mille candidates, l'ont emporté selon le classement des lecteurs dans leur circonscription. Un représentant du journal, qui les aura rencontrées en chair et en os à Londres, sélectionnera alors douze d'entre elles qui gagneront l'un des prix du concours, constitué de sommes égales d'argent.

Une des cinquante finalistes déposa plainte contre le journal, considérant que celui-ci avait ignoré les raisons légitimes pour lesquelles elle demandait que soit déplacée la date prévue pour sa venue dans les locaux du *Daily Express*. Le juge lui accordera des dommages et intérêts d'un montant de 100 livres sterling, somme quelque peu supérieure à celle découlant du calcul de probabilité qui lui sembla juste (96 livres) : une chance sur cinquante de gagner l'un parmi douze prix d'un montant de 400 livres, soit une probabilité de gain de 24 % ([1/50] × 12).

Dans son traité, Keynes analyse ce chiffre, ainsi que le long raisonnement qui a conduit le juge à son verdict, cheminement intellectuel qui se trouve rapporté par le menu dans les attendus du procès (Keynes, 1921 : 25-27).

Mais l'argumentation de Keynes est différente quand il invoque un concours de beauté au chapitre 12 de la *Théorie générale* parce qu'il souligne ici le défi que posent à la réflexion les anticipations sur le long terme. En voici l'exposé :

> [...] investir au niveau professionnel peut être comparé à ces concours qu'on trouve dans les journaux où les lecteurs doivent sélectionner les six plus beaux visages parmi une centaine de photos qu'on leur soumet, le prix revenant au lecteur dont le choix est le plus proche de la préférence moyenne de l'ensemble des participants. Cela implique que chacun de ceux-ci doit choisir, non pas les visages qui lui paraissent à titre personnel les plus plaisants, mais ceux dont il imagine que la probabilité est la plus élevée qu'ils retiendront l'attention des autres participants, pour qui le problème se pose exactement dans les mêmes termes. Il ne s'agit pas de choisir ceux qui, pour autant que l'on puisse juger, sont véritablement les plus beaux, ni même ceux que l'opinion

> moyenne juge véritablement tels. Nous atteignons là un troisième degré où notre réflexion porte sur une anticipation de ce que l'opinion moyenne s'attend à ce que l'opinion moyenne soit. Et il doit exister des gens qui atteignent, j'imagine, le quatrième degré, le cinquième, voire des degrés plus élevés encore (Keynes [1936], 1973 : 156).

L'exposé est, comme on le note, et en dépit de sa célébrité future, extrêmement concis et du coup assez elliptique : que sont en effet, ces « quatrième, cinquième degrés » auxquels Keynes fait allusion ?

L'illustration du concours de beauté doit être lue comme éclairant la problématique où Keynes la situe, à savoir la « représentation sur le long terme », objet du chapitre où se trouve ce passage. Le cadre où elle intervient, c'est celui du raisonnement d'un investisseur professionnel mais peut-être, plus généralement, de tout intervenant sur les marchés financiers.

Si je vous demande : « Quelle est la plus jolie des candidates du *Daily Express* ? », vous examinerez les différentes photos les représentant et me direz laquelle est la plus jolie selon vous. Votre jugement ne résultera pas d'un calcul : il constituera un *jugement intuitif spontané*.

Mais si je vous dis maintenant : « Il y a une récompense de 100 euros ; devinez laquelle gagnera le concours ! », vous pourrez éventuellement me donner la même réponse que dans le cas précédent, mais il ne vous échappera pas qu'il n'est plus question comme dans la première instance d'un simple *jugement intuitif spontané* mais de développer une *stratégie* en vue de gagner le prix.

Il va vous falloir créer une image de ce qui vous semble être l'opinion la plus courante en prenant en considération le fait que votre goût n'est pas nécessairement le plus représentatif. Il vous faudra tout d'abord évaluer la différence existant le cas échéant entre votre propre opinion et l'opinion dominante. Autrement dit, vous devrez dans un premier temps vous poser la question de la probabilité que votre opinion personnelle coïncide avec l'opinion « modale » (la plus courante) et, si cette probabilité est faible, vous créer dans un deuxième temps une représentation de la distribution de l'ensemble des opinions pour en extraire l'opinion « modale ». La difficulté réside dans le fait qu'une prise de conscience que votre avis personnel et l'opinion « modale » diffèrent suppose que vous disposiez déjà d'une représentation – même imprécise – de la distribution, sinon de l'ensemble des opinions, du moins de celles qui sont les plus courantes. Autrement dit, il vous sera extrêmement difficile de résoudre le problème s'il n'est pas déjà pratiquement résolu en raison du fait que votre opinion est d'entrée de jeu l'opinion la mieux représentée : l'opinion « modale ».

La *stratégie* à développer pour gagner le concours est, comme on le voit, d'une nature bien plus complexe que le *jugement intuitif spontané* d'un choix personnel. La distinction entre *jugement intuitif spontané* et *stratégie* impliquant un calcul, est sous-jacente à l'illustration des anticipations sur le long terme par un concours de beauté chez Keynes, elle est cependant totalement absente du courant dominant de la pensée économique contemporaine. A triomphé ainsi durant les années 1960 au sein de la doxa, la thèse des « anticipations rationnelles » proposée par John Muth (1930-2005) pour être développée ensuite par Robert Lucas (né en 1937), prix Nobel d'économie en 1995. Selon cette thèse, un prix de marché est nécessairement *objectif* dans la mesure où les erreurs d'appréciation des parties impliquées s'annulent. La thèse suppose que toute offre de prix à la vente (*ask*) ou à l'achat (*bid*) relève de ce que j'ai appelé plus haut le *jugement intuitif spontané* du vendeur et de l'acheteur ; il en résulte l'*objectivité* du prix. Que l'acheteur ou le vendeur puisse proposer un prix parce qu'il a mis au point une *stratégie* visant à réaliser un profit est parfaitement étranger à la doxa de la pensée économique dans la perspective des « anticipations rationnelles ». C'est ce qui explique l'extraordinaire absence de son horizon des notions de « spéculation » et de « spéculateur » comme agent économique.

Aux yeux du courant dominant de la pensée économique, la spéculation n'est pas à même de faire le moindre tort aux systèmes financier et économique puisque étant absente du modèle théorique, elle n'existe pas à proprement parler. Ce point fut fort bien expliqué par M. Lloyd Blankfein, président-directeur général de Goldman Sachs, devant une commission sénatoriale américaine (audition du 28 avril 2010) : celui que le vulgaire appelle « spéculateur » est le plus souvent un « teneur de marché » (*market maker*) qui vend à un certain prix à quiconque est prêt à acheter à ce prix, et qui achète à un certain prix à quiconque est prêt à vendre à ce prix, sur le mode que je qualifie de *jugement intuitif spontané*, et à mille lieues de toute considération *stratégique*.

Ce n'est pas sans malice bien entendu que je signale que les théories économiques les plus grossièrement fausses se sont vu récompenser dans la quasi-totalité des cas par un « prix de la Banque de Suède à la mémoire d'Alfred Nobel ». La chose n'est bien sûr pas accidentelle : les thèses populaires auprès des banquiers centraux et de leurs amis et connaissances – que l'on retrouve dans les jurys de ce genre de prix – seront plus volontiers celles susceptibles de déboucher sur un gain que celles qui décrivent la manière dont se passent véritablement les choses.

## *Les « esprits animaux »*

La seconde raison pour laquelle il est vain de vouloir assigner un nombre à la probabilité des événements contingents où nous, êtres humains, sommes impliqués est la suivante : pour la quasi-totalité d'entre eux, affirme Keynes dans le *Traité de probabilités*, il n'existe pas de fréquence observée stable de leur occurrence qui permettrait par généralisation de mesurer leur probabilité. Il ajoute que même s'il existait une fréquence mesurable stable, celle-ci ne pourrait encore représenter que l'un des éléments nous permettant d'évaluer la probabilité future de son occurrence, les « esprits animaux » guidant nos décisions en étant un autre toujours susceptible d'intervenir à l'avenir. J'explique ce qu'il entend par là.

Au sein du même chapitre 12 consacré aux anticipations de long terme de la *Théorie générale* de 1936, quelques pages après avoir évoqué le concours de beauté, voici ce qu'écrit Keynes à propos de nos prises de décision :

> […] les décisions humaines qui affectent notre avenir, que celui-ci soit personnel ou politique ou économique, ne peuvent pas dépendre d'une espérance mathématique au sens strict du fait qu'aucun fondement n'existe pour effectuer un tel calcul ; et que c'est notre besoin instinctif de faire quelque chose qui fait tourner la machine, nos personnes rationnelles opérant un choix du mieux que nous pouvons entre les alternatives qui se présentent à nous, à la suite d'un calcul lorsque la possibilité en existe, mais confiant souvent par défaut notre motivation à l'humeur, à l'émotion, ou au hasard (Keynes [1936], 1973 : 162-163).

Ce que Keynes appelle une « explication » illustre excellemment ce qu'il dit là. Celle qui suit, où la cause et l'effet sont clairement mis en évidence, est typique de celles que l'on trouve sous sa plume :

> Soit l'annonce du gouvernement est prise au sérieux et le futur est escompté immédiatement au taux de change, auquel cas nous subissons tous les inconvénients d'une déflation brutale, soit l'annonce du gouvernement n'est pas crue, ou n'est crue qu'à moitié, auquel cas nous assisterons à un lent mouvement accompagné de l'attente d'une extension de ce mouvement dans la même direction, dont les effets sur le commerce et l'emploi ne mériteront pas même d'être mentionnés [dans une lettre à Charles Addis, alors gouverneur de la Banque d'Angleterre, le 25 juillet 1924] (Skidelsky, 1992 : 194).

Il s'agit là d'un type d'explication qui n'appartenait pas à l'époque à la panoplie habituelle des économistes.

Une manière de caractériser la représentation que se fait Keynes de la théorie économique est qu'elle doit être davantage d'ordre qualitatif que quantitatif, ou bien que sa pratique serait selon lui « davantage un art qu'une science », mais le moyen qu'il trouvera de caractériser la spécificité de sa conception sera d'invoquer la présence constante en économie et en finance d'« esprits animaux », notion empruntée à l'ancienne alchimie et qui lui était sans doute devenue familière à la lecture des manuscrits alchimiques de Newton qu'il avait eu à cœur de sauver de la dispersion lors d'une vente chez Sotheby's en 1936, et qu'il avait alors lus, comme il apparaîtra ensuite, avec une très grande attention.

Les « esprits animaux » constituent le principe qui dans le « processus » alchimique, rend compte de ce qui échappe à l'explication purement physique (en termes de corps qui s'entrechoquent, indifférents les uns aux autres) ou purement chimique (en termes de corps qui s'attirent ou se repoussent). La notion est déjà présente chez Galien dans la médecine grecque antique ; Descartes en fera lui aussi usage, toujours dans le même sens d'« explication-croupion » : de facteur représentant ce qui échappe encore à l'explication une fois qu'aura été déroulée la partie qui en est parfaitement maîtrisée.

Keynes écrit, toujours au chapitre 12 de la *Théorie générale* :

> La plupart, c'est probable, de nos décisions de poser un acte positif, dont les pleines conséquences se développeront au fil de nombreux jours à venir, peuvent être prises seulement comme la conséquence d'esprits animaux – d'un besoin spontané d'action plutôt que d'inaction, et non comme l'aboutissement d'une moyenne pondérée de bénéfices multipliés par des probabilités quantitatives. [...] Mais l'initiative individuelle sera adéquate seulement lorsqu'un calcul raisonnable aura été complété et aura obtenu le soutien des esprits animaux... (Keynes [1936], 1973 : 161-162).

Si l'invocation des « esprits animaux » par Keynes fait sens chez lui comme objection à une numérisation injustifiable de la probabilité attachée à des événements futurs dont le déroulement dépend de décisions prises par des êtres humains, elle se contente cependant de traiter la question sur un mode mi-sérieux, mi-comique, un peu comme la « *virtus dormitiva* » dans *Le Malade imaginaire* de Molière : « *Domandatur causam et rationem, quare opium facit dormire ? À quoi respondeo quia est in eo virtus dormitiva cujus est natura sensus assoupire.* » Dans la discussion qui suit les conférences Rafaelle Mattioli, consacrées à la genèse de la *Théorie générale*, que donne en 1978 en Italie Richard Kahn (1905-1989), qui sera l'exécuteur testamentaire de Keynes, Ferdinando Targetti évoque à propos de la théorie de l'investissement présentée dans le livre, « une non-explication de la variété "esprits animaux" » (Kahn, 1984 : 227).

Le fait que Keynes traite la question par l'humour ne doit pas cacher qu'il s'agit dans l'évocation de ces « esprits animaux » d'un simple aveu d'incompréhension et ne doit pas nous empêcher d'aller fouiller plus avant quand il en est question chez lui, et devrait au contraire nous encourager à nous mettre alors en quête d'une explication véritable. Il est embarrassant de constater que certains « Keynésiens » parmi les moins critiques ont pris l'expression pour argent comptant, traitant les « esprits animaux » comme s'il existait dans leur invocation une explication digne de ce nom.

CHAPITRE 3

# La croisade de Keynes contre l'étalon-or

# Manifeste pour une réforme monétaire *(1923)*

## *La croisade contre l'étalon-or*

La Grande-Bretagne émergeait exsangue de la Première Guerre mondiale. Elle s'était considérablement endettée au fil des quatre années de guerre, essentiellement vis-à-vis des États-Unis (l'histoire se répéterait dans les mêmes conditions durant la Seconde Guerre mondiale et Keynes serait une fois encore, comptable en chef officieux de l'économie de guerre au Trésor britannique). D'autres éléments que le soutien de ses propres troupes expliquaient cette situation financière catastrophique : la Grande-Bretagne avait pris sur elle le financement de l'engagement de l'Italie aux côtés des Alliés, elle assurait les deux tiers de la dette française et la moitié des dettes belge et serbe, elle avait aussi comme partenaires au sein de l'Empire, des nations telles que le Canada, l'Australie, la Nouvelle-Zélande ou l'Afrique du Sud qui arguaient de leur autonomie relative pour négocier le montant de leur participation, en faisant clairement comprendre que celle-ci n'était pas automatiquement acquise.

Pour éviter une hémorragie de ses réserves d'or, la Grande-Bretagne dut dénoncer en 1919 la parité de la livre sterling avec le métal précieux. L'abandon de l'étalon-or ne devait être qu'une mesure provisoire de la durée la plus courte possible. Il fut restauré par Churchill, alors Chancellor of the Exchequer, l'équivalent de notre ministre des Finances, le 25 avril 1925.

Durant les six années qui séparent ces deux dates, Keynes lutta contre un tel retour de la parité de la livre avec l'or. Il publia en décembre 1923, pour justifier sa position, un *Manifeste pour une réforme monétaire* (*A Tract on Monetary Reform*). En 1925, lors de la restauration de l'étalon-or, il publia un pamphlet intitulé *Les Conséquences économiques de M. Churchill* (*The Economic Consequences of Mr. Churchill*), dont le titre faisait écho à celui de son succès de librairie sorti six ans plus tôt, *Les Conséquences économiques de la paix.*

Dans les années qui suivirent le retour à l'étalon-or, chacune des mises en garde de Keynes devait se vérifier, si bien que l'abandon définitif de la parité en 1931 fut considéré comme le triomphe des arguments qu'il avait avancés huit ans auparavant dans son *Manifeste pour une réforme monétaire.*

Les arguments de Keynes s'articulaient selon trois axes :

1. Le premier souci des autorités financières doit être d'assurer la stabilité des prix, or la parité avec l'or encourage soit l'inflation, soit la déflation.
2. L'étalon-or n'est qu'une survivance, dont la principale justification est la tradition ; dans une nation moderne, la monnaie doit être purement *fiduciaire*, gérée par l'autorité indépendante qu'est sa banque centrale.
3. L'emploi est considéré par les politiques et les économistes comme une variable d'ajustement comme une autre, ce qu'il ne peut être, d'autant moins aurait pu ajouter Keynes que j'y suis personnellement absolument opposé pour des raisons d'ordre moral. Il écrivit lors de la grève générale de 1926 : « [...] mes sentiments, qui sont distincts de mon jugement, sont du côté des travailleurs. » La chronique où se trouvait cette phrase demeura inédite : Leonard Woolf, mari de Virginia Woolf et rédacteur de *The Nation* dans lequel ce texte devait paraître, interrompit la publication du journal... en témoignage de solidarité avec les grévistes !

## *L'étalon-or : une « relique barbare »*

En décembre 1923 paraît donc le *Manifeste pour une réforme monétaire*, brûlot dans lequel Keynes justifie la croisade qu'il mène contre une restauration de la parité or de la livre sterling. L'opinion radicale de Keynes sur la question est fort bien résumée par la formule à laquelle il recourt au chapitre 4 du *Traité*, quand il écrit que « l'étalon-or est [...] une relique barbare », survivance d'une époque où l'on ne comprenait pas ce qu'est une monnaie (Keynes, 1923 : 172 ; [1931] 1972 : 179). Principal argument utilisé par lui contre une monnaie adossée à l'or : une réserve métallique détruit la stabilité des prix parce qu'il n'existe aucun moyen pour une nation de s'assurer qu'elle pourra constituer des réserves d'or en quantités représentant fidèlement la prospérité de son économie.

Il y a dans cette thèse deux propositions qu'il faut analyser séparément. La première, c'est que l'instabilité des prix est en soi une mauvaise chose. La seconde, c'est que l'étalon-or cause une telle instabilité.

Commençons par la première.

Rien n'exige en soi la stabilité des prix. Sa nécessité découle seulement de la constatation *a contrario* que l'instabilité des prix est extrêmement dommageable pour une nation. Deux cas de figure sont possibles : 1) les prix grimpent, il y a *inflation*, or celle-ci a des conséquences très négatives ; 2) les prix baissent, il y a *déflation*, or les conséquences de celles-ci sont encore plus nocives que celles de l'inflation. Voilà pourquoi la stabilité des prix est essentielle et pourquoi toute mesure qui la met en péril doit être rejetée.

Quand Keynes parle de conséquences négatives, il a en tête une chose bien précise, qui n'a pas tant à voir avec un équilibre économique qu'avec un équilibre social. Des équilibres économiques peuvent apparaître dans diverses configurations sociopolitiques et le critère qui permet de préférer l'une de celles-ci aux autres, c'est la contribution qu'elle apporte à l'équilibre social. Ce qu'il s'agit de maintenir aux yeux de Keynes, c'est, sinon une maximisation du consensus, tout au moins une minimisation du *dissensus* sociétal : aussi hétérogène que puisse être l'ordre social existant, aucune composante de la société ne doit en venir à juger la situation comme étant désormais intolérable, considération que nos dirigeants politiques actuels ont bien tort de négliger. Les conséquences négatives de l'inflation et de la déflation, ce sont les « débordements » du ressentiment qu'elles suscitent dans certaines couches de la population, mettant en danger l'édifice social tout entier. Lorsqu'une situation d'équilibre social a été atteinte, sinon par une maximisation du consensus, du moins par une minimisation du *dissensus*, le maintien de la stabilité des prix permet de la perpétuer.

Il faudra cependant attendre la publication de la *Théorie générale de l'emploi* en 1936 pour trouver chez Keynes, au chapitre intitulé « Notes finales sur la philosophie sociale à laquelle la théorie générale peut conduire », une véritable charge contre la concentration de la richesse et des propositions concrètes en vue de son élimination, comme l'« euthanasie du rentier » (Keynes [1936], 1973 : 376) ou la suggestion à peine voilée d'interdire l'héritage (*ibid.* : 373-374). « Je pense quant à moi, écrit Keynes dans ce chapitre, qu'il existe des justifications sociales et psychologiques pour des inégalités significatives de revenus et dans le patrimoine, mais nullement pour des disparités aussi importantes que celles existant aujourd'hui » (*ibid.* : 374).

À propos de l'inflation, Keynes avait déjà écrit en 1919 dans *Les Conséquences économiques de la paix* :

> On dit de Lénine qu'il aurait déclaré que le meilleur moyen de détruire le Système capitaliste était d'avilir la monnaie. Un processus continu d'inflation permet aux gouvernements de confisquer secrètement et de manière inapparente, une part importante de la fortune de leurs citoyens. Par cette méthode, ils ne confisquent pas seulement, mais ils confisquent *arbitrairement* ; et tandis que le processus en appauvrit beaucoup, il enrichit aussi certains autres. Le spectacle de ce réarrangement arbitraire des richesses ne sape pas seulement le sentiment de sécurité mais aussi la confiance en l'équité de la répartition actuelle de la fortune (Keynes, 1919 : 235).

Keynes n'emploie pas le mot « ressentiment », mais c'est bien cela qu'il vise quand il évoque un ébranlement de la « confiance en l'équité ».

Skidelsky, qui a eu accès au texte de certaines leçons données par Keynes à Cambridge à l'automne 1920, non reprises dans l'édition des œuvres complètes, en cite quelques passages qui précisent la pensée de Keynes. « L'inflation, dit-il, est un dispositif qui permet à une communauté de consommer, pour un temps, son capital sans en être véritablement consciente » (Skidelsky, 1992 : 44). Et pour ce qui touche plus précisément aux « transferts de richesse d'une classe à une autre » qui remettent en question le consensus existant : l'inflation « permet aux travailleurs, aux hommes d'affaires et aux gouvernements de prospérer temporairement en consommant ou en confisquant la "richesse véritable" des épargnants » (*ibid.* : 46).

La baisse des prix, la déflation, constitue aux yeux de Keynes le mal absolu : par elle, c'est le processus de production tout entier qui est retardé. L'économie ralentit puis se fige parce que, comme tout pourra bientôt être obtenu meilleur marché, toute dépense est remise à plus tard. Le chômage monte alors en flèche, on assiste à la paupérisation de la population dans sa quasi-totalité, à l'exception seulement des rentiers.

Keynes explique dans le *Manifeste pour une réforme monétaire* que : « La déflation implique un transfert de richesses du reste de la communauté vers la classe des rentiers et vers tous ceux qui détiennent des titres. Elle implique en particulier un transfert du groupe des emprunteurs, c'est-à-dire dire des commerçants, des industriels et des fermiers, vers le groupe des prêteurs, autrement dit un transfert de richesse de la population active à la population inactive » (Keynes, 1923 : 143 ; [1931] 1972 : 166). Dans son *Tableau économique de la France* (1758), François Quesnay parlait ainsi de « classes laborieuses » et de « classes oisives ».

Un processus que Keynes caractérise encore d'une autre manière en disant qu'il s'agit avec la déflation de « l'oppression du contribuable en vue d'assurer l'enrichissement du rentier » (Keynes, 1923 : 144 ; [1931] 1972 : 166). Il conclut ce passage en rapprochant cette fois la déflation de l'inflation : « Mais alors que l'inflation, en allégeant le fardeau de la dette nationale et en stimulant l'entreprise, a quand même quelque chose à déposer sur l'autre plateau de la balance, la déflation elle n'a rien à offrir » (Keynes, 1923 : 149 ; [1931] 1972 : 168).

Du fait qu'inflation et déflation dérèglent la répartition présente des revenus et du patrimoine, elles occasionnent, chacune à sa façon, une hausse du ressentiment dans une partie distincte de la population. Dans un excellent raccourci, Skidelsky écrit : « L'inflation et la déflation sectionnent le lien moral entre l'effort et la récompense » (Skidelsky, 1992 : 220).

## *Pourquoi l'or ?*

La première thèse de Keynes dans sa croisade contre le retour à l'étalon-or est donc que l'instabilité des prix est en soi une mauvaise chose ; je viens de montrer pourquoi. La seconde, c'est que l'étalon-or cause une telle instabilité ; c'est ce qu'il convient maintenant de démontrer.

Pourquoi l'or a-t-il pu si longtemps servir de monnaie ? D'abord parce qu'il « présente bien ». Parce que, comme l'écrit Keynes dans le *Manifeste pour une réforme monétaire*, « il bénéficie toujours du prestige que lui donnent son parfum et sa couleur » (Keynes, 1923 : 164 ; [1931] 1972 : 174). Ensuite, parce qu'il est imputrescible et n'est pas non plus l'un de ces métaux qui s'oxydent ; il résiste donc bien à de nombreuses manipulations et s'accommode des intempéries et du temps qui passe. Étant dur et valant beaucoup en soi, il peut aussi être fractionné en petites unités échangeables contre des quantités beaucoup plus considérables d'autres marchandises.

Mais surtout parce qu'étant richesse en soi (échangeable en tant que tel lorsque l'État, garant d'une monnaie *fiduciaire*, fondée sur la confiance, s'effondre) l'or a toujours pu jouer le rôle d'une « monnaie *marchandise* », dans les termes de Keynes, et apparaître comme la « doublure » naturelle de la nouvelle richesse créée au sein d'une nation, faisant en sorte qu'une monnaie fondée sur l'étalon-or semble présenter une disposition « naturelle » à assurer la stabilité des prix.

Pourquoi en est-il ainsi ? Parce qu'une société qui s'enrichit en produisant des marchandises trouve dans l'ensemble de l'or en même proportion. Keynes explique cela :

> [...] il s'est fait que le progrès dans la découverte de mines d'or avançait en gros du même pas que le progrès qui intervenait dans d'autres domaines – une correspondance qui n'était pas pure affaire de chance,

> parce que le progrès en ce temps-là, du fait qu'il était caractérisé par une ouverture graduelle de la surface du globe et son exploitation, impliquait assez logiquement qu'étaient découverts *pari passu*, des dépôts d'or dont l'accès était de plus en plus malaisé (Keynes, 1923 : 165 ; [1931] 1972 : 174).

Mais cela cessa d'être ensuite systématiquement le cas : les nations qui se révélaient les plus dynamiques au cours de la révolution industrielle n'étaient pas nécessairement celles sur le territoire desquelles de nouvelles quantités d'or étaient automatiquement découvertes, et cela les obligeait à en acheter pour se constituer des réserves auprès d'autres plus chanceuses sur le plan géologique. Dans l'état présent du monde, la répartition naturelle de l'or favorise arbitrairement certaines nations et en pénalise d'autres tout aussi arbitrairement.

Une monnaie *gérée*, comme l'appelle Keynes, est une monnaie qui n'est plus en soi du métal précieux : elle circule sous forme de billets de banque et de pièces en métal vil qui ne sont en réalité que des jetons, mais elle est adossée à du métal précieux, ce qui signifie qu'à condition d'en posséder de grandes quantités, il est possible de se présenter à la banque centrale et de réclamer un échange des sommes présentées contre de l'or. Une monnaie *fiduciaire* n'est, elle, plus adossée à rien, la seule garantie dont elle dispose est la bonne foi de l'État qui l'émet.

Une monnaie *fiduciaire* n'a pas à se préoccuper de métaux précieux redoublant de leur propre richesse intrinsèque celle des billets et des pièces qu'ils garantissent. La confiance en la valeur d'une monnaie fiduciaire nécessite seulement une organisation et sa bonne administration : d'une part, une banque centrale pour émettre de la monnaie de bon aloi et la retirer à bon escient de la circulation au prorata de la richesse créée ou détruite et, d'autre part, un État à même de mettre sur pied et d'assurer l'entretien d'une police qui pourchasse les faux-monnayeurs, d'une magistrature qui les met sous les verrous et d'une administration pénitentiaire qui fait en sorte qu'ils y restent.

> Les partisans de l'or, écrit Keynes, à défaut d'une justification plus scientifique, fondent leur cause sur un double malentendu : 1° d'un point de vue pratique l'or a fourni et continuera de fournir un étalon-valeur

raisonnablement stable ; et 2° dans le monde tel qu'il est, comme les autorités en charge manquent de sagesse plus souvent qu'à leur tour, une devise gérée se retrouve tôt ou tard en difficulté. Le conservatisme et le scepticisme sont ici compagnons de route – comme c'est souvent le cas (Keynes, 1923 : 164 ; [1931] 1972 : 174).

Bien des années auparavant, dans son premier ouvrage, consacré à la monnaie indienne (*Indian Currency and Finance*, 1913), Keynes avait déjà écrit : « La préférence d'une devise associée à une contrepartie tangible est [...] la relique d'un temps où l'on pouvait moins faire confiance aux gouvernements en ces matières que ce n'est le cas aujourd'hui » (Keynes [1913], 1971 : 51).

J'ai mentionné ci-dessus, comme condition pour que puisse exister une monnaie fiduciaire gérée par un État : « une banque centrale pour émettre de la monnaie de bon aloi et la retirer à bon escient de la circulation au prorata de la richesse créée ou détruite. » Or l'on sait qu'au début de l'année 2015 ni la Federal Reserve américaine ni la Banque centrale européenne ne respectaient cette condition : toutes deux créaient de la monnaie non pas en contrepartie de nouvelles richesses créées mais dans une anticipation de l'apparition d'une richesse future, comme instrument d'une politique de dernier ressort visant à extraire l'économie de la léthargie qu'on lui constatait alors.

Keynes revenu parmi nous se convaincrait aisément que le temps n'est plus où l'on pouvait « faire confiance aux gouvernements en ces matières ». Quand le *Manifeste pour une réforme monétaire* parut en 1923, l'auteur anonyme d'un compte rendu de l'ouvrage dans le *Times Literary Supplement* écrivait que la vertu de l'étalon-or est qu'« il décourage les politiciens de recourir trop systématiquement à la fabrication de monnaie » (Skidelsky, 1992 : 161). Un Keynes de bonne foi aurait bien du mal à lui donner tort à la lumière des événements auxquels nous assistons aujourd'hui. À sa décharge certainement, il ne pouvait imaginer un monde où les banquiers centraux, les politiciens et les hauts fonctionnaires, calquant leur comportement sur celui des hommes d'affaires, se sont débarrassés de l'éthique qui apparaissait autrefois comme le cadre constitutif de l'exercice de leur fonction.

Dans le monde qui aurait suivi la mise en vigueur de l'ordre monétaire international que Keynes proposa à Bretton Woods en 1944, l'or aurait encore joué un rôle : celui d'une réserve internationale permettant à la chambre de compensation multilatérale internationale – dont l'unité de compte aurait été le *bancor* – de dépanner les pays temporairement en difficulté.

## *Pourquoi il ne faut jamais toucher aux salaires*

Le retour à l'étalon-or impliquait pour la Grande-Bretagne de restaurer le taux de change de la livre avec le dollar à son niveau d'avant guerre. Ce n'était possible qu'à condition que le coût de la vie baisse dans la proportion nécessaire pour rétablir l'équation et le coût de la vie à son tour ne pourrait baisser sans que ne baissent les salaires envisagés en tant que coûts de production des marchandises et des services.

Or, aux yeux de Keynes, le niveau des salaires devait être non révisable à la baisse et ceci pour deux raisons. La première raison, d'ordre économique, tient à l'inélasticité des salaires, ce qu'il appelle encore leur « *stickiness* », leur viscosité. Le niveau des salaires, tout comme d'ailleurs celui des profits ou des loyers par exemple, ne reste pas inerte face aux pressions économiques dont il est l'objet : il résiste à la baisse, il fait le gros dos – et il s'agit là bien entendu du produit collectif de la résistance des travailleurs eux-mêmes, comme on observerait celle des commerçants dans le cas du profit, ou celle des propriétaires d'immeubles dans le cas des loyers. La seconde raison pour laquelle le niveau des salaires devait être non révisable à la baisse est d'ordre *sociologique* ou *politique* (d'ordre « moral », dit-il, quand il l'évoque), c'est la nécessité, pour maintenir les conditions de la vie en commun, de la minimisation déjà évoquée du *dissensus* dans le tissu social.

En fait, rappelle Keynes, les salaires ne baissent jamais parce que les salariés y consentent, ils baissent parce que la déflation cause du chômage et que celui-ci modifie le rapport de force entre employeurs et employés, ces derniers consentant alors à une baisse des salaires, mais contraints et forcés.

Keynes écrit dans *Les Conséquences économiques de M. Churchill* (1925) :

> Nous nous trouvons à mi-chemin entre deux théories du tissu économique. Selon l'une d'elles, le niveau des salaires devrait se fixer en fonction de ce qui est « juste » et « raisonnable » dans le rapport entre les classes. Selon l'autre théorie – la théorie du rouleau compresseur économique – le niveau des salaires sera déterminé par la pression économique, encore appelée la « dure réalité », et notre grosse machine devrait progresser imperturbablement, sans autre considération que son équilibre comme un tout, et sans accorder une attention quelconque aux conséquences hasardeuses du voyage pour l'un ou l'autre groupe de la population (Keynes [1925c], [1931] 1972 : 223-224).

C'est bien sûr là que se boucle la boucle dans la démonstration de Keynes : les salaires ne baissent pas « parce que cela vaudrait mieux » pour l'économie. Les salariés refusent toute baisse de salaire seulement « pour la bonne cause » et, leur position étant défavorable dans la répartition de la nouvelle richesse créée déjà dans le meilleur des cas, ils ont raison. J'ai déjà eu l'occasion de mentionner à ce propos le soutien de Keynes à la grève générale de 1926.

Mussolini, en 1927, dans des circonstances similaires, n'y était pas allé par quatre chemins : pour rétablir la lire au niveau souhaité, il avait abaissé par décret tous les salaires italiens de 20 %.

Il y a bien une autre branche à l'alternative note Keynes malicieusement, sachant pertinemment qui dans l'édifice social pousserait alors des cris d'orfraie : faire baisser d'autorité les salaires, d'accord, mais en accompagnant la mesure d'« un impôt additionnel de 1 shilling par livre (soit 5 %) sur l'ensemble des revenus autres que les salaires, impôt à maintenir jusqu'à ce que les salaires effectifs aient retrouvé leur niveau antérieur [à l'abrogation de l'étalon-or en 1919] » (*ibid.* : 229). La mesure ne fut bien entendu pas retenue. En la proposant, Keynes feignait seulement d'accepter une baisse des salaires puisqu'il l'assortissait d'une mesure dont il savait qu'elle serait jugée inacceptable. Par elle, il ne visait qu'à taquiner les nantis. Il attirait ainsi l'attention sur le fait que si dans notre représentation collective spontanée les revenus du travail sont considérés comme négociables et compressibles, ceux du capital sont considérés eux comme non négociables et non compressibles.

En conséquence de quoi la restauration de l'étalon-or, qui fait du retour à un certain taux de change de la livre par rapport au dollar une contrainte non négociable et du niveau des salaires la variable d'ajustement est selon Keynes tout simplement inacceptable. Ce sont le taux de change et le niveau des prix qui doivent s'adapter au niveau des salaires et non l'inverse.

Il y avait en effet pour Keynes quelque chose de l'ordre du scandale dans le fait que lorsque des circonstances économiques difficiles exigent de chacun des sacrifices, entre les trois classes qu'il distingue dans le *Manifeste pour une réforme monétaire*, à savoir celle des *investisseurs*, celle des *hommes d'affaires* et celle de « ceux qui gagnent leur vie » (*earners*), c'est seulement la dernière qui est mise à contribution. Les deux autres sont épargnées dans un « cela va sans dire » généralisé. Les nantis trouvent parfaitement normal que l'on abaisse les salaires mais considéreraient sûrement – si cette pensée devait jamais effleurer quelqu'un – que toucher aux gains du capital serait sacrilège.

Avec sa provocation d'un impôt de 1 shilling par livre, Keynes attirait l'attention sur le fait que si dans notre représentation collective spontanée des processus économique, les revenus de la classe de « ceux qui gagnent leur vie » sont considérés comme compressibles et à tout moment négociables, ceux de la classe des investisseurs et de la classe des hommes d'affaires sont spontanément jugés eux non compressibles et non négociables.

L'on reconnaît là la position qui fera véritablement l'originalité de l'approche de Keynes parmi les économistes de son temps, et encore parmi ceux d'aujourd'hui d'ailleurs : si des équilibres économiques peuvent se rencontrer dans différents types de configurations, le critère pour en retenir l'un plutôt qu'un autre, c'est ce qu'il représente en termes de *consensus global* ou en tout cas de minimisation du *dissensus*. L'objectif, c'est la minimisation du ressentiment entre classes sociales, et seul le plein-emploi permet de l'atteindre.

En fait, en 1923, dans le *Manifeste pour une réforme monétaire*, ainsi qu'en 1925, dans le pamphlet sur Churchill, Keynes a déjà formulé de manière implicite ce qui sera en 1936 la thèse de son ouvrage le plus connu, la *Théorie générale de l'emploi* : le plein-emploi ne peut pas être un résultat heureux auquel on aboutit de manière accidentelle, il doit être l'axe autour duquel tout plan de société doit être articulé.

## *Keynes et la spéculation*

On lit dans le *Manifeste pour une réforme monétaire* :

> Le nombre de personnes comprenant ne serait-ce que les rudiments de la théorie des marchés à terme est à ce point limité, que l'occasion s'est présentée en 1920, et tout simplement entre Londres et New York, où un vendeur de dollars au comptant pouvait gagner du 6 % annualisé au-dessus du taux à Londres pour de l'argent à court terme en convertissant ses dollars en livres sterling pour les reconvertir en dollars à échéance d'un mois, tandis que, si j'en crois des chiffres qui m'ont été communiqués, il était possible à Milan à la fin du mois de février 1921, de vendre de la livre sterling au comptant et de la racheter à terme à un mois, et de s'assurer ainsi des gains à un taux annuel supérieur de 25 %, voire plus, aux intérêts que l'on pouvait obtenir à Milan sur un dépôt en liquide d'un mois en lires (Keynes, 1923 : 130).

Pourrait-on imaginer à la lecture de ce bref extrait qu'il ne s'agit pas là de stratégies que Keynes avait lui-même mises en pratique ? On sait par ailleurs que c'est à cette époque qu'il acquit des œuvres de Seurat, Signac, Picasso, Derain, Matisse et Renoir. Il perdit la quasi-totalité de ses gains spéculatifs en 1928 et 1929 mais se refit une santé financière à partir de 1935 (Skidelsky, 1992 : 29). Il mourut à la tête d'une fortune considérable.

« Nicholas » (Ernest Harold) Davenport (1893-1979), agent de change et journaliste financier, écrivit à propos de Keynes, qu'il a bien connu : « La spéculation a amélioré sa pensée économique et sa pensée économique a amélioré sa spéculation » (*ibid.* : 26). Dans son livre intitulé *Memoirs of a City Radical*, il suggère que la motivation du Keynes spéculateur du début des années 1920 était davantage de tester les thèses de son *Traité de probabilités* que de gagner de l'argent (*ibid.* : 692).

Le personnage du spéculateur, absent du courant dominant de la pensée économique, existe bel et bien dans les écrits théoriques de

Keynes. Ainsi, quand il tente d'expliquer en 1936 la *préférence pour la liquidité* dans la *Théorie générale de l'emploi, de l'intérêt et de la monnaie,* il mentionne trois motivations : « transactionnelle », « précautionneuse » et « spéculative » et il définit la dernière comme « l'objet de s'assurer d'un profit du fait que l'on sait mieux que le marché de quoi l'avenir sera fait » (Keynes [1936], 1973 : 170). Il avait déjà eu l'occasion d'expliquer précédemment dans le même ouvrage que :

> Si l'on me permet de m'approprier le terme de *spéculation* pour l'activité qui consiste à prédire la psychologie du marché, et le terme d'*entreprise* pour l'activité qui consiste à prédire le rendement à venir d'actifs sur l'entièreté de leur vie... (*ibid.* : 158).

Chez Keynes, donc, les opérations du spéculateur ne sont pas comme celles de l'agent économique que suppose la théorie des « anticipations rationnelles » de John Muth et de Robert Lucas, à savoir de simples *jugements intuitifs spontanés* générant automatiquement l'objectivité des prix, mais sont la mise en application de véritables *stratégies.* Selon Keynes le spéculateur n'a que faire d'une *valeur* qui émergerait sur le long terme : son seul souci est celui du *prix* ici et maintenant. Il s'en explique au chapitre 12 de la *Théorie générale de l'emploi, de l'intérêt et de la monnaie* :

> On pourrait supposer que la concurrence entre professionnels experts, dont le jugement et les connaissances sont supérieurs à ceux de l'investisseur privé moyen, serait à même de corriger les errements de l'individu ignorant laissé à lui-même. Il se fait cependant que l'énergie et le talent de l'investisseur et du spéculateur professionnels sont essentiellement dédiés à d'autres tâches. Car la plupart d'entre eux sont, en réalité, principalement soucieux, non pas de faire des prévisions à long terme d'excellente qualité à propos du taux probable d'un investissement sur sa vie entière, mais de prévoir avec un temps d'avance par rapport au grand public certains changements dans la manière conventionnelle dont il est évalué. Ce qui retient leur attention, ce n'est pas ce qu'un investissement vaut en réalité pour celui qui l'a fait « une fois pour toutes », mais à quel niveau le marché situera son cours d'ici trois mois ou un an, sous l'influence de la psychologie des foules (*ibid.* : 154-155).

Il faudrait dire aujourd'hui lorsqu'il est question d'un spéculateur humain, au lieu de « d'ici trois mois ou un an », « d'ici une heure ou jusqu'à la clôture » ou « d'ici une à cinq millisecondes », si l'on parle d'un « algo » (pour « algorithme »), d'un robot implémentant une « strat » (pour « stratégie »).

On a pu lire dans ce passage qu'au contraire de la « science » économique qui n'a rien à dire au sujet du spéculateur puisqu'il est absent de son horizon conceptuel, aux yeux de Keynes, le spéculateur existe véritablement et son comportement mérite d'être analysé.

L'horizon stratégique de l'investisseur professionnel ou du spéculateur n'est pas le long terme mais le court terme, horizon dont il définit la durée précise comme il l'entend. Quel que soit cet horizon, l'objectif du spéculateur est identique : dégager un profit, c'est-à-dire avoir *in fine* vendu plus cher qu'il n'a acheté, l'ordre dans lequel les deux transactions auront eu lieu étant sans importance sur des marchés symétriques comme les marchés à terme sur lesquels l'option existe d'entrer indifféremment en tant qu'*acheteur* ou en tant que *vendeur*.

À quoi renvoie la référence de Keynes à la « psychologie des foules » qu'il mentionne à la fin du passage cité ? Au fait qu'il est possible de viser une maximisation du profit, une maximisation de la différence entre le prix de vente et le prix d'achat, lorsque s'est développée une tendance en raison d'un comportement clairement majoritaire parmi les intervenants.

Aucune tendance ne dure éternellement : une « correction » finira bien par se manifester, selon le mécanisme dit du « retour à la moyenne » ; l'intervenant qui était présent sur le marché pendant que se développait la tendance s'en retirera en « prenant son profit », selon l'expression consacrée, pour autant que sa stratégie se soit révélée gagnante, ou en « coupant ses pertes » si elle s'est avérée perdante. L'existence de ce « retour à la moyenne » (Jorion, 1983) est cependant controversée ; le fait que les intervenants se préoccupent de l'écart présent entre le cours et ce qu'on appelle le « fondamental », à savoir le prix additif des composantes de la société ou du produit qui sont cotés, fait que ce *fondamental* joue selon moi un rôle d'*attracteur* pour le cours.

André Orléan, qui cautionne l'hypothèse de Keynes, parle à propos du développement de tendances de « mimétisme » (Orléan, 1986), ce qui suppose une observation par tout intervenant du comportement des autres et d'un ralliement au comportement majoritaire. Il faut cependant remarquer qu'il n'est nullement nécessaire qu'il y ait comportement *mimétique* pour qu'une majorité des intervenants se conduisent de la même manière : le fait qu'ils aient adopté la même politique suffit pour cela et la recherche active du profit, qui est la motivation de la plupart sinon de tous, est bien une politique, même si les stratégies et les tactiques mises en œuvre varieront d'intervenant à intervenant.

Or la recherche du profit n'a besoin pour données que de la seule évolution du prix et des volumes associés. Une simple observation du déroulement historique des prix et des volumes échangés permet de laisser se développer la tendance si la position que l'on a adoptée (*acheteuse* ou *vendeuse*) est gagnante, et à inverser sa position lorsqu'un renversement de tendance a lieu. Aucune autre information n'est nécessaire pour cela sinon un examen de la séquence des prix passés et des volumes qui leur étaient associés ; l'observation du comportement des autres intervenants n'est nullement indispensable : elle ne contient aucune information additionnelle par rapport à l'évolution du prix et des volumes.

Dans un article publié en 2006, intitulé : « Adam Smith's Invisible Hand Revisited. An Agent-Based simulation of the New York Stock Exchange » (Jorion, 2006), j'ai présenté les résultats d'une simulation multiagents d'un marché boursier que j'avais programmée. Certains effets apparus éclairent les intuitions de Keynes.

On constate d'abord, lorsqu'un marché est en place depuis un certain temps, une concentration inéluctable de la richesse : certains intervenants deviennent de plus en plus riches, tandis que d'autres disparaissent en raison de leur insolvabilité. On constate ensuite que le marché est moins stable, plus disposé aux krachs, lorsque les intervenants développent des stratégies précises d'achat et de vente que quand ils n'en ont pas.

Les stratégies des agents avaient été programmées dans cette simulation de manière à mimer de véritables comportements : surfer sur la tendance et se retirer lors du renversement de tendance. L'intervenant se déterminait un horizon stratégique propre, examinait si le prix avait été à la hausse ou à la baisse sur cet intervalle de temps et se positionnait pour suivre la tendance. Lorsque celle-ci s'était concrétisée en un certain montant de profit, un renversement de tendance était postulé et la position inversée.

Il n'y a donc aucune nécessité pour le spéculateur d'analyser le comportement des autres, de la « foule » dans son ensemble, parce que l'évolution du prix et celle des volumes sont les seuls éléments d'information pertinents : vendre plus cher que l'on a acheté est la « loi du profit » et constitue en soi un principe d'action suffisant. La foule n'a ici qu'un seul rôle à jouer : constituer l'armée de gogos que l'on entend plumer !

Cela dit, Keynes ne décrira jamais le mécanisme qui expliquerait véritablement comment la spéculation agit sur la formation des prix ou des taux, il se contentera de mettre en garde contre ses excès dans un passage très souvent cité de sa *Théorie générale* :

> Les spéculateurs sont inoffensifs aussi longtemps qu'ils ne sont qu'autant de bulles à la surface du flot régulier de l'esprit d'entreprise. La situation devient cependant sérieuse quand c'est l'esprit d'entreprise qui se transforme en une simple bulle à la surface d'un tourbillon spéculatif. Quand la fructification du capital d'une nation se transforme en sous-produit de l'activité d'un casino, le travail est rarement bien fait (Keynes [1936], 1973 : 159).

Cette image de l'économie subordonnée à l'« activité d'un casino » a frappé les esprits. Nous avons la chance – pour la petite histoire – d'en connaître la genèse : la métaphore apparaît pour la première fois dans une déposition faite par Keynes le 15 décembre 1932, soit quatre ans avant la publication de la *Théorie générale*, devant la Royal Commission on Lotteries and Betting, la commission royale britannique des loteries et des jeux.

Pour comprendre le raisonnement de Keynes, il faut d'abord examiner la manière dont l'image du casino est amenée dans la *Théorie générale* : elle vient immédiatement à la suite d'une réflexion relative à la différence existant entre l'attitude des Américains et des Anglais vis-à-vis de l'investissement et de la spéculation. Voici ce qu'il écrit :

> Il est rare, dit-on, qu'un Américain investisse, comme le font toujours de nombreux Anglais, « pour le revenu » [les dividendes], et il ne sera

> pas disposé à faire un investissement si ce n'est dans l'espoir d'une appréciation du capital. Ce qui n'est qu'une autre manière de dire que quand il fait un investissement, l'Américain attache ses espoirs, non tant à son rendement futur qu'à un changement favorable dans la base conventionnelle de valorisation, c'est-à-dire qu'il est, au sens que j'ai donné à ce terme, un spéculateur (*ibid.*).

Voici maintenant l'expression première en 1932 de cette idée dont la réflexion de 1936 relative aux Américains face à l'investissement et la subordination de l'économie à l'activité d'un casino, est un retraitement. Il s'agit du point 7 de la déposition de Keynes devant cette commission britannique des loteries et des jeux :

> Je pense qu'il est d'une importance considérable que la politique des jeux vise soit l'amusement, soit des considérations frivoles sans grande signification. Jouer aux courses anglaises constitue pour le public britannique une bien meilleure source d'amusement que Wall Street pour les Américains. Le fait que le gazon ne pousse pas dans ce pays a fait que l'ensemble de son industrie est devenu le simple sous-produit d'un casino. Nous devons à la vérité bénir les hippodromes pour ce qu'ils font pour nous (Keynes [1932], 2013 : 399).

Keynes réitérera ce point dans la discussion : « J'affirme que dans le boom en Amérique, Wall Street a joué le même genre de rôle que les paris hippiques dans notre propre pays » (*ibid.* : 406).

Si nous avions encore un doute quant à la manière dont il faille traduire « la fructification du capital d'une nation » par « son économie », le doute est levé ici puisque Keynes évoquait à l'origine, « l'ensemble de l'industrie » d'une nation comme sous-produit de l'activité d'un casino.

La thèse de Keynes est donc que si les Américains jouent en Bourse comme ils le font, avec pour conséquence ce que nous appelons aujourd'hui la « financiarisation » de l'économie, c'est qu'ils n'ont pas la possibilité comme les Britanniques de jouer aux courses.

L'explication selon laquelle c'est parce que « le gazon ne pousse pas dans ce pays » provoqua cependant la perplexité d'un membre au moins de la commission, sir James Leishman, qui rétorqua à Keynes : « J'ai un peu de mal à comprendre votre remarque que le gazon ne pousse pas en Amérique. » À quoi celui-ci répondit : « J'ai cru comprendre qu'il est impossible en Amérique, en raison du climat, d'avoir un hippodrome dans le style anglais [sur pelouse], avec du gazon de ce type toute l'année » (*ibid.* : 410). Que des chevaux puissent courir sur terre battue lui était apparemment inconnu, à moins que cette obscure histoire de gazon ne dissimule une énorme boutade ; le lecteur jugera, à la lumière je l'espère des informations que j'ai pu lui fournir jusqu'ici sur un personnage qui ne se défera jamais entièrement de son esprit potache.

CHAPITRE 4

# Keynes, un socialiste loup solitaire

## Suis-je un libéral ? *(1925)*

### *Keynes libéral d'« extrême gauche » antirévolutionnaire*

En 1925, Keynes a quarante-deux ans. La campagne qu'il a menée pour empêcher le retour de la Grande-Bretagne à l'étalon-or vient d'échouer et il a salué sa défaite personnelle par une série de chroniques publiées au mois de juillet dans l'*Evening Standard*, textes rassemblés ensuite en une brochure : *Les Conséquences économiques de M. Churchill.*

De même qu'il a cherché à montrer que la stabilité des prix est nécessairement excellente puisque la hausse des prix – l'inflation – et la baisse des prix – la déflation – sont toutes deux exécrables, il détermine que s'il est libéral, c'est parce qu'il ne peut être ni Travailliste ni Conservateur. Ses pensées à ce sujet ont été rassemblées à l'occasion d'une allocution qu'il prononce en août à l'université d'été du Parti libéral britannique intitulée : « Suis-je un libéral ? » (« Am I a Liberal ? »).

Keynes ne s'est certainement pas facilité la tâche en se définissant comme appartenant au courant d'extrême gauche de ce parti, tendance dont il est d'ailleurs le seul représentant dont on ait gardé le souvenir.

Il affirme non sans un certain panache dans une allocution intitulée « Libéralisme et travaillisme » (« Liberalism and Labour »), prononcée en février 1926 : « La République de mon imaginaire se situe à l'extrême gauche de l'espace céleste » (Keynes [1926a], [1931] 1972 : 309).

Le militantisme de Keynes, proclamé haut et fort en faveur du courant qu'il imagine représenter, doit être situé dans le contexte de l'effondrement du Parti libéral britannique aux élections de 1924, où il perdit 118 de ses 158 sièges. Keynes explique dans son allocution que « le Parti libéral se partage entre ceux qui, seraient-ils forcés de faire un choix, voteraient Conservateur, et ceux qui, dans les mêmes circonstances, voteraient Travailliste », à la suite de quoi il enjoint sans ambages à ceux qui voteraient Conservateur de quitter le Parti libéral (*ibid.* : 310), pour laisser libre jeu, semble-t-il, aux travaillistes dissidents de son espèce !

Keynes n'est pas un révolutionnaire : la représentation qu'il se fait d'une société viable est, comme je viens de le rappeler, une société, sinon du consensus, du moins du *dissensus* minimal – où l'on est parvenu à minimiser le volume du ressentiment global. Sa méfiance envers les révolutions se nourrit des conclusions auxquelles il aboutira dans les recherches qui débouchèrent en 1921 sur son *Traité de probabilités*, à savoir que la tâche de prévoir l'avenir est quasiment irréalisable. Cette opinion est la sienne depuis fort longtemps puisqu'on la trouve en fait déjà exprimée dans une dissertation de plus de cent pages qu'il rédige en 1904 à l'âge de vingt et un ans alors qu'il étudie à Cambridge l'homme politique et philosophe Edmund Burke (1729-1797) et intitulée « The Political Doctrines of Edmund Burke » : « Notre capacité à prédire est si faible qu'il est rarement avisé de sacrifier un mal actuel pour un hypothétique avantage futur » (Skidelsky, 1983 : 155). Cette opinion se situe dans la droite ligne de celle qu'il avait défendue deux ans auparavant dans une allocution alors qu'il était encore lycéen à Eton, et selon laquelle les abus de l'Ancien Régime auraient pu être éliminés « par des moyens moins violents et passablement plus constitutionnels » (*ibid.* : 102). Les périodes de transition peuvent être catastrophiques, dit-il encore, et il ne faut s'engager dans de tels bouleversements prévisibles qui si l'on est certain que le bien qui en résultera les justifiait pleinement. Il écrivait en ce sens, toujours dans sa dissertation de 1904 sur Burke : « Il ne suffit pas que l'état de fait que nous cherchons à promouvoir soit meilleur que celui qui le précède, il faut encore qu'il soit à ce point préférable qu'il compense aussi les tragédies qui accompagnent la transition » (*ibid.* : 156).

Keynes justifiera par une véritable argumentation son désaccord de principe avec la voie révolutionnaire dans le compte rendu d'un livre que Trotski vient alors de consacrer à la Grande-Bretagne (*Where Is Britain Going ?*, 1925). Il commence par y souligner qu'il n'existe pas en Grande-Bretagne de projet révolutionnaire bénéficiant de l'assentiment d'une proportion importante de la population :

> [Trotski] suppose que les problèmes moraux et intellectuels de la transformation de la société ont déjà été résolus – qu'un plan existe, et qu'il ne reste plus qu'à l'appliquer. Il suppose que la société se divise en deux parties – le prolétariat, adepte de ce plan, et les autres qui s'y opposent pour des raisons purement égoïstes. Il ne comprend pas qu'aucun plan ne pourra l'emporter avant d'avoir convaincu un nombre considérable de personnes, et que, s'il existait déjà un tel plan, une multitude ne manquerait pas de s'y rallier (Keynes [1926], [1933] 2010 : 66).

Et Keynes de conclure : « La prochaine étape se fait avec la tête, et les poings doivent attendre » (*ibid.* : 67).

Certains n'hésiteraient pas, cependant, à dire que l'argumentation de Trotski, telle que Keynes l'a rapportée dans la première partie de son compte rendu, n'est pas moins convaincante que sa propre démonstration, voire répond par avance aux objections qu'il pourrait faire.

Dans sa recension, Keynes commence en effet par rapporter fidèlement les vues de Trotski. Selon celui-ci, l'hypothèse que le Parti travailliste accéderait au pouvoir par la voie électorale et par un vote majoritaire, et « parviendrait à accomplir cette tâche avec tant de circonspection, avec tant de tact, avec tant d'intelligence, que la bourgeoisie ne ressentirait aucun besoin de manifester son opposition active, est une farce » (*ibid.* : 65). Keynes poursuit :

> Trotski affirme que les classes possédantes respecteront le résultat des élections aussi longtemps qu'elles contrôlent la machine parlementaire, mais que si elles en sont délogées, il est alors absurde de supposer qu'elles hésiteront un instant à recourir à la force. Supposons, dit-il,

> qu'une majorité de parlementaires travaillistes décide, de la manière la plus légale du monde, de confisquer la terre sans compensation, de taxer lourdement le capital, d'abolir la Couronne et la Chambre des Lords, alors « il ne fait aucun doute que les classes possédantes ne se soumettront pas sans lutter, d'autant que la police, l'appareil judiciaire et l'armée sont entièrement entre leurs mains ». Elles contrôlent de surcroît les banques et l'entièreté du système de crédit social ainsi que le secteur des transports et celui du commerce, si bien que le ravitaillement quotidien de Londres, y compris celui du gouvernement travailliste lui-même, dépend du bon vouloir des grands combinats capitalistes. Il va de soi, affirme Trotski, que de formidables moyens de pression « seront mis en branle avec une violence effrénée pour bloquer l'activité du gouvernement travailliste, pour paralyser ses moyens, pour le terroriser, pour tenter de provoquer des défections dans sa majorité parlementaire et, finalement, pour causer une panique financière, des difficultés d'approvisionnement et des fermetures d'usines (*ibid.* : 65-66).

Dans tout ce passage, et avant qu'il n'exprime pour conclure ses propres objections à l'argumentation de Trotski – objections qui apparaissent bien timides par contraste, Keynes a pris un soin à ce point méticuleux de rapporter les vues du révolutionnaire russe qu'il est difficile d'imaginer qu'une telle considération ne trahisse pas une certaine sympathie envers celles-ci.

Le statut de ce compte rendu est, on l'aura compris, on ne peut plus ambigu. Impossible de ne pas rapprocher cette publicité faite aux vues de Trotski des propos tenus par Keynes huit ans auparavant quand il écrivait à sa mère que la révolution russe « est le seul résultat de la guerre jusqu'ici qui en vaille la peine » (Skidelsky, 1983 : 337).

## *Keynes socialiste antitravailliste*

Aussi, après avoir expliqué de manière quelque peu paradoxale pourquoi il est un libéral, mais d'« extrême gauche », Keynes entreprend de répondre dans son allocution à la question que tout contemporain se pose alors légitimement : « Étant aussi socialiste que vous affirmez l'être, pourquoi n'êtes-vous pas plutôt membre du Parti travailliste ? »

Keynes s'affirme en effet socialiste avec une belle constance et une belle vigueur, au point d'irriter passablement ceux qui s'estiment mieux en droit que lui de se prévaloir du titre. Son confrère économiste Hugh Dalton notera ainsi en 1930 dans son journal : « Lors d'une réunion, Keynes offensa le Premier ministre [le Travailliste Ramsay MacDonald] en se décrivant lui-même comme "le seul socialiste présent dans la salle" » (Skidelsky, 1992 : 363).

Le reproche que Keynes adresse au Parti travailliste est qu'on n'y rencontre guère la variété de ce socialisme de qualité supérieure dont il serait lui-même le représentant.

La description la plus complète du socialisme tel que Keynes le conçoit se trouve dans deux textes : un exposé qu'il fit à plusieurs reprises en 1928 et qu'il publiera en 1930, sous le titre *Les alternatives économiques qui s'ouvrent à nos petits-enfants*, et dans les « Notes finales sur la philosophie sociale à laquelle la théorie générale peut conduire », qui constituent le chapitre final de sa *Théorie générale de l'emploi, de l'intérêt et de la monnaie* publiée en 1936 ; j'en dirai davantage plus loin, lorsque mon essai couvrira ces années-là.

Skidelsky écrit : « Keynes admirait trois choses dans le socialisme : sa passion pour la justice sociale [...], l'idéal *fabien* du service public, et son utopisme, fondé sur l'élimination de "l'argent comme moteur" et de l'"adoration de l'argent" » (*ibid.*, 1992 : 234).

Née en 1884, la Fabian Society est un mouvement socialiste britannique d'inspiration quaker dont les personnalités les plus marquantes furent Beatrice et Sidney Webb ; parmi ses membres éminents : l'homme de théâtre George Bernard Shaw, le romancier de science-fiction H. G. Wells, Virginia Woolf.

Skidelsky a retrouvé dans les papiers de Keynes, une note inédite rédigée le 23 décembre 1925, c'est-à-dire à l'époque dont il est question ici. On y lit :

> Nous devrions plus souvent être dans un état d'esprit où, pour ainsi dire, le coût monétaire est entièrement mis entre parenthèses.
> L'abolition de l'héritage aiderait de ce point de vue en permettant d'évacuer le problème que posent les comparaisons concrètes. Il faut que nous restreignions, plutôt qu'augmentions, le domaine où peuvent apparaître des comparaisons monétaires.

> Les fluctuations historiques [sont] dues au fait que le système social qui est efficient sur le plan économique ne l'est pas sur le plan moral. L'économie babylonienne permit à des États d'atteindre une grande richesse et de connaître un grand confort et provoqua ensuite leur effondrement pour des raisons d'ordre moral. Le problème fondamental [...] c'est de découvrir un système social qui serait efficient à la fois sur le plan économique *et* sur le plan moral (*ibid.* : 241).

Comment faire advenir le socialisme ? Le processus sera long et fondé sur l'essai et l'erreur : « Le véritable socialisme du futur, écrit-il, émergera [...] d'une variété infinie d'expérimentations visant à découvrir les relations adéquates entre les sphères de l'individuel et du social » (*ibid.* : 185).

Le Parti travailliste a-t-il un rôle privilégié à jouer dans un tel avènement du socialisme ? Non, répondait Keynes en 1923, car le parti nécessaire à la tâche doit être « plus audacieux, plus libre, compter des esprits plus désintéressés que n'en a le Parti travailliste, qui devrait abandonner ses dogmes d'un autre âge » (*ibid.* : 137). À ces reproches, il en ajoute d'autres, dans cette allocution même prononcée en août 1925 ainsi que dans celle, « Libéralisme et travaillisme » (« Liberalism and Labour »), prononcée en février de l'année suivante.

Premier reproche : le Parti travailliste n'est pas *universaliste* puisqu'il s'affirme comme le parti de la seule classe ouvrière, qui n'est pas la classe dans laquelle lui Keynes est né et au sein de laquelle il a été élevé. Non seulement cela, mais ce parti est hostile à la classe dont Keynes est issu. Il écrit :

> Devrais-je rejoindre le Parti travailliste ? [...] La proposition est à première vue plus attirante [que d'être un Conservateur] mais à y regarder de plus près, il existe de sérieux obstacles. Pour commencer, c'est un parti de classe, et la classe en question n'est pas la mienne. Si j'étais obligé de poursuivre des intérêts spécifiques, je poursuivrais les miens. [...] Je peux être influencé par ce qui me semble être la justice et le bon sens, mais la guerre des *classes* me trouvera aux côtés de la *bourgeoisie* éduquée (Keynes [1925a], [1931] 1972 : 297).

Cette absence d'universalisme du Parti travailliste n'est malheureusement que le symptôme d'un mal plus profond. Ainsi, dans un passage qui suit immédiatement celui que je viens de citer dans *Suis-je un libéral ?*, mais qui, du vivant de Keynes, ne sera pas reproduit dans le volume des *Œuvres complètes*, en raison sans aucun doute de sa brutalité, il déclare qu'au sein de ce parti « trop sera toujours décidé par ceux qui ne savent *pas du tout* de quoi ils parlent » (*ibid.* : 297). Et, dans un autre passage tout aussi mordant, il reproche aux dirigeants travaillistes de ne pas se contenter d'aimer le genre humain, mais de le détester aussi :

> Il est cependant nécessaire pour un dirigeant travailliste populaire d'être, ou du moins d'apparaître, un peu comme un sauvage. Il ne lui suffit pas d'aimer ses semblables, il lui faut aussi les haïr (*ibid.* : 300).

Et Keynes de conclure qu'il est de loin préférable d'être le seul socialiste de qualité au sein du Parti libéral plutôt que d'être entouré au Parti travailliste de socialistes dont le socialisme laisse trop à désirer.

Mais il ne s'agit là que de déclarations tonitruantes au niveau des grands principes : durant les années 1929 à 1931, les efforts de Keynes sur le plan politique seront consacrés uniquement à seconder Ramsay MacDonald alors que celui-ci se trouve pour la deuxième fois à la tête d'un gouvernement travailliste, même s'il lui infligera le camouflet dont Hugh Dalton a consigné le souvenir : de se prétendre « seul socialiste présent » lors d'une réunion à laquelle MacDonald prend part. Il aura alors cessé entièrement de s'impliquer dans les affaires du Parti libéral.

Keynes socialiste ? Certainement, mais au titre seulement d'électron libre.

CHAPITRE 5

# L'URSS : l'enfer préfigurant le paradis ?

## Un bref aperçu de la Russie *(1925)*

### *Le communisme : un régime exécrable*

Un peu plus de sept ans s'étaient écoulés depuis la révolution d'Octobre quand Keynes fut invité en Union soviétique au mois de septembre 1925 en tant que représentant officiel de l'Université de Cambridge. Le tapis rouge fut déroulé devant lui durant les deux semaines que durera son séjour. Le mois précédent, il avait épousé celle qui était sa compagne depuis plusieurs années : la ballerine russe Lydia Lopokova, qui l'accompagna durant ce voyage. Il fut également reçu dans la famille de celle-ci et l'occasion lui fut ainsi donnée de voir la société soviétique sous différents éclairages : celui des dirigeants qui étaient ses hôtes mais aussi celui des gens ordinaires : le père de Lydia était ouvreur de cinéma.

Keynes fit part de ses impressions de l'Union soviétique dans trois articles dont la teneur fut rassemblée plus tard dans *Un bref aperçu de la Russie* (*A Short View of Russia*), un cahier qui sera publié par les Hogarth Press de Leonard et Virginia Woolf, surtout connues aujourd'hui pour leur première édition des œuvres complètes de Freud en anglais et celle des romans de Virginia Woolf elle-même, fait qui n'est pas purement anecdotique si l'on pense qu'à cette époque Bloomsbury se convertissait en masse au marxisme et à l'admiration de la Russie sous son nouveau régime.

*Un bref aperçu de la Russie* est un étonnant texte d'une vingtaine de pages puisqu'on y trouve d'abord une charge féroce contre le communisme que Keynes a pu voir à l'œuvre et, ensuite, en contradiction apparente avec le verdict brutalement négatif que l'on vient de lire, une interrogation : est-il exclu que, sous sa forme grotesque, le communisme pose cependant les jalons de la société bienheureuse que connaîtront un jour nos lointains descendants ? Autrement dit, le communisme n'est-il pas l'un des exemples de cette « variété infinie d'expérimentations visant à découvrir les relations adéquates entre les sphères de l'individuel et du social » dont Keynes affirmait, nous venons de le voir, qu'émergerait le « véritable socialisme du futur » ?

En juillet 1937, Keynes écrirait au journaliste Kingsley Martin : « Il n'y a en réalité que deux [idéologies] : les États totalitaires... et les États libéraux. Ces derniers mettent la paix et la liberté individuelle au premier plan, les autres ne les mettent nulle part » (Keynes [1937], 2013 : 73). C'est en se fondant sur une telle prémisse qu'il bâtit son évaluation globale de l'Union soviétique. Il écrit dans *Un bref aperçu de la Russie* :

> Je ne suis pas prêt à souscrire à une foi qui ne se soucie aucunement de combien elle annihile la liberté et le sentiment de sécurité dans la vie quotidienne, qui recourt délibérément aux armes de la persécution, de la destruction et de la lutte internationale. Comment pourrais-je admirer une politique dont l'une des expressions caractéristiques est qu'elle dépense des millions pour appointer des espions au sein de chaque famille et de chaque groupe à l'intérieur de ses frontières, et pour fomenter le désordre à l'étranger ? (Keynes [1925b], [1931] 1972 : 258).

Huit ans plus tard, en 1933, Keynes dira de Staline qu'avec lui « les circonvolutions souples du cerveau s'y sont figées en bois » (Keynes [1933], 1982 : 246).

Vient alors une analyse de la situation économique : si l'Union soviétique ne sombre pas corps et biens, c'est que les ressources de son agriculture sont réquisitionnées pour assurer une perfusion permanente de son industrie qui, quant à elle, opère à perte en raison d'une gestion inepte. Keynes écrit :

> [...] le gouvernement communiste peut pouponner (toutes proportions gardées) le travailleur prolétarien, objet spécial de son attention bien entendu, en exploitant le paysan ; le paysan de son côté, en dépit de son exploitation, n'aspire à aucun changement de gouvernement, parce qu'il a reçu sa terre [...]. On lui achète son blé bien au-dessous du prix mondial, et on lui vend du textile et des biens manufacturés à des prix de loin supérieurs aux prix mondiaux, la différence entre les deux vient alimenter un fonds qui permet de financer les importants surcoûts et l'inefficacité globale du secteur manufacturier et de la distribution (*ibid.* : 263-264).

Comment expliquer une telle inefficacité ? Par la combinaison de deux éléments : le *communisme* en tant que tentative généreuse mais trop fruste d'inverser les priorités entre les préoccupations d'ordre économique et éthique, et le *marxisme* en tant que théorie économique erronée.

## *Le communisme : une « grande religion » en germe*

Keynes voyait, je l'ai signalé, dans l'ancienne Babylone le premier exemple de « système social [...] efficient sur le plan économique [et] inefficient sur le plan moral » dont le capitalisme contemporain est aujourd'hui la plus belle illustration, et appelait de ses vœux « un système social qui serait efficient à la fois sur le plan économique *et* sur le plan moral ». Or, si c'est bien ce dernier objectif que le communisme soviétique cherche à atteindre, il échoue dans cette tâche et ne parvient à produire dans la forme que prend l'échec pour lui qu'une version inversée du capitalisme : un système qui aspire à l'efficience sur le plan moral mais n'y parvient pas en raison des retombées de son inefficacité rédhibitoire sur le plan économique.

Voici comment Keynes l'explique :

> Le léninisme est la combinaison de deux choses que les Européens ont maintenues historiquement dans deux compartiments séparés de l'âme : la religion et les affaires. Nous sommes choqués parce qu'ici la

> religion est neuve, et méprisants parce que les affaires, étant subordonnées à la religion plutôt que l'inverse, manquent grandement d'efficacité (*ibid.* : 265).

L'usage du mot « religion » dans le contexte d'une Union soviétique qui s'affirme radicalement athée peut paraître incongru mais Keynes avait tenu d'emblée à prévenir son lecteur : « J'utiliserai assez souvent par la suite l'épithète *religieux* quand il est question des disciples de Lénine » (*ibid.* : 253). Comme on le verra par la suite, le mot n'est pas péjoratif sous sa plume : il emploie le mot « religion » dans son sens d'institution qui relie entre eux les membres d'une société, et là où l'on évoquerait aujourd'hui plutôt une « éthique » qu'une « religion ».

Le capitalisme moderne, par contraste, est selon lui « absolument irréligieux, privé de cohésion interne, pratiquement privé d'esprit collectif, et souvent, même si ce n'est pas dans tous les cas, un simple assemblage de possédants et de carriéristes. Pour pouvoir survivre, un tel système doit voir ses efforts couronnés de succès, non pas seulement modérément, mais immensément. [...]. En ce moment, c'est seulement modérément » (*ibid.* : 267).

En 1934, John Maynard Keynes disait à Virginia Woolf qui l'a rapporté : « Notre génération [...] doit beaucoup à la religion de nos aïeux [...]. Et les jeunes [...] qui sont élevés sans elle, ne retireront jamais autant de la vie. Ils sont prosaïques : comme des chiens avec leurs impulsions. Nous avons bénéficié du meilleur de deux mondes. Nous avons détruit le christianisme mais nous avons bénéficié de ce qu'il apportait » (Skidelsky, 1992 : xx).

Skidelsky fait observer qu'« en Russie soviétique, tout ce que les grandes religions avaient désigné comme criminel sur un plan spirituel avait acquis ce statut criminel au plan légal et d'un point de vue social » (*ibid.* : 235).

Quant à la théorie économique marxiste sur laquelle la « religion » léniniste repose, le verdict de Keynes est impitoyable :

> Comment pourrai-je accepter une doctrine qui s'est choisi pour bible, par-dessus et par-delà toute critique envisageable, un manuel d'économie dépassé, dont je sais qu'il n'est pas seulement faux sur le plan

> scientifique mais aussi dénué d'intérêt ou d'application possible dans le monde moderne ? (Keynes [1925b], [1931] 1972 : 258).

Il faut savoir que Keynes reproche aux travaux économiques de Marx de ne pas être davantage qu'un commentaire peu imaginatif de l'œuvre de David Ricardo (1772-1823) et d'avoir ajouté sur cette base défectueuse, de nouvelles erreurs. En 1935, à l'époque où il rédige sa *Théorie générale de l'emploi, de l'intérêt et de la monnaie*, il écrit dans une lettre adressée à l'homme de théâtre George Bernard Shaw : « Je suis en train de rédiger un livre de théorie économique dont j'imagine qu'il révolutionnera largement – pas immédiatement je pense, mais dans les dix années à venir – la manière dont le monde se représente les problèmes économiques [...]. Il y aura un changement radical et, en particulier, les fondations ricardiennes du marxisme auront été renversées » (Skidelsky, 1992 : 520-521).

David Champernowne, l'un des étudiants de Keynes, rapportera : « Il avait lu Marx, disait-il, comme s'il s'agissait d'un roman policier, espérant trouver l'indice d'une idée sans jamais y parvenir » (*ibid.* : 523). Mais la relation de Keynes à Marx est bien plus complexe que ce que de tels propos méprisants laissent entendre. Il y a surtout à mon sens comme explication à l'irritation que Keynes manifestera à la moindre mention du nom de Marx, sa frustration devant l'occasion lamentablement manquée que constitue l'Union soviétique. Le sentiment de Keynes que si celle-ci avait pu fonder sa réflexion sur une œuvre économique moins erronée, notre progrès dans la réalisation du socialisme par la seule méthode qu'il jugeait envisageable, à savoir celle de l'essai et l'erreur, aurait pu brûler les étapes, au lieu de se voir au contraire considérablement retardé par les errements économiques et liberticides du communisme soviétique.

C'est ce qui explique sans doute pourquoi le portrait absolument dévastateur de l'Union soviétique que l'on trouve dans *Un bref aperçu de la Russie* se termine contre toute attente avec la note d'optimisme attendri que voici :

> Et pourtant, l'exultation, lorsqu'elle est ressentie, est considérable. Ici – c'est ce que l'on ressent à certains moments – en dépit de la pauvreté, de la stupidité et de l'oppression, se trouve le laboratoire de

> la vie [...]. C'est pourquoi le communisme russe représente peut-être le premier tohu-bohu confus d'une grande religion (Keynes [1925b], [1931] 1972 : 269-270).

Quatorze ans plus tard, à la veille de la Seconde Guerre mondiale, dans la retranscription d'un dialogue avec le même Kingsley Martin, intitulé *Démocratie et efficacité* (*Democracy and Efficiency*), il dira dans le même esprit :

> Il n'est personne aujourd'hui en politique qui vaille six sous en dehors des libéraux, si ce n'est la génération d'après guerre des intellectuels communistes de moins de trente-cinq ans. Eux aussi, je les aime et je les respecte. Il est bien possible que dans leurs sentiments et leurs instincts ils soient ce qu'il y a de plus proche aujourd'hui du nerveux gentleman anglais non conformiste représentatif qui partit pour les croisades, lança la Réforme, combattit lors de la Guerre civile anglaise, conquit nos libertés civiles et religieuses et humanisa le sort des classes laborieuses au siècle dernier (Keynes [1939], 1982 : 494-495).

CHAPITRE 6

# Le capitalisme est une caricature du darwinisme

## La Fin du laisser-faire *(1926)*

*The End of laissez-faire* est un pamphlet incisif que John Maynard Keynes publia en 1926 aux Hogarth Press de Leonard et Virginia Woolf, comme il l'avait déjà fait un an auparavant avec *Un bref aperçu de la Russie*. Il y poursuit deux objectifs, le premier de manière explicite, le second de manière implicite. Le premier est celui qu'annonce le titre de l'essai et qui fait l'objet d'une authentique démonstration : signer l'arrêt de mort du *laisser-faire* en matière de politique économique en faisant l'historique du concept, en soulignant les vices des présupposés d'une telle politique et en en définissant une autre de remplacement à mettre en œuvre une fois la preuve faite de la nécessité du rejet du *laisser-faire*. Le second objectif est une disqualification de l'*utilitarisme* de Jeremy Bentham (1748-1832) et le moyen utilisé ici est la satire, mettant en scène de manière un peu inattendue une pseudo-théorie darwinienne de l'évolution des girafes. La poursuite de ces deux objectifs s'entremêle cependant dans l'exposé de manière inextricable ; j'essaierai d'y apporter un peu de clarté.

## *La doctrine du laisser-faire résulte d'un compromis entre courants de la pensée politique*

Quelles sont les sources de la doctrine du *laisser-faire* au sein de notre culture ? En fait, affirme Keynes, qui en retrace alors la généalogie, il s'agit d'un compromis sur lequel sont tombées d'accord deux interprétations de l'histoire humaine *a priori* inconciliables : d'une part, la vision héritée d'Aristote qui voit l'homme comme un *zoon politikon*, comme une espèce sociale par nature, d'autre part, celle qui découle du *contrat social* et que développèrent Hobbes, Locke, puis Rousseau, selon laquelle les hommes, lassés de l'insécurité propre à l'état sauvage, décident d'abandonner par un pacte certaines de leurs libertés pour que la sécurité soit assurée dans le cadre d'une organisation politique telle que l'État, ce *contrat social* ayant été conclu par l'accord de tous.

Les deux courants s'accorderont sur le fait que l'individu doit pouvoir se protéger contre les impositions éventuellement arbitraires du cadre global au sein duquel il vit, que celui-ci soit un donné d'ordre naturel ou résulte du pacte par lequel a été conclu le *contrat social*. Keynes écrit :

> Le principe de la survie du plus apte peut être lu comme une vaste généralisation de la théorie économique de Ricardo. Les interférences à connotation sociale devinrent, à la lumière de cette synthèse grandiose, non seulement inopportunes, mais aussi impies, semblant calculées pour retarder la progression du puissant processus par lequel nous nous étions, telle Aphrodite, élevés de l'écume primordiale de l'océan. C'est pourquoi l'origine de cette unité particulière de la philosophie politique d'usage courant au XIX<sup>e</sup> siècle me semble être le succès avec lequel elle parvint à harmoniser des écoles de pensée en lutte et à unifier tout ce qu'il y avait de bon en elles en vue d'un objectif commun (Keynes [1926b], [1931] 1972 : 276).

Dans cette vaste synthèse, les philosophes politiques de tout bord n'eurent aucun mal à se reconnaître :

> Le principe du *laisser-faire* était parvenu à harmoniser l'individualisme et le socialisme, et à identifier l'égoïsme de Hume et le plus grand bien du plus grand nombre (*ibid.* : 275).

La question centrale du libéralisme, qui émerge dans le sillage de l'individualisme militant naissant, sera celle-ci : où se situe le point d'équilibre entre l'exercice de la liberté individuelle et le fonctionnement sans entraves excessives du cadre collectif qu'est l'État dont la fonction est d'assurer le bien commun ?

C'est selon Keynes, Edmund Burke, à l'œuvre duquel il avait consacré, comme je l'ai déjà mentionné, un long mémoire, qui avait le mieux défini le problème de l'équilibre optimal entre l'individu et l'État :

> [...] ce que Burke avait désigné comme l'un des problèmes législatifs les plus beaux, à savoir, de déterminer ce que l'État devrait prendre à sa charge afin de gouverner selon la sagesse publique, et ce qu'il devrait laisser, en interférant aussi peu que possible, à l'exercice individuel (*ibid.* : 288).

En fait, souligne Keynes, l'accord sur une représentation unifiée parvint si bien à se faire que l'ensemble des options de la pensée politique apparemment antagonistes du XIX^e^ siècle finirent par définir la question quasiment dans les mêmes termes, se transformant en de simples variantes du même thème. Au début, observe Keynes, il y avait l'*utilitarisme* de Jeremy Bentham :

> Le socialisme d'État au XIX^e^ siècle est né de Bentham, de la libre concurrence, etc., et constitue par certains aspects une version plus claire, et par d'autres aspects plus confuse, de la même philosophie exactement qui sous-tend l'individualisme du XIX^e^ siècle. Tous deux mirent également massivement l'accent sur la liberté, l'un de manière négative pour éviter de limiter les libertés existantes, l'autre de manière positive pour détruire des monopoles naturels ou acquis. Ils constituent des réactions différentes au sein de la même atmosphère intellectuelle (*ibid.* : 291).

Cette vision unifiée n'aurait pu acquérir cependant l'hégémonie qui allait devenir la sienne si elle n'avait satisfait les desiderata des milieux d'affaires :

> […] en dépit de leurs racines plongeant dans les philosophies politique et morale de la fin du XVIIIe siècle et du début du XIXe, l'individualisme et le *laisser-faire* n'auraient pu sur le long terme confirmer leur emprise sur la conduite des affaires publiques, s'ils n'avaient été conformes aux besoins et aux souhaits du milieu d'affaires de l'époque (*ibid.* : 286).

Quelques pages plus tôt, Keynes avait commencé par caractériser de manière caustique la politique du *laisser-faire* comme une version délirante du darwinisme. Il écrivait que pour « les darwiniens […] c'est la libre concurrence qui a bâti l'homme. L'œil humain a cessé d'être la manifestation d'un dessein ayant miraculeusement conçu toute chose du mieux possible ; il s'agit de la réussite suprême du hasard opérant dans un contexte de libre concurrence et de *laisser-faire* » (*ibid.* : 276).

Keynes entreprend alors d'expliquer selon le même angle l'évolution des girafes dans le « meilleur des mondes » du *laisser-faire* où sont simultanément optimisés le bonheur de ces sympathiques ruminants et l'usage des feuilles qu'ils broutent. En voici la démonstration :

> Donc, si nous nous abstenons d'interférer avec les affaires des girafes, 1) la quantité maximale de feuilles sera cueillie du fait que les girafes au cou le plus long parviendront, à force de condamner les autres à la mort par inanition, à s'approcher le plus près possible des arbres, 2) chaque girafe visera les feuilles les plus succulentes parmi celles qui sont à sa portée, et 3) les girafes pour lesquelles la jouissance d'une feuille en particulier est la plus grande seront celles qui allongeront le cou le plus loin pour l'atteindre. Cela assure que le plus grand nombre des feuilles les plus juteuses aura été avalé, et fait en sorte que chaque feuille individuelle aura atteint le gosier convaincu qu'elle mérite le plus important effort (*ibid.* : 283).

Tout est donc pour le mieux dans le meilleur des mondes du *laisser-faire*. Comment caractériser succinctement une politique fondée sur lui ? En fait, dit Keynes, le principe qui lui est sous-jacent tient en quelques mots :

> La requête que l'agriculture, les industriels et le commerce présentent aux gouvernements est aussi modeste et raisonnable que celle que Diogène adressa à Alexandre : « Ôte-toi de mon soleil » (*ibid.* : 279).

## *La « main invisible » d'Adam Smith*

Un principe aussi simple pour le rapport entre les hommes qu'« Ôte-toi de mon soleil », auquel chacun souscrit spontanément, ou en tout cas, comme le souligne Keynes, les agriculteurs, les chefs d'entreprise et les marchands, pourrait être érigé sans peine en un système politique ayant la capacité de satisfaire tout le monde. Voici les conditions qui seraient à remplir :

> Supposons que, par l'opération des lois naturelles, des individus poursuivant leurs intérêts propres de manière éclairée et dans un contexte de liberté, tendent à promouvoir en même temps l'intérêt général ! Toutes nos difficultés philosophiques seraient alors résolues – ou tout au moins pour l'homme de la pratique, qui pourrait alors concentrer ses efforts sur la mise en place des conditions nécessaires à la liberté (*ibid.* : 274-275).

Il suffirait qu'une seule hypothèse soit vérifiée, celle de la fameuse « main invisible » d'Adam Smith : que chacun se contente de poursuivre son intérêt personnel et le bien général en résulterait. Il s'agit là sans doute d'un vœu pieux mais, puisque chacun serait aisément disposé à y souscrire, supposons que l'hypothèse a en effet été vérifiée.

Il est peut-être bon de rappeler les termes en lesquels Smith lui-même avait énoncé cette hypothèse en 1776 dans *La Richesse des nations* :

> Comme chaque individu [...] entreprend autant qu'il le peut, d'une part, d'utiliser son capital pour soutenir l'industrie domestique et, d'autre part, de contribuer ainsi à ce que les produits de cette industrie aient la plus grande valeur, il en résulte que chaque individu travaille nécessairement de cette manière à rendre le revenu annuel de la société aussi important qu'il en a le pouvoir. En règle générale en effet, il n'entend ni promouvoir l'intérêt public, ni ne sait de combien il le promeut. En préférant le succès de l'industrie nationale à celui de l'industrie étrangère, il ne pense qu'à s'assurer personnellement une plus grande sécurité ; et en dirigeant cette industrie de manière à ce que son produit ait le plus de valeur possible, il ne pense qu'à son propre gain ; en cela, comme dans beaucoup d'autres cas, il est conduit

> par une *main invisible* à remplir une fin qui n'entre nullement dans ses intentions ; et ce n'est pas toujours ce qu'il y a de pire pour la société, que cette fin n'entre pour rien dans ses intentions. Tout en ne recherchant que son intérêt personnel, il travaille souvent d'une manière bien plus efficace pour l'intérêt de la société que s'il avait réellement pour but d'y travailler. Je n'ai jamais vu que ceux qui aspiraient dans leurs entreprises de commerce à travailler pour le bien général aient fait beaucoup de bonnes choses. Il est vrai que cette belle passion n'est pas très commune parmi les marchands, et qu'il ne faudrait pas de longs discours pour les en guérir (Smith [1776], 1976, vol. I : 456).

Smith affirme qu'il en est ainsi, et la vraisemblance est de son côté, mais d'où tient-il que l'hypothèse soit vraie ? Certainement pas de constatations qui relèveraient de l'économie politique, observe Keynes :

> Le plaidoyer d'Adam Smith en faveur du « système simple et évident de la liberté naturelle » résulte de sa vision théiste et optimiste de l'ordre du monde, telle qu'il l'expose dans sa *Théorie des sentiments moraux* (1759) plutôt que d'une quelconque proposition de l'économie politique à proprement parler (Keynes [1926b], [1931] 1972 : 279).

Pourquoi l'affirmation par Smith que cette hypothèse est vraie le servait-elle ? Parce qu'il se situait toujours dans la ligne de la révolution anglaise de 1641 et des réponses à opposer à un monarque absolu : les interférences intempestives du pouvoir dans la vie du citoyen ordinaire font davantage de tort que de bien.

« L'objectif d'une promotion de l'individu était de déposer le monarque et l'Église », observe Keynes (*ibid.* : 273).

Michel Foucault a développé cette brève remarque de Keynes ; il notait ainsi dans sa leçon du 28 mars 1979 au Collège de France :

> L'économie ne peut avoir que la vue courte, et s'il y avait un souverain qui prétendait avoir la vue longue, le regard global et totalisant, ce souverain ne verrait jamais que des chimères. L'économie politique dénonce, au milieu du XVIIIe siècle, le paralogisme de la totalisation politique du processus économique. [...] La théorie de la main invisible me paraît avoir essentiellement pour fonction, pour rôle, la disqualification du souverain politique (Foucault [1979], 2004 : 284-285 ; 287).

Cela dit, l'hypothèse de l'autorégulation de l'économie par une « main invisible » est-elle plausible ? En réalité, non, selon Keynes :

> [...] nombreux sont ceux qui reconnaissent que cette hypothèse simplifiée ne rend pas compte des faits correctement mais concluent néanmoins qu'elle décrit ce qui est « naturel » et est pour cette raison, idéal (Keynes [1926b], [1931] 1972 : 285).

Faut-il alors faire confiance à la main invisible ? Non, une fois de plus, déclare Keynes :

> Il *n'est pas* vrai que les hommes disposent d'une « liberté naturelle » normative dans leurs activités économiques. [...] Le monde *n'est pas* gouverné d'en haut de telle manière que l'intérêt privé et l'intérêt social coïncident toujours. Le monde *n'est pas* géré ici-bas de telle manière que ceux-ci coïncident en pratique. Que l'intérêt égoïste éclairé opère toujours dans l'intérêt général *n'est pas* une déduction correcte des principes de l'économie. Il *n'est pas* vrai non plus que l'intérêt égoïste *soit* éclairé ; ce qui est le plus souvent le cas, c'est que des individus agissant séparément pour promouvoir leurs propres objectifs sont trop ignorants ou trop faibles pour parvenir même à les atteindre. L'expérience *ne* révèle *pas* que les individus, quand ils se constituent en unités sociales, soient toujours moins clairvoyants que quand ils agissent à titre séparé (*ibid.* : 287-288).

Il arrive même que le laisser-faire débouche sur la destruction du système économique :

> [...] il se peut même que l'intérêt [égoïste] des individus aggrave la maladie (*ibid.* : 291-292).

## *La rationalité économique et l'éthique sont inconciliables*

Nous avons vu Keynes affirmer que :

> Le socialisme d'État au XIX^e^ siècle est né de Bentham, de la libre concurrence, etc. et constitue par certains aspects une version plus

> claire, et par d'autres aspects plus confuse, de la même philosophie exactement qui sous-tend l'individualisme du XIXe siècle (*ibid.* : 291)

et souligner aussi que :

> [...] en dépit de leurs racines plongeant dans les philosophies politique et morale de la fin du XVIIIe siècle et du début du XIXe, l'individualisme et le *laisser-faire* n'auraient pu sur le long terme confirmer leur emprise sur la conduite des affaires publiques, s'ils n'avaient été conformes aux besoins et aux souhaits du milieu d'affaires de l'époque (*ibid.* : 286).

Par le biais d'une charge contre Bentham, ce sont donc ces mêmes milieux d'affaires que Keynes cherche à atteindre.

Robert Skidelsky a écrit avec beaucoup de justesse alors qu'il s'apprêtait à mettre un point final au portrait minutieux de Keynes qu'il a brossé en trois volumes :

> [...] il en vint à se rendre compte que ce n'était pas le christianisme qui était l'ennemi, mais l'« esprit calculateur benthamien » ou, plus prosaïquement, le matérialisme. L'âge aidant, l'athéisme de son adolescence – le rejet du dogme chrétien – avait cessé de définir son attitude envers le christianisme. Il s'était mis à l'apprécier pour des raisons d'ordre social et moral (Skidelsky, 2000 : 474).

Keynes était parvenu à la conclusion que le véritable ennemi du genre humain c'était l'*utilitarisme benthamien*, bien davantage que le christianisme qu'adolescent et ensuite jeune homme, il avait initialement mis au banc des accusés.

Car qu'est-ce qui suggère en fait de jeter un autre regard sur le militantisme darwinien des girafes que nous avons vu à l'œuvre, et à poser grâce à ces paisibles animaux, quelques questions embarrassantes à l'« esprit calculateur benthamien », et au capitalisme en général ? C'est l'éthique :

> Si nous avons à cœur le bien-être des girafes, nous ne devons pas perdre de vue la souffrance des cous plus courts condamnés à mourir d'inanition, ni non plus ces tendres feuilles qui tombent à terre et seront piétinées dans la bagarre, ni la suralimentation des girafes à très

long cou, ni le mauvais regard en proie à l'anxiété, ni encore l'avidité combative qui obscurcit certains doux visages de leur troupeau (Keynes [1926b], [1931] 1972 : 285).

L'ennemi ultime de toute « solution du problème économique », autrement dit l'éradication de la pauvreté et du manque matériel en général, c'est donc selon Keynes, l'*utilitarisme*, cet « esprit calculateur benthamien » qui constitue le principe du capitalisme. Or si l'on y réfléchit un peu, l'esprit du capitalisme est une bien étrange manière de concevoir le monde et les hommes qui peuplent celui-ci :

> [...] ils ont commencé par supposer un état de choses où la distribution idéale des ressources productives se réalise par l'action d'individus agissant de manière autonome en recourant à la méthode d'essai et d'erreur, ce qui assure que les individus allant dans la bonne direction annihileront dans la concurrence qui s'exercera entre eux ceux qui vont dans la mauvaise direction. Ceci implique que merci ne sera pas accordée à ceux qui auront mis en jeu leur capital ou leur travail en s'engageant dans la mauvaise direction, qui ne bénéficieront eux d'aucune protection. Il s'agit d'une méthode qui permet à ceux qui deviennent les plus prospères dans la course au profit de parvenir au sommet dans une lutte pour la survie brutale, lutte qui sélectionne les plus efficaces au prix du sacrifice des moins efficaces. Elle ne tient pas compte du prix de cette lutte, mais s'intéresse uniquement aux bénéfices du résultat final, dont on suppose alors qu'ils sont permanents (*ibid.* : 282).

Keynes souligne que la *rationalité* de l'*Homo oeconomicus*, telle que la conçoivent les économistes, va à l'encontre de l'éthique. De là à penser que cette *rationalité économique* est destructrice de l'ordre social il n'y a qu'un pas, que Keynes n'hésite pas à franchir. On nous présente, dit-il, le motif le plus méprisable, l'appât du gain, comme le moteur sain et légitime de l'économie dans son fonctionnement normal :

> C'est donc à l'une des plus puissantes des motivations humaines, à savoir l'amour de l'argent, qu'est confiée la tâche de redistribuer les ressources économiques de la manière optimale pour augmenter la richesse (*ibid.* : 284).

Constatation qui lui permet alors de raffiner davantage la métaphore darwinienne de l'esprit du capitalisme qu'il avait offerte dans sa parabole des girafes :

> Darwin invoqua le désir sexuel, à l'œuvre dans la sélection sexuelle, comme un accessoire à la sélection naturelle par la concurrence, qui permet de guider l'évolution le long des voies qui seraient à la fois désirables et efficaces ; de même, l'individualiste invoque l'amour de l'argent, à l'œuvre dans la poursuite du profit, comme un accessoire à la sélection naturelle, pour réaliser la production à la plus grande échelle possible de ce qui est le plus ardemment désiré et que sa valeur d'échange mesure (*ibid.*).

## *Par quoi remplacer le laisser-faire ?*

La crise de 2008 annonçait, dit-on, le retour en force des idées de Keynes en économie. Celui-ci a effectivement lieu en ce moment même, et sous de multiples formes, mais c'est sans doute dans la fin du *laisser-faire* que le retour de Keynes se manifeste le plus clairement, fin honteuse sans doute, qui n'ose dire son nom, mais fin néanmoins.

Où l'État doit-il exercer de préférence son empire ? La première distinction à établir, avance Keynes, est celle que Bentham, recourant au latin, avait établie entre les choses qu'il convient de faire – *Agenda* – et celles dont il convient au contraire de s'abstenir – *Non-Agenda* :

> Nous devons distinguer ce que Bentham, dans sa nomenclature très utile bien qu'aujourd'hui oubliée, appelait *Agenda* et *Non-Agenda*, et le faire sans l'*a priori* de Bentham que toute interférence est, automatiquement, « généralement non nécessaire » et « généralement pernicieuse ». La principale tâche des économistes au jour d'aujourd'hui est peut-être de distinguer sur des bases nouvelles les *Agenda* des gouvernements des *Non-Agenda*, et la tâche accompagnatrice de la politique est de mettre au point au sein d'une démocratie, les formes de gouvernement qui seront capables de mener à bien les *Agenda* (*ibid.* : 288).

Keynes précise alors que :

> L'*Agenda* le plus important pour l'État ne touche pas aux services que des individus privés assurent déjà, mais à ces fonctions qui tombent

en dehors de la sphère de l'individuel, ces décisions qui ne seraient prises par *personne* si l'État ne les prenait pas quant à lui. La chose la plus importante pour l'État n'est pas de faire des choses que des particuliers font déjà, et de les faire un tout petit mieux ou un tout petit peu moins bien qu'eux, mais de faire des choses qui à l'heure qu'il est ne sont faites par personne (*ibid.* : 291).

## *Pourquoi le démenti par les faits du laisser-faire est-il ignoré ?*

Et Keynes achève son examen de la doctrine du *laisser-faire* par quelques dures remarques sur la nature du capitalisme :

> Je pense pour ma part que le capitalisme, géré avec sagesse, peut probablement être rendu plus efficace dans la tâche de réalisation de buts économiques que tout autre système dont nous avons connaissance, mais qu'en lui-même, il est de bien des manières extrêmement répréhensible [...]. Ce qui me semble être la caractéristique essentielle du capitalisme, c'est la manière dont l'appel intense qu'il adresse aux instincts des individus qui les poussent à faire de l'argent et à aimer l'argent, constitue chez lui la principale force motrice de la machine économique (*ibid.* : 293-294).

Le monde des affaires peut-il alors accepter les propositions faites par Keynes pour améliorer le fonctionnement du capitalisme ?

> Suggérer à la City de Londres une action de type social dans une perspective de bien public est l'équivalent de discuter de *L'Origine des espèces* avec un évêque il y a soixante ans [P.J. : dans les années 1870]. La réaction instinctive n'est pas d'ordre intellectuel mais moral. C'est une orthodoxie qui est mise en question, et plus les arguments seront convaincants, plus grave sera l'offense. Cela étant dit, m'étant aventuré dans le repaire du monstre en léthargie, j'ai quand même pu investiguer ses prétentions et sa généalogie de manière à mettre en évidence qu'il a régné sur nous davantage par droit héréditaire que par mérite personnel (*ibid.* : 287).

Pourquoi les inconditionnels du capitalisme rejettent-ils, se demande Keynes, ce que j'avance, alors que mes propositions n'ont qu'un seul but : le sauvetage du système qui leur est si cher ? La réponse est celle-ci :

> […] les adeptes du capitalisme sont le plus souvent indûment conservateurs, et rejettent les réformes de son fonctionnement technique qui pourraient en réalité le renforcer et le préserver, de peur que celles-ci ne se révèlent n'avoir été en réalité que les premiers pas conduisant à son abandon » (*ibid.* : 294).

C'est donc que les hommes d'affaires ont percé Keynes à jour et savent quel est son véritable objectif.

CHAPITRE 7

# Keynes utopiste

## Les alternatives économiques qui s'ouvrent à nos petits-enfants *(1928)*

### *Les prémices de la robotisation*

Si l'on voulait douter de la pertinence aujourd'hui des *Alternatives économiques qui s'ouvrent à nos petits-enfants* (*Economic Possibilities for our Grandchildren*), une conférence que John Maynard Keynes prononça à plusieurs reprises en 1928 et qui fut publiée en 1930, il suffirait pour se persuader du contraire, de se souvenir de la manière dont elle débute :

> L'interprétation que nous offrons de ce qui nous arrive en ce moment est tragiquement fausse [...]. L'accroissement de l'efficience technologique a lieu plus vite que nous n'arrivons à faire face au problème que pose l'absorption de la main-d'œuvre disponible (Keynes [1930], [1931] 1972 : 321).

Et il explique :

> Nous souffrons d'une nouvelle maladie dont certains de mes lecteurs n'auront pas même encore entendu mentionner le nom, mais dont ils entendront abondamment parler dans les années qui viennent – à savoir le *chômage technologique*. Ce qui veut dire le chômage dû au fait que nous découvrons des moyens d'économiser l'utilisation du travail

> à un rythme plus rapide que celui auquel nous parvenons à trouver au travail de nouveaux débouchés (*ibid.* : 325).

Il reviendra plus longuement sur le sujet dans un article de 1932 intitulé « Le dilemme du socialisme moderne » (« The Dilemma of Modern Socialism ») :

> De temps immémoriaux, les muscles de l'homme ont été, pour la grande majorité des fins et des moyens, la source d'énergie, aidés parfois par le vent, l'eau et les animaux domestiques. Le *labeur*, au sens littéral du terme, a été le premier facteur de production. Cela fit une très grande différence quand, pour le transport et pour certaines opérations limitées, d'autres sources d'énergie furent ajoutées. Mais même l'addition de la vapeur et de l'électricité et du pétrole n'a pas apporté, en elle-même, un changement aussi radical que l'a été le caractère propre des nouveaux processus de production qui, dans les années qui suivirent, sont apparus dans leur sillage. Car jusqu'à ces années récentes, le principal effort des nouvelles machines fut de rendre le *labeur*, c'est-à-dire les muscles de l'homme, plus efficace. Les économistes ont pu, avec une certaine plausibilité, prétendre que la machine coopérait avec le labeur et n'était pas en concurrence avec lui. Mais l'effet des machines des générations les plus récentes est toujours davantage, non pas de rendre les muscles de l'homme plus efficaces, mais de les rendre *obsolètes*. Et cet effet présente deux aspects : tout d'abord de nous offrir la capacité de produire des biens de consommation, par opposition aux services, en quantités pratiquement illimitées, et ensuite de requérir si peu de labeur dans le processus de production qu'une proportion toujours plus grande de l'emploi humain doit être assurée soit dans le secteur des services, soit en répondant à la demande en biens durables [...] (Keynes [1932], 1982 : 37-38).

Nous avons non seulement entendu parler abondamment de ce que nous appelons aujourd'hui le *chômage structurel* mais il s'agit du point d'achoppement de mon projet ici d'examen de l'actualité de Keynes et du prolongement de sa pensée. Formuler une politique pour demain qui ne serait rien de plus qu'une mise à jour de son œuvre est désormais une tâche tout simplement impossible, le plein-emploi dont il faisait l'objectif clé d'une politique économique étant aujourd'hui hors d'atteinte.

## *Bloomsbury s'entiche du communisme soviétique*

L'originalité profonde de Keynes en tant qu'économiste réside dans le fait qu'il refusa toujours de se laisser contraindre par des impératifs relevant de ce qu'il faut appeler l'*impérialisme* des branches du savoir : autrement dit, qu'un problème que se posent les *physiciens*, par exemple, exige selon eux que la solution découverte soit *physique* et non *chimique* ou *biologique* et, de même, qu'une question que se posent les *économistes* ne peut se découvrir qu'une solution d'ordre *économique*, comme l'est par exemple le point d'équilibre signalé par le croisement de deux courbes représentant certaines variables *économiques*.

Pour un homme de culture générale comme Keynes, pour un homme de savoir universel et un représentant de ce qui survit encore aujourd'hui de la tradition scolastique dans des universités telles qu'Oxford ou Cambridge, et qui considérera jusqu'à sa mort que la reine des sciences n'est ni sa propre discipline ni la mathématique, mais la philosophie, il convenait de découvrir d'abord la solution et de constater ensuite quelle est sa nature, en faisant fi de tout préjugé qui pouvait confirmer dans ses avantages acquis, telle ou telle école ou chapelle.

Le contexte où œuvre Keynes, ce sont ses amis artistes de Bloomsbury et ses collègues et élèves à Cambridge, dont l'enthousiasme pour l'Union soviétique ne cesse de grandir, alors qu'en face, la haute bourgeoisie et l'aristocratie britanniques qu'il fréquente aussi dans les comités et les soirées mondaines, se laisseront séduire dans les années qui suivront par les chemises noires du baronnet Oswald Mosley (1896-1980), transfuge de l'aile gauche du Parti travailliste, à la tête désormais de la British Union of Fascists.

Pour ce qui est de la question économique, le trait de génie de Keynes fut de déterminer qu'on ne peut y répondre qu'en s'abstrayant précisément du cadre économique. S'il existe des situations d'équilibre économique avec ou sans plein-emploi, et dont le choix de l'une ou l'autre est du coup en principe indifférent sur un plan théorique, dans la perspective qui est celle de Keynes de minimisation du *dissensus* au sein d'une société, la pertinence d'un choix théorique disparaît sur le plan pratique parce que l'objectif est d'éviter qu'un ressentiment croissant ne fasse basculer le régime politique de cette société dans l'une ou l'autre forme de totalitarisme, ce que seul le plein-emploi permet de garantir et qui fait de celui-ci le point pivot autour duquel tout autre type de considération doit s'articuler. En l'occurrence, les problèmes économiques ne sont résolus qu'en mettant l'économie entre parenthèses, les enjeux de société étant centraux.

Le contexte au sein duquel Keynes pose le problème et le résout est celui de la société britannique des années 1930, où les revenus s'obtiennent soit du travail, soit du capital que Keynes appelle toujours non sans ironie le « pouvoir de l'intérêt composé ». Lorsque le *chômage technologique* est devenu tel que le travail ne suffit plus à assurer les revenus de la partie de la population qui en vivait jusqu'alors, il n'y a d'autre choix que de sortir du cadre, à savoir dissocier les questions des revenus et du travail.

## *Le pouvoir des hommes sur les choses et des choses sur les hommes*

Traiter des autres sujets couverts par Keynes dans *Les alternatives économiques qui s'ouvrent à nos petits-enfants* dans la perspective qui est la nôtre aujourd'hui exige une introduction d'ordre général.

Pour comprendre le rapport entre l'homme et l'argent, l'argent étant une chose, il faut d'abord comprendre le rapport entre l'homme et les choses.

Dans la conception commune, l'homme est entouré de choses et il exerce sur celles-ci un pouvoir sous la forme qu'aura déterminée sa volonté. Mais la réalité est plus complexe : il existe entre les hommes et les choses des contraintes réciproques et la représentation que l'homme se fait de son rapport avec les choses reflète nécessairement cette réciprocité.

Prenons l'exemple d'un fermier. La ferme fut créée un jour par un fermier, celui dont on parle ou un autre autrefois, et depuis, elle tourne. Elle dépend pour sa survie du fermier mais celui-ci dépend à son tour pour sa propre survie, de la ferme. À tel point que l'on n'est nullement surpris quand on s'entend raconter l'histoire du fermier qui mourut de chagrin parce qu'il ne pouvait cesser de penser à sa moisson que quelqu'un avait incendiée. Ce n'est pas de faim qu'il est mort parce que sa moisson avait brûlé : il est mort parce que sa moisson faisait partie intégrante de la personne qu'il était, et qu'une part trop importante de lui avait péri, emportée par les flammes.

L'historien Georges Duby rapporte que la nostalgie était la principale cause de décès dans les armées du Moyen Âge : l'identité du soldat se dissolvait à la pensée de l'absence à ses côtés du monde qui l'avait entouré jusque-là et qui le constituait en tant que personne (Duby, 1973). Quand on dit d'une femme ou d'un homme qu'ils sont des « déracinés », on renvoie à cette incomplétude des sujets dont l'environnement constituait une part essentielle d'eux-mêmes.

Lorsqu'on lit chez Karl Marx : « Le bénéficiaire du majorat, le fils premier-né, appartient à la terre. Elle en hérite » (Marx [1844], 1969 : 50), la première réaction est la surprise parce qu'on a l'habitude de penser cette relation sous sa forme inverse – le fils aîné hérite de la ferme –, avant de se rendre compte que la réciproque est vraie aussi. En fait, les deux perspectives sont également vraies : l'aîné hérite de la ferme et la ferme hérite de lui. La survie de chacun des deux dépend intrinsèquement de l'autre.

J'ai déjà eu l'occasion ailleurs de rapporter une conversation que j'avais eue avec Alan Macfarlane alors qu'il était mon répétiteur à l'Université de Cambridge (Jorion, 2011 : 287-288). Il travaillait à l'époque sur les origines de l'individualisme – sur le discours d'un sujet qui s'exprime en toute autonomie par rapport à son environnement – et il me lut un jour comme preuve de l'émergence de cet individualisme, la lettre d'un père à ses enfants où celui-ci enjoignait à l'un d'entre eux de prendre telle responsabilité et en réprimandait un autre pour son refus de jouer tel rôle, etc. C'était l'époque où je réfléchissais aux contraintes réciproques qu'exercent, l'une sur l'autre, une famille d'une part et un bateau et son équipage, d'autre part, telles que j'avais pu les observer dans l'île de Houat en Bretagne. Et il m'apparut en pleine lumière à quel point ce père, dont Macfarlane me lisait la missive, ne parlait précisément pas en son nom propre mais n'était en l'occurrence que le simple porte-parole de l'*estate*, du domaine familial, dont il défendait avec véhémence la survie, rappelant aux membres frivoles de sa famille quelles en étaient les conditions et quelle était leur responsabilité personnelle vis-à-vis d'elle.

Voici ce que j'écrivais à ce propos dans *Le Capitalisme à l'agonie* (2011) :

> On voit s'esquisser en réalité, dans ces exemples, une autre manière d'envisager le rapport entre hommes et choses, où l'identité de qui décide et de qui se plie à la volonté d'un autre n'est pas aussi claire qu'on aurait pu un moment l'imaginer, et où ce que l'on serait éventuellement tenté de qualifier d'« intérêt égoïste » d'un être humain se révèle, à notre grande surprise, être en réalité son inverse, à savoir la subordination de la volonté humaine à la persistance d'une chose, même si ce sont des hommes qui ont initialement institué ce genre de choses pour leur propre bénéfice, comme dans le cas d'une ferme ou d'un bateau de pêche. Que vaut la liberté de celui qui a une grosse fortune à gérer ? (*ibid.* : 288).

C'est le philosophe Lucien Lévy-Bruhl (1857-1939) qui a défini la notion d'« appartenances » pour désigner ce qui vient s'ajouter au corps d'un être humain pour constituer la personne à laquelle il s'identifie : son nom, sa devise, ses emblèmes, les choses qui lui appartiennent, sa famille, les paroles qu'il ou elle a prononcées, et ainsi de suite. Chaque fois qu'une de ces choses apparaîtra, les autres ne pourront s'empêcher de penser à cette personne, et celle-ci pensera à elle-même de la même manière : en donnant d'elle-même la même définition, celle de son corps complété par ses appartenances.

Dans un milieu urbain, une personne bénéficie de davantage d'autonomie que dans un milieu rural. Pour manger, le fermier se rend à la table familiale et dépend pour ce qu'il y trouvera, de la ferme dans sa totalité. En ville, si l'on a faim à midi, on se rend dans une boulangerie ou un bistrot quelconque. Si la moisson est incendiée, le fermier peut en mourir. Si une boulangerie ou un bistrot quelconque brûle, le citadin s'en fiche : il ira dans un autre. La personne est ainsi constituée, pour ce qui est des choses, des appartenances qui lui sont indispensables. Pour le fermier, c'est la ferme dans sa totalité : pour le citadin moyen, c'est, si l'on excepte son propre corps, peu de chose.

## *L'argent qui manque ou qui est en trop*

Dans un milieu urbain, pour pouvoir survivre, il faut acheter tout ce qui est nécessaire pour se sustenter, se couvrir, s'abriter et, pour cela, de l'argent est nécessaire. Si l'on n'en a pas assez, alors la représentation que l'on en a en vient vite à se limiter au souci permanent lié au manque d'argent.

La perspective du manque nous est peu familière et passe le plus souvent inaperçue. J'ai ainsi le sentiment d'être le premier à avoir noté que le « capital » n'est pas une chose existant *en plein* mais existant au contraire *en creux* : de l'argent qui manque là où il est indispensable pour la production, pour la distribution ou pour la consommation (*ibid.* : 30).

Pour celui qui possède davantage d'argent que le strict nécessaire pour sa subsistance, la somme dont il dispose apparaît dans sa représentation comme la réserve multiusage, polyvalente, de tout ce qui a un prix inférieur à cette somme. L'argent que l'on possède a le double pouvoir de commandement qu'évoquait Adam Smith : pouvoir de *commander* au sens de « passer commande » pour ce qui est des marchandises, et pouvoir de *commander* au sens de « donner des ordres » quand ce qu'on achète, ce sont des services. Dans un cas comme dans l'autre, l'argent permet de subordonner à la satisfaction de la personne que l'on est, le temps d'autrui (Smith [1776], 1976 : 47-48).

La polyvalence de l'argent fait qu'à condition d'en avoir assez, il nous permet d'assouvir l'ensemble de nos besoins. À propos des besoins envisagés de manière générale, Keynes écrivait dans *Les alternatives économiques qui s'ouvrent à nos petits-enfants* :

> Il est vrai que les besoins des êtres humains pourraient sembler insatiables mais ils appartiennent à deux catégories : il y a d'abord les besoins qui sont absolus au sens où nous les ressentons quelle que soit la manière dont nos semblables se situent eux sur ce plan, et il y a ensuite ceux qui sont relatifs, au sens où nous les éprouvons seulement si leur satisfaction nous élève par-dessus, nous fait nous sentir supérieurs, à nos semblables (Keynes [1930], [1931] 1972 : 326).

Le besoin de se sustenter, de se couvrir, de s'abriter, le besoin d'assurer sa propre survie, tombe dans la première catégorie ; l'argent, quand il existe en quantité supérieure à celle nécessaire pour assurer notre subsistance, est l'outil ultime permettant d'assouvir la seconde catégorie de nos besoins évoquée par Keynes.

Que penser de cette deuxième catégorie de besoins, dont le caractère potentiellement illimité frappe immédiatement ?

## *La fièvre de l'or comme malédiction*

Une université californienne m'a un jour attribué un prix et m'a invité à y passer un trimestre. Je m'y suis accidentellement présenté au milieu des vacances scolaires. En l'absence d'étudiants et de collègues, une responsable administrative a dû veiller sur moi pendant une semaine entière. Elle m'a ainsi conduit, au volant de son immense 4×4, au bureau de la Social Security pour que j'y obtienne une carte. J'ai eu l'occasion aussi de voir son mari venir la chercher au travail dans une imposante Mercedes.

Un jour Selma m'a dit, pensive : « Ah ! Paris !... je n'aurai malheureusement jamais l'occasion de m'y rendre ! » Ayant à la pensée la Ford Expedition et la grosse voiture allemande, je lui ai répondu : « Mais vous plaisantez ! » Et alors là, en lisant dans son regard défait, j'ai compris que le leasing des deux mastodontes destinés à en jeter plein la vue devait absorber tout l'argent dont le ménage disposait au-dessus du niveau de la simple subsistance. Tout l'argent véritablement disponible était mobilisé en vue d'une seule fin : susciter l'admiration, c'est-à-dire, l'envie d'autrui.

Les vieilles fortunes, on le sait, vivent sans ostentation, et ce sont les nouveaux riches qui s'adonnent aux délices du tape-à-l'œil. La raison en est simple : il faut avoir connu l'envie soi-même pour avoir le désir de la susciter chez autrui. La jouissance que nous en obtenons est produite par un fantasme : nous représenter l'autre enviant l'argent qui est le nôtre. Le plaisir est si fort qu'il agit comme une drogue : une drogue si puissante qu'elle parvient même à faire oublier la mort.

Pour cette drogue, John Maynard Keynes n'éprouvait que du dégoût. Il écrivait, toujours dans *Les alternatives économiques qui s'ouvrent à nos petits-enfants* :

> L'amour de l'argent comme une possession – à distinguer de l'amour de l'argent comme un moyen d'obtenir les satisfactions et de pourvoir aux nécessités de la vie – sera reconnu un jour pour ce qu'il est : une affection assez répugnante, l'une de ces propensions semi-criminelle, semi-pathologique que l'on confie avec un frisson aux spécialistes de la maladie mentale (Keynes [1930], [1931] 1972 : 329).

Et il en venait même à regretter le temps où la « fièvre de l'or » était la cible des interdits prodigués par les grandes religions monothéistes. Il ajoutait :

> Je ne vois donc rien qui nous empêche de revenir un jour à quelques-uns des principes les plus sûrs et les moins douteux de la religion et de la vertu traditionnelles – que l'avarice est un vice, la pratique de l'usure, un délit, et l'amour de l'argent, détestable [...] (*ibid.* : 330).

Un écho, manifestement, de Paul de Tarse écrivant à Timothée :

> De même que nous n'avons rien apporté dans ce monde, nous ne pourrons rien emporter. Si nous avons de quoi manger et nous habiller, sachons nous en contenter. Ceux qui veulent s'enrichir tombent dans le piège de la tentation ; ils se laissent prendre par une foule de désirs absurdes et dangereux, qui précipitent les gens dans la ruine et la perdition. Car la racine de tous les maux, c'est l'amour de l'argent (*Première lettre à Timothée*).

Et c'était, nous l'avons vu, l'un des rares mérites du communisme soviétique aux yeux de Keynes, d'avoir emboîté le pas des grandes religions sur ce plan-là : en ayant fait de ces péchés sur le plan pénal, des délits et des crimes.

Comment s'expliquait pour Keynes cet amour de l'argent ? À l'origine, par la thésaurisation en tant que réponse instinctive à la peur de manquer, une dimension qu'il avait déjà évoquée en 1925, à son retour d'Union soviétique, dans *Un bref aperçu de la Russie* :

> Le problème moral de notre époque est celui de l'amour de l'argent, et de notre tendance habituelle à invoquer un motif pécuniaire dans les neuf dixièmes des activités de notre vie, la recherche universelle de la sécurité économique individuelle étant le premier objet que visent nos efforts, l'approbation sociale de l'argent constituant la mesure du véritable succès, et l'invocation collective de l'instinct de thésaurisation étant considérée comme le fondement même du fait de pourvoir aux besoins de sa famille et de veiller à l'avenir (Keynes [1925b], [1931] 1972 : 268-269).

On se souvient aussi de cette note trouvée dans ses carnets, déjà citée :

> Nous devrions plus souvent être dans un état d'esprit où, pour ainsi dire, le coût monétaire est entièrement mis entre parenthèses (Skidelsky, 1992 : 241).

Que faire alors ? La seule réponse qui fasse sens, c'est, au lieu d'une interdiction toujours problématique de la surenchère dans l'épate du voisin, faire en sorte que l'envie ne se manifeste pas, ni non plus, du coup, la jouissance que procure la pensée de l'envie éprouvée par autrui. Pour cela, un seul remède : l'« euthanasie du nouveau riche » qui n'est possible que si chacun jouit en fait d'une vieille fortune, objectif qui, selon Keynes, n'est pas inenvisageable :

> [...] sur le long terme, *l'humanité est en train de résoudre le problème économique* [qui] n'est pas – si nous nous projetons dans l'avenir – *le problème permanent du genre humain* (Keynes [1930], [1931] 1972 : 325-326).

Mais, pour en arriver là, il nous faut encore patienter : il nous faut d'abord persister pour un temps dans la voie de la cupidité. Il faut que nous poursuivions nos efforts dans la voie présente – sur la base d'un consensus émanant de l'ensemble des composantes de la société – pour permettre l'accumulation qui *in fine* « résoudra le problème économique ». Keynes écrit, toujours dans *Les alternatives économiques qui s'ouvrent à nos petits-enfants* :

> Nous maintenons en vie aujourd'hui à tout prix, tout un ensemble de coutumes d'ordre social et de pratiques économiques affectant la redistribution de la richesse et des récompenses comme des pénalités

> économiques, et cela, aussi répugnantes et injustes qu'elles puissent être en soi. Nous les maintenons en vie parce qu'elles s'avèrent remarquablement utiles pour promouvoir l'accumulation du capital, mais nous aurons enfin à l'avenir la liberté de nous en débarrasser. [...] Mais prenons garde ! Le temps n'en est pas encore venu. Il nous faudra encore pour un siècle ou davantage nous prétendre à nous-mêmes, ainsi qu'aux autres, que le juste est vil et que le vil est juste ; car le vil est utile alors que le juste ne l'est pas. L'avarice, l'usure et la méfiance doivent demeurer nos dieux pour encore un temps. Car eux seuls sont capables de nous faire émerger du tunnel de la nécessité économique, vers la lumière du jour (*ibid.* : 329-331).

Au moment où Keynes écrit ces lignes, nous sommes en 1930. Ce n'est que six ans plus tard, dans sa *Théorie générale de l'emploi, de l'intérêt et de la monnaie*, qu'il imaginera la transition vers le socialisme par le biais de l'« euthanasie du rentier ».

La question qui restera alors sans réponse sera celle-ci : que se passe-t-il si l'on écarte une drogue si puissante qu'elle en fait même oublier que l'on est mortel ? Faudrait-il alors ressusciter les religions ?

CHAPITRE 8

# Genèse du multiplicateur

## Lloyd George peut-il le faire ?
## *(Keynes et Henderson, 1929)*

### *Créer un emploi en génère d'autres*

*Can Lloyd George Do It ?* est un pamphlet publié en 1929, écrit conjointement par Keynes et Hubert Henderson (1890-1952), l'un des premiers étudiants de Keynes à Cambridge avant la Première Guerre mondiale.

Ce texte de soutien à David Lloyd George est un peu inattendu si l'on pense à ce que Keynes avait écrit à propos du président du Parti libéral britannique dix ans auparavant, quand l'un de ses collègues à Cambridge lui avait conseillé de retirer du manuscrit des *Conséquences économiques de la paix* (1919), l'expression de « représentant de l'homme néolithique » qualifiant celui qui était alors Premier ministre en Grande-Bretagne.

Sur le plan de son argumentation, *Lloyd George peut-il le faire ?* (*Can Lloyd George Do It ?*) est très faible. Il s'agit en fait d'un simple effort de communication pour soutenir un manifeste du Parti libéral intitulé *Nous pouvons vaincre le chômage.* Keynes a mobilisé pour écrire ce pamphlet tout son talent rhétorique, mais s'il renferme beaucoup d'effets de manche, on n'y trouve que très peu de preuves de ce qui est avancé, si ce n'est des preuves par l'absurde.

*Lloyd George peut-il le faire ?* joue cependant un rôle historique incontournable car c'est le seul texte de Keynes où l'on trouve une défense de ce qu'on appelle aujourd'hui une « politique *keynésienne* de grands travaux ». Une politique de grands travaux était prônée à l'époque en Grande-Bretagne mais elle faisait partie de la panoplie du Parti conservateur où elle était incarnée par Harold Macmillan, futur Premier ministre, qui en était le porte-drapeau : cette politique de grands travaux était le fleuron de sa politique dite de « nationalisme économique », expression qui restera attachée en Grande-Bretagne à ce type de campagnes.

*Lloyd George peut-il le faire ?* est aussi le texte où Keynes et Henderson affirment que tout chômeur mis au travail crée automatiquement d'autres emplois, tout en précisant que le chiffre exact ne peut en être calculé. Richard Kahn, qui fut l'étudiant de Keynes, saisira la balle au bond en proposant un outil de calcul que Keynes reprendra à son compte tout en reconnaissant sa dette envers lui en en faisant l'un des principaux objets du chapitre 10 de sa *Théorie générale* : « La propension marginale à consommer et le *multiplicateur* ».

Le « multiplicateur » aura un bel avenir : il deviendra un outil économique standard. Le *multiplicateur budgétaire* mesure l'impact sur le produit intérieur brut (PIB) d'une réduction du budget de l'État ; un multiplicateur inférieur à 1 signifie que si l'État diminue ses dépenses de 1 euro, le PIB baissera de moins de 1 euro ; supérieur à 1, il signifie que si l'État diminue ses dépenses de 1 euro, le PIB baissera de plus de 1 euro.

## *L'aveu du Fonds monétaire international en octobre 2012*

Le *multiplicateur* sera au cœur d'une crise en octobre 2012 quand Olivier Blanchard, l'économiste en chef du Fonds monétaire international, affirmera qu'une erreur avait été commise dans l'évaluation du *multiplicateur budgétaire* en 2009, au lendemain de la crise financière dite des *subprimes*. Le chiffre de 0,5 utilisé à cette époque pour l'Europe justifiait une politique d'austérité, alors que le chiffre réel, situé lui dans la fourchette 0,9 à 1,7 et « significativement supérieur à 1 au début de la crise » selon Blanchard et Daniel Leigh, le coauteur de l'étude qu'ils publieront conjointement en janvier 2013 (Blanchard & Leigh, 2013 : 19), aurait encouragé la politique de relance que proposaient alors un grand nombre d'économistes. La Commission européenne et l'OCDE avaient elles aussi utilisé ce chiffre erroné proche de 0,5.

Comment se faisait-il que le chiffre fût faux ? Parce que si le *multiplicateur* était considéré de valeur 2 durant les décennies « keynésiennes » des années 1950 et 1960, les économistes néolibéraux dont l'influence devint dominante dans les années qui suivirent prétendirent que la parfaite maîtrise du niveau des taux d'intérêt, désormais acquise par les banques centrales, justifiait de réduire dans les calculs le *multiplicateur budgétaire* à 0,5, la possibilité existant en principe d'abaisser les taux d'intérêt de manière à compenser l'impact d'une réduction des dépenses de l'État sur le PIB. Mais la crise de 2007 fit baisser les taux de façon à ce point drastique que le pouvoir d'action des banques centrales sur le niveau des taux d'intérêt s'évapora et ils oublièrent de tenir compte de ce nouvel élément.

Au temps donc pour ceux qui imagineraient que la « science » économique est une *science exacte*. Ironie supplémentaire, quand en avril 2012, cinq mois donc avant l'avertissement qu'il lancerait en octobre de cette année-là, Olivier Blanchard s'est vu demander lors d'une conférence de presse si la politique d'austérité menée par le Fonds monétaire international vis-à-vis de la Grèce, du Portugal et de l'Irlande, n'était pas excessive, il a répondu que « l'autocritique est toujours difficile mais n'est pas pertinente dans le cas présent » (Talley, 2013).

## *Les deux « multiplicateurs »*

Au chapitre 10 de la *Théorie générale*, Keynes précise qu'il y a deux « multiplicateurs » : le sien et celui de Kahn. Le sien, qu'il qualifie de « multiplicateur d'investissement », mesure l'impact d'une augmentation de l'investissement sur l'augmentation des revenus, et l'impact de l'augmentation afférente des dépenses sur la demande globale et, en conséquence, sur l'emploi (Keynes [1936], 1973 : 115). Le « multiplicateur » de Kahn, que Keynes qualifie de « multiplicateur d'emploi » est d'une autre nature : il mesure le nombre induit d'emplois créés directement et indirectement par la création d'un emploi. Ou, dans les termes qu'utilise Keynes :

> Le multiplicateur de M. Kahn [...] mesure le taux d'accroissement de l'emploi total qui est associé à un accroissement donné d'emploi primaire dans les industries où l'on investit (*ibid.*).

Par exemple, la création d'un emploi de fondeur induira la création d'une fraction d'emploi de mineur dans une mine de fer, une fraction d'emploi de mineur dans une mine de charbon servant à fondre le minerai de fer, etc. Keynes écrit :

> Qu'une demande pour un complet requière une demande pour de la toile ; qu'une demande pour de la toile implique une demande pour du fil, et pour de la laine ; que les services des fermiers, des marchands, des ingénieurs, des mineurs, des transporteurs, des employés, soient tous impliqués, c'est là le b.a.-ba de la science économique (Keynes & Henderson [1929], [1931] 1972 : 105-106).

Alors que Keynes & Henderson affirmaient qu'« il n'est pas possible de mesurer les effets de ce type avec une quelconque précision » (*ibid.* : 107), Kahn proposa une méthodologie pour le faire. Dans ses conférences Mattioli publiées en 1984, il offrira un exposé détaillé de sa collaboration avec Keynes sur le concept du multiplicateur. Il assure en particulier que la notion lui était familière à l'époque où il rédigea l'article où son multiplicateur est présenté pour la première fois (« The Relation of Home Investment to Unemployment », 1931) ; son père lui en aurait d'ailleurs parlé quand il était petit :

> Quand j'avais à peu près huit ans, mon père m'expliqua l'effet cumulé du fait de procurer un emploi à un homme de plus (Kahn, 1984 : 101).

## *L'octroi*

Curiosité si l'on pense à l'époque présente, Keynes et Henderson mentionnent dans *Lloyd George peut-il le faire ?* le commentaire approbateur que fit une revue financière grand public à propos de la politique de grands travaux proposée par Lloyd George au nom du Parti libéral britannique. Le commentaire se terminait ainsi :

> Si les routes, par exemple, n'étaient pas construites et entretenues par les autorités publiques utilisant des fonds publics, qui d'autre le ferait et les entretiendrait ? Ce ne seraient certainement pas les entreprises privées qui s'acquitteraient de la tâche, car l'époque des octrois appartient au passé ! (Keynes & Henderson [1929], [1931] 1972 : 114).

Keynes lui-même était coutumier d'affirmations péremptoires sur le caractère irréversible de certaines évolutions historiques, telle la disparition du « laisser-faire ». On sait ce qu'il en est advenu. L'ouvrage fameux de Karl Polanyi (1886-1964), *La Grande Transformation* (1944) souffre du même mal : l'auteur y annonce le recul irréversible du libéralisme, erreur majeure elle aussi, qui entache malheureusement une œuvre tout entière, même s'il faut faire la part chez Polanyi comme chez Keynes, d'une politique délibérée d'annonces prophétiques avec l'objectif stratégique de tenter de les rendre ainsi autoréalisatrices.

CHAPITRE 9

# Où Keynes dit tout sur l'argent

## Un traité sur la monnaie *(1930)*

### *La genèse du* Traité sur la monnaie

Les années 1918 à 1929 seront pour la planète une époque de calme relatif sur les plans économique et financier. Après avoir claqué la porte de la Conférence de Paris en 1919 et démissionné du même coup de son poste au ministère des Finances pour rédiger dans la foulée *Les Conséquences économiques de la paix,* Keynes consacrera les deux années qui suivent à terminer l'ouvrage monumental qui mettra un point final à sa carrière de mathématicien : son *Traité de probabilités* (1921).

S'ouvre alors pour Keynes une période où il combine l'activité d'enseignant à Cambridge et celle de chroniqueur et de polémiste : directeur de la rédaction de l'*Economic Journal* depuis déjà 1911, et président à partir de 1923 du magazine d'actualité politique *The Nation and Athenaeum* qui fusionnera en 1931 avec le *New Statesman*, un périodique qui demeure encore aujourd'hui la voix par laquelle s'exprime la gauche britannique dans la tradition *fabienne.* Parallèlement, fin 1924, Keynes entreprend d'écrire *Un traité sur la monnaie* (*A Treatise on Money*), une somme volumineuse de 771 pages, qui paraîtra en octobre 1930, un an après qu'une nouvelle époque, la Dépression (*the Slump*), s'est ouverte dans le sillage du krach boursier d'octobre 1929.

Quand *Un traité sur la monnaie* paraît, l'ouvrage a donc la malchance d'appartenir à l'époque révolue qui vient de s'achever. Keynes se voit du coup forcé d'entreprendre aussitôt la rédaction d'un nouveau livre qui, au lieu de dégager les grands principes de l'économie et de la finance, proposera les remèdes à la dépression dans laquelle le monde capitaliste est désormais englué : la *Théorie générale de l'emploi, de l'intérêt et de la monnaie* sera publiée six ans plus tard. Les thèses défendues dans *Un traité sur la monnaie*, sur le mode détendu du « cela va de soi », y seront transposées en remèdes à administrer cette fois d'urgence. Mais le nouveau livre, qui accédera au statut de légende, contiendra bien d'autres choses encore, ainsi d'ailleurs qu'une foule de remarques incidentes qui n'auraient jamais dû s'y trouver : Keynes se révéla toujours incapable de trier dans ses notes et voulut à chaque nouvelle publication mettre dans son nouveau livre toutes les pensées qui lui avaient traversé l'esprit depuis la parution du précédent.

Le contraste ne pourrait être plus grand entre deux ouvrages consacrés par le même auteur au même sujet : le *Traité sur la monnaie* traite d'une manière encore très conventionnelle un sujet classique de la pensée économique et financière et le lecteur a le sentiment que Keynes y présente tout ce qu'il a pu lire un jour à ce sujet, alors que la *Théorie générale* parle des mêmes choses mais adopte un point de vue neuf à peu près sur tout, et abandonne en particulier, au grand dam de Schumpeter, comme nous aurons l'occasion de le voir, la théorie de Henry Dunning Mcleod au XIX^e^ siècle, relative aux « crédits créant les dépôts » et aux « banques commerciales créant de la monnaie *ex nihilo* », hypothèse fantaisiste ressuscitée précisément par Schumpeter et devenue aujourd'hui un véritable dogme de la pensée économique.

Seule véritable originalité du *Traité sur la monnaie*, la proposition inattendue que l'épargne et l'investissement ne coïncident pas nécessairement.

Il était admis jusqu'à ce que Keynes profère sa proposition hérétique, que le taux d'intérêt assurait l'égalisation de l'épargne et de l'investissement. S'ils sont en réalité déconnectés, c'est en raison de l'existence du marché boursier qui peut absorber une part importante de l'épargne, non pas pour contribuer à l'investissement productif puisque la Bourse est un marché secondaire (on y revend et on y rachète des titres émis dans le passé), mais pour alimenter simplement des bulles financières :

> Si chacun s'accorde sur le fait que les titres valent davantage, et si chacun est un « bull » au sens où il préfère acquérir des titres dont le prix est à la hausse plutôt que d'augmenter le montant déposé sur ses comptes-épargne, la hausse du prix des titres sera sans limite, et aucun manque de liquidités ne parviendra à lui donner un coup d'arrêt effectif (Keynes, 1930, vol. I : 256).

L'épargne transférée vers le secteur spéculatif plutôt que productif de la Bourse s'y précipite dans un trou noir ; sa capacité à contribuer au développement du secteur des biens ou des services a été neutralisée.

Skidelsky fait très justement observer que « peu parmi ceux qui étudient Keynes prennent la peine aujourd'hui de lire *Un traité sur la monnaie* ; ils ont fait leur l'opinion de Keynes lui-même selon qui tout ce qu'on y trouve d'intéressant a déjà été mieux exprimé et de manière plus succincte dans la *Théorie générale de l'emploi, de l'intérêt et de la monnaie...* » (Skidelsky, 1992 : 318).

## *Qui, du crédit ou du dépôt vint en premier ?*

Cette question qui passionne les financiers débutants, présente autant d'intérêt que celle mettant en présence l'œuf et la poule et la réponse est identique dans les deux cas : la question dans ces termes est en réalité privée de sens. Il n'empêche que les manuels affirment sur un ton péremptoire que, « contrairement aux apparences (le "contrairement aux apparences" est essentiel), le crédit vint en premier : ce sont les crédits qui créent les dépôts ».

« Contrairement aux apparences, la poule vint en premier ! » Oui, pourquoi pas, mais la dure réalité c'est que tant qu'il n'existe pas d'espèce « les poules », ni l'œuf particulier ni le poulet individuel ne sont possibles, tandis qu'une fois que l'espèce est là, il existe nécessairement des œufs et des poulets simultanément, même si les poules pondent des œufs et non l'inverse. De même, une fois que la monnaie existe, et les banques aussi, les crédits et les dépôts deviennent simultanément possibles.

Cela semblant aller de soi, quelle est alors la finalité de l'affirmation péremptoire que la question de la priorité du crédit ou du dépôt a un sens, et que c'est le crédit qui vint en premier ?

Ce qu'il s'agit de faire apparaître en fait, c'est non pas que les crédits précèdent les dépôts, mais que, « contrairement aux apparences » (c'est de cela qu'il est en fait question !), une dette n'est pas une promesse de rendre de l'argent (l'argent étant la « chose en soi »), mais que l'argent lui-même est une dette (la dette étant en vérité la « chose en soi »), ou, mieux encore, que l'argent lui-même est une reconnaissance de dette et, en l'occurrence, une reconnaissance de dette émise par la banque centrale.

Joseph Schumpeter (1883-1950), qui mena la croisade visant à imposer la thèse que « les crédits créent les dépôts », la fait remonter à, entre autres, Irving Fisher (1867-1947), le promoteur de la monnaie 100 % dans le cadre de laquelle il est prohibé aux banques de prêter l'argent en dépôt sur les comptes courants, tous les prêts étant consentis par la banque centrale par le biais des banques commerciales.

Le fait que les banques prêtent l'argent déposé sur les comptes courants de leurs clients, c'est ce que Keynes appelait le « *banking principle* » : le principe même au cœur du système bancaire ; c'est ce principe qu'il voudra étendre à l'ordre monétaire tout entier grâce à son projet de chambre de compensation multilatérale internationale dont la monnaie de compte aurait été le *bancor*.

Schumpeter dit de Fisher qu'« il a aussi fait ressortir cette vérité évidente que les dépôts et les billets de banque sont fondamentalement la même chose » (Schumpeter, 1954 ; trad. fr. 1983, t. III : 472). Appeler une hypothèse ténue « vérité évidente » est une vieille habitude des doctrinaires : le procédé permet l'économie d'une démonstration qui s'avérerait sinon périlleuse.

Il n'y aurait donc, quand on parle de « monnaie » qu'une seule chose : des reconnaissances de dette, dont il existerait deux types : 1° les reconnaissances de dette entre particuliers ; et 2° les reconnaissances de dette émises par la banque centrale, que l'on appelle communément « de l'argent ».

Soit, mais si les dettes entre particuliers se règlent en argent, en quoi les dettes entre un particulier détenteur d'argent et la banque centrale se règlent-elles ? En or uniquement. Du moins à l'époque où l'on pouvait véritablement aller échanger son argent contre des pièces d'or sonnantes et trébuchantes.

L'argumentaire a donc un objectif précis : il vise à contester la légitimité de toute monnaie qui ne soit pas une « monnaie *marchandise* » au sens de Keynes, la marchandise en question étant l'or ; c'est-à-dire à contester qu'une « monnaie fiduciaire », qui n'est pas adossée à un métal précieux, soit véritablement une monnaie. Il s'agit d'un argument venu du fond des âges, contestant la légitimité d'un État à émettre une monnaie, et proposant, même si ce n'est pas dit explicitement, le retour aux « monnaies *marchandise* », c'est-à-dire à un système où l'on troque toute marchandise ou tout service contre les marchandises génériques, standardisées, que sont l'or ou l'argent-métal.

## *La prétendue « création monétaire* ex nihilo » *par les banques commerciales*

Le corollaire de l'hypothèse selon laquelle les crédits précèdent les dépôts est que les crédits accordés par les banques commerciales « créent de l'argent *ex nihilo* ».

Le mécanisme supposé est celui-ci : une banque qui accorde un crédit « crée » les sommes allouées « par un simple jeu d'écritures ». Quand les sommes empruntées sont retournées, la « création » initiale est effacée par un autre « simple jeu d'écritures », annulant le premier. Ce pouvoir exorbitant des banques commerciales, de faire sortir d'un chapeau des sommes tout à fait considérables, ne s'accompagnerait pas moins de leur capacité à exiger le versement d'intérêts sur les sommes fantômes qu'elles prêtent ainsi. D'où le prétendu « scandale des banques commerciales qui créent de l'argent *ex nihilo* ».

L'absurdité du mécanisme supposé apparaît aisément dans l'expérience mentale que voici.

Monsieur X emprunte 1 million à la banque B, somme que celle-ci lui accorde sans bourse délier, par un *simple jeu d'écritures*.

*Premier scénario* : à l'échéance prévue, X rembourse la somme empruntée en déposant un chèque de 1 million à la banque B.

Laquelle annule alors le prêt *par un simple jeu d'écritures*. Tout s'est passé comme prévu dans le cadre envisagé.

*Second scénario* : à l'échéance, X décide de rembourser la banque en or. Il se présente au guichet portant deux seaux de pièces d'or valant 1 million. Il s'agit bien d'un remboursement de la somme prêtée mais qui plonge la banque B dans un grand désarroi : comment annuler cette fois l'opération par un simple jeu d'écritures ? La banque B se retrouve à la tête de 1 million sur lequel elle ne comptait pas, et dont elle ne sait que faire !

Voilà l'absurdité sur laquelle débouche l'hypothèse des banques commerciales qui créent de l'argent *ex nihilo*. Que dire de plus ?

Autre version de la « création monétaire *ex nihilo* par les banques commerciales » – impossible à réconcilier avec la première, mais qu'importe ! Les banques prêtent l'argent déposé sur les comptes courants de leurs clients et cet argent en vient du coup à *exister deux fois* : une première fois sur le compte courant du déposant et une seconde fois dans la poche de celui à qui cet argent a été prêté. L'argent existe bien deux fois, nous affirme-t-on, puisque le déposant peut venir le réclamer, et lorsqu'il le réclame, personne ne court après celui à qui il a été prêté, l'enjoignant de rembourser *illico*.

Le raisonnement ne présente un semblant de vraisemblance que parce qu'il confond allégrement *argent* et *reconnaissance de dette* – selon la préconisation expresse de Schumpeter et celle de ses disciples par la suite.

Que se passe-t-il lorsque la banque B prête à Y la somme d'argent M qu'y a déposé X ? Y dispose désormais de la somme M qu'avait déposée X. Quant à X et la banque B, ni l'un ni l'autre n'ont accès une seconde fois au même argent : X a en sa possession une reconnaissance de dette de montant M que lui a transmise la banque B (aujourd'hui sous la forme d'un relevé de compte « papier » ou « en ligne ») et celle-ci dispose d'une reconnaissance de dette du montant M que lui a accordée Y en échange de l'argent reçu.

Il y a alors en circulation deux reconnaissances de dette de montant M et une unique somme d'argent de montant M elle aussi. Si X présente à B sa reconnaissance de dette, c'est-à-dire exige de l'argent en contrepartie, B devra se débrouiller pour trouver la somme M où que ce soit ; un point c'est tout.

On avait au départ une simple somme d'argent de montant M, et l'on se retrouve à l'arrivée avec la somme d'argent M et en plus, deux reconnaissances de dette du même montant M. Comment s'explique donc ce miracle de *la multiplication comme des petits pains des reconnaissances de dette* ? Par le fait qu'une reconnaissance de dette est la promesse d'une somme d'argent qui viendra plus tard, une promesse qui n'est pas encore arrivée à échéance (on dit aussi « à maturité ») et que cette reconnaissance de dette constitue du coup, en quelque sorte, de l'« argent virtuel ». Mais, et c'est ici que réside le pseudo-miracle : bien que n'étant qu'une promesse d'argent, une reconnaissance de dette n'en est pas moins une « marchandise » à laquelle est associé un prix (calculable de manière mathématiquement rigoureuse selon l'une ou l'autre méthode d'évaluation), ce qui veut dire qu'elle peut s'échanger contre de l'argent. L'opération financière appelée « repo », pour *repurchase agreement* tire parti de ce principe.

Schumpeter et ses élèves prennent prétexte du fait qu'une reconnaissance de dette, au titre de marchandise, peut s'échanger contre de l'argent pour affirmer qu'elle est une « monnaie », mais il y a malentendu : une monnaie n'est pas constituée de choses qui peuvent s'échanger contre de l'argent, elle est en soi constituée d'*argent* ; les choses tangibles qui peuvent s'échanger contre de l'argent ce sont, comme je viens de le rappeler, des *marchandises*.

Il faut également noter une autre différence essentielle entre l'*argent* proprement dit et une *reconnaissance de dette* : la somme qui sera versée au moment du remboursement, à maturité, pourra être d'un montant se situant à un niveau quelconque entre celui qui a été promis au départ et zéro, tandis que l'argent lui respecte un principe de « conservation des quantités », selon l'appellation que je lui ai attribuée dans mon livre *L'Argent, mode d'emploi* (Jorion, 2009a : 381) : à aucun moment dans les manipulations qui peuvent avoir lieu, une somme en *argent* n'aura valu autre chose que le total des montants indiqués sur les billets ou les pièces qui la constituent.

On connaît cette histoire circulant sous diverses versions, généralement présentée comme un paradoxe stupéfiant : une dame se rend à l'hôtel, réserve une chambre, verse des arrhes, qui permettent à l'hôtelier de rembourser la dette qu'il a auprès du boucher, qui lui-même s'était endetté auprès du cordonnier, qu'il est alors à même de rembourser, cordonnier qui lui-même… jusqu'à ce que la boucle se boucle en revenant à l'hôtelier envers qui le maréchal-ferrant s'était endetté… J'ai analysé, étape par étape, le mécanisme à l'œuvre dans cette fable, là aussi dans *L'Argent, mode d'emploi* (2009a), aux pages 374-381.

L'histoire connaît sa chute lorsque la dame se ravise et annule sa réservation. Ce revirement ne peut empêcher que grâce au billet qu'elle a déboursé, *n* dettes ont été annulées dont le montant total est *n* fois le montant des arrhes qu'elle avait versées. On ajoute en général, pour faire bonne mesure et rendre le paradoxe encore plus perturbant, que son billet était en réalité faux.

Le fait est en effet que chacun des détenteurs d'une reconnaissance de dette dans la ronde en question a pu la monnayer en la revendant à un tiers. Ce pouvoir démultiplicateur, je l'ai appelé ailleurs, la « dimension créancière » de la monnaie (*ibid.* : 386-392). On notera cependant que si les reconnaissances de dette, l'« argent virtuel », peuvent se démultiplier à l'infini, les quantités d'argent restent de leur côté constantes selon le « principe de conservation des quantités », comme dans le cas de la banque qui prête l'argent déposé sur des comptes courants auprès d'elle.

Bien sûr, la condition à respecter pour continuer de s'y retrouver dans des réflexions de ce genre est de distinguer soigneusement « argent » et « reconnaissance de dette », même si une reconnaissance de dette peut s'échanger contre de l'argent parce qu'elle a une *valeur marchande*, laquelle s'explique, comme je l'ai dit, par le fait qu'une reconnaissance de dette est la promesse qu'elle se transformera un jour en argent « sonnant et trébuchant », le « sonnant et trébuchant » étant le contraire exact du « virtuel ».

Mais si l'on fait le choix de confondre « argent » et « reconnaissance de dette », comme recommandait de le faire Schumpeter à la suite de son précurseur au XIX^e^ siècle, Henry Thornton (1760-1815), les paradoxes et les énigmes se démultiplient.

Lisons ce qu'écrit Schumpeter :

> Comme le dit le professeur Cannan dans un article d'*Economica* (« The Meaning of Bank Deposits ») : « […] si les gardiens de vestiaire s'arrangeaient pour prêter exactement les trois quarts des sacs qui leur sont confiés… nous n'accuserions certainement pas les gardiens

> de vestiaire d'avoir "créé" le nombre de sacs qu'indique l'excédent des sacs qui ont été déposés par rapport aux sacs qui se trouvent toujours dans des vestiaires ». Telle était l'opinion de 99 économistes sur 100. Mais si les propriétaires de ces bagages désirent les utiliser, ils doivent les reprendre aux emprunteurs qui doivent alors s'en priver. Tel n'est pas le cas de nos déposants et de leurs pièces d'or. Ils ne prêtent rien, si on entend par là qu'ils se privent de l'usage de leur argent. Ils continuent à le dépenser, payant par chèque au lieu de payer en espèces. Et dans le même temps qu'ils continuent à dépenser exactement comme s'ils avaient conservé leurs pièces, les emprunteurs dépensent "le même argent au même moment" » (Schumpeter, 1954 : 1079-1080 ; trad. fr. 1983 : 470-471).

Quelle mouche pique Schumpeter de mettre entre guillemets « le même argent au même moment », si c'est effectivement cela qui se passe ? L'explication, c'est qu'il n'est pas dupe de ses propres sophismes puisqu'il écrit quelques lignes plus bas : « Les banques, bien sûr, ne "créent" pas de la monnaie à cours légal [...] » (*ibid.* : 471). Encore des guillemets, suggérant qu'il faut entendre ce qui est écrit autrement que ce que cela dit ! Et quelques lignes plus bas encore : « Il est beaucoup plus réaliste de dire que les banquiers "créent du crédit", c'est-à-dire qu'ils créent des dépôts par leur activité de prêt, que de dire qu'ils prêtent les dépôts qui leur ont été confiés » (*ibid.*).

Ah ! ces fameux guillemets : le tout est de savoir où les placer avec art ! Et comment résister à la tentation de réutiliser l'admirable formule de Schumpeter dans un autre contexte ? Pour déclarer par exemple : « Il est *beaucoup plus réaliste* de dire que le Soleil "tourne autour de la Terre", que de dire que la Terre tourne autour du Soleil. » Certes, mais est-ce très convaincant ?

## *Le repo*

Le « *repo* » (pour *repurchase agreement*) ou « pension livrée », une expression cependant très peu usitée en français, consiste à obtenir de l'argent en ayant mis en gage une reconnaissance de dette et en s'engageant à inverser l'opération ultérieurement. La reconnaissance de dette mise en gage est ce qu'on appelle le *collatéral*.

Lorsqu'on emprunte une somme, il n'est pas nécessairement exigé par le prêteur qu'un collatéral d'un montant équivalent soit mis en gage. C'est seulement quand l'économie est vacillante ou la confiance défaillante que le prêteur l'exigera, le bien mis en gage pouvant être le cas échéant une reconnaissance de dette, pour garantir que la somme prêtée ne sera pas perdue dans sa totalité en cas de non-remboursement.

Intervient dans ce cas-là ce qu'on appelle un « *haircut* » : une décote, ce qui signifie que la somme prêtée ne sera pas aussi élevée que la valeur du collatéral, et ceci pour diverses raisons, par exemple parce que la saisie et la revente du bien gagé occasionneraient des frais ou bien parce que ce collatéral n'est pas parfaitement « liquide », c'est-à-dire que, dans la revente, le rapport de force entre vendeurs et acheteurs sera défavorable aux vendeurs (parce qu'ils sont nombreux, en face de peu d'acheteurs) et qu'une perte sera subie par rapport à la valeur « nominale » du gage : son prix de revente « en principe ».

L'illustration suivante, apparentée à la fable de la dame réservant une chambre dans un hôtel pour se dédire ensuite, permet de comprendre le mécanisme du *repo*. Imaginons trois personnes A, B, et C, disposant chacune de 20 euros qui leur appartiennent en propre. A va prêter 20 euros à B et emprunter 20 euros à C. B prêtera 20 euros à C et aura donc emprunté 20 euros à A. C aura donc prêté 20 euros à A et emprunté 20 euros de B.

Cette permutation ayant été opérée, chacun des trois se retrouve en possession de 20 euros, tout comme dans la situation de départ. Sauf qu'à la différence de la configuration initiale, l'argent dont chacun dispose n'est plus de l'argent qu'il « possède en propre » mais de l'argent qu'il a emprunté. Chaque emprunteur aura par ailleurs rédigé une promesse de remboursement, une reconnaissance de dette, qui sera maintenant en possession de la personne qui lui a prêté 20 euros. La quantité d'argent que se partagent A, B et C est cependant restée constante : 3 × 20 = 60 euros.

Imaginons maintenant que l'on accepte d'appeler « monnaie » aussi bien les reconnaissances de dette que l'argent. C'est la proposition qu'avait faite, nous l'avons vu, Henry Thornton au début du XIX<sup>e</sup> siècle et que Schumpeter adoptera avec enthousiasme au siècle suivant. Il y a cette fois en *monnaie* : les 60 euros en argent et les

3 × 20 euros que représentent les trois reconnaissances de dette de 20 euros chacune, soit au total, 120 euros en *monnaie*. On aura assisté une fois de plus au fameux miracle de la « création monétaire *ex nihilo* », artefact résultant de la confusion entre argent proprement dit et reconnaissances de dette ayant une valeur marchande.

Une dernière opération reste à faire pour réaliser le *repo* proprement dit. Chacun des individus A, B et C va obtenir d'un des trois autres un nouveau prêt en mettant en collatéral la reconnaissance de dette en sa possession.

La reconnaissance de dette que A a obtenue de B quand il lui a prêté 20 euros, il la met en *repo*, en pension, auprès de C. Il aura donc reçu 20 euros de C à deux reprises. Les premiers 20 euros, il les a simplement empruntés auprès de C ; entre-temps, il les a prêtés à B. B et C font de même : ils mettent la reconnaissance de dette en leur possession en *repo* auprès d'un tiers : B auprès de A, et C auprès de A.

Cette nouvelle opération ayant été effectuée, circule maintenant en *monnaie* dans le système, 3 × 3 × 20 euros, soit 180 euros, bien qu'il n'y ait toujours que 60 euros en *argent*.

Si chacun refuse maintenant d'honorer sa dette, chacun s'appropriera les 20 euros qui se trouvent en sa possession et l'on se retrouvera dans la situation de départ. Ceux qui ont cru au miracle de la « création monétaire *ex nihilo* » s'écrieront alors en chœur : « Mais où ont bien pu passer les 120 euros (en *monnaie*) qui ont été perdus ? » L'explication, nous la connaissons : c'est que les reconnaissances de dette ne sont pas véritablement de l'*argent* mais des *marchandises* et que ces marchandises ne valent plus rien : leur prix est tombé à 0.

Imaginons avant de terminer, que les parties disposées à conclure un *repo*, autrement dit à prêter une somme en échange d'une reconnaissance de dette, réclament un *haircut* de 10 %. C n'offrira en échange de la reconnaissance de dette de B à A que A a gagée auprès de lui en collatéral que 18 euros. Mais comme A exigera lui aussi un *haircut* sur la reconnaissance de dette de C à B que B gage auprès de lui en collatéral dans un *repo*, il lui restera en poche 2 euros, reliquat du prêt initial que C lui avait consenti. 18 + 2 = 20 euros. Et chacun A, B et C se retrouvera dans la situation initiale, à savoir avec 20 euros dans sa poche.

## *Keynes et la « création monétaire* ex nihilo *» par les banques commerciales*

Pour ce qui est de la prétendue création monétaire *ex nihilo* par les banques commerciales, le parcours de Keynes est tortueux. Ainsi, dans un des tout premiers brouillons daté de novembre 1924 de ce qui deviendra son *Traité sur la monnaie*, on trouve le passage suivant qui rejette sans ambiguïté cette hypothèse :

> Il se fait que les banques ne peuvent prêter un montant de pouvoir d'achat qu'au prorata de ce que leurs clients sont disposés à déposer auprès d'elles. Les banques n'ont pas la capacité, en tant que telles, de créer un réel pouvoir d'achat. Si leurs déposants réduisent les sommes réelles qu'elles détiennent, les banques ont moins de pouvoir d'achat à leur disposition pour le prêter (Keynes [1924], 1973 : 19-20).

Ensuite, très curieusement, quand le *Traité sur la monnaie* paraît en 1930, on y trouve, longuement développée l'hypothèse de la création monétaire *ex nihilo* (Keynes, 1930, vol. I : 23-30). Il s'en débarrasse cependant discrètement à un moment difficile à préciser au cours de la période qui suit puisque quand la *Théorie générale de l'emploi, de l'intérêt et de la monnaie* paraît en 1936, on n'en trouve plus la moindre trace. Le fait que l'hypothèse soit alors fausse à ses yeux transparaît dans ce que le raisonnement de la *Théorie générale* est tout entier bâti sur l'hypothèse inverse : en dehors de la banque centrale, en matière d'argent, rien ne se crée, rien ne se perd. Il n'écrira cependant jamais explicitement que l'hypothèse à laquelle il a souscrit un moment est fausse : le changement s'est fait subrepticement.

Le fait que Keynes se soit débarrassé de ce bagage encombrant dans la *Théorie générale* n'est pas passé inaperçu de Schumpeter qui s'en plaint d'ailleurs amèrement. Celui-ci écrivait dans un livre publié à titre posthume en 1954 (Schumpeter meurt en 1950) :

> Il y a cependant une suite au traitement par lord Keynes de la question de la création monétaire dans le *Traité* [*sur la monnaie*] de 1930, qu'il

> est nécessaire de relever au passage. Le prêt bancaire créateur de dépôt et le rôle qu'il joue dans le financement de l'investissement *sans aucune épargne préalable des sommes qui seront prêtées* ont pratiquement disparu du schéma analytique de la *Théorie générale* [*de l'emploi, de l'intérêt et de la monnaie* ; 1936], où c'est à nouveau la foule des épargnants qui occupe la scène. Le keynésianisme orthodoxe est en fait revenu à la conception ancienne selon laquelle les faits centraux relatifs au marché monétaire doivent être rendus analytiquement par la combinaison de la propension du public à épargner et de la préférence pour la liquidité (Schumpeter, 1954 : 1114-115 ; trad. fr. 1983, t. III : 472).

Un auteur plus récent, Basil Moore, évoque lui aussi cette « disparition » du *crédit créateur de dépôt* chez Keynes :

> Quand on lit ces passages du *Traité* [*sur la monnaie* ; 1930], où le caractère endogène de l'argent-dette est reconnu avec tant de clarté, il est difficile de comprendre comment, six ans plus tard seulement, il en était arrivé à penser que la masse monétaire était déterminée de manière exogène par les autorités monétaires (Moore, 1988 : 195).

Je n'ai pas découvert ce qui s'est passé exactement, mais mes soupçons se portent sur l'influence d'Edwin Cannan (1861-1933), socialiste, professeur d'économie politique à la London School of Economics, dont Skidelsky dit ceci dans le volume II de sa biographie de Keynes :

> Le point central de sa théorie monétaire était son rejet de l'idée que les banques peuvent créer du crédit. À ses yeux, les banques sont de simples intermédiaires, à l'image des anciens orfèvres qui prêtaient, contre intérêts, ce qui avait été confié à leurs soins. Ils ne pouvaient à aucun moment prêter davantage que ce qui avait été déposé auprès d'eux (Skidelsky, 1992 : 163).

Dans une courte note à la fin du même volume, Skidelsky ajoute ceci à propos de Cannan : « Sa correspondance avec JMK au cours de la Première Guerre mondiale et par la suite constitue une source importante des idées de JMK relatives à la monnaie » (*ibid.* : 689).

Edwin Cannan n'était pas inconnu de Schumpeter, qui le cite abondamment dans son *Histoire de l'analyse économique* (*History of Economic Analysis*, 1954). Schumpeter fait cependant de lui, comme on l'a vu, un adversaire résolu de l'hypothèse de la *création monétaire par les banques commerciales* et il rejette l'image employée par Cannan des crédits accordés par les banques comme étant l'équivalent d'un service de prêt des sacs laissés dans un vestiaire.

Schumpeter parle de l'interprétation correcte, celle qui rejette la *création monétaire ex nihilo*, comme une « *old view* », et il attribue la « théorie neuve » à quelques économistes et tout particulièrement à Henry Dunning Macleod (1821-1902) et à Hartley Withers (1867-1950). Il souligne toutefois que l'acceptation de leur hypothèse conjointe n'eut pas lieu sans combat : « Ce ne fut pas avant 1924 que la tâche théorique fut achevée grâce à un livre de [Albert] Hahn [*Volkswirtschaftliche Theorie des Bankkredits*], et encore, le succès ne fut pas immédiat » (Schumpeter, 1954 : 1082 ; trad. fr. 1983, t. III : 473-474).

> Partout, ajoutait Schumpeter dans son livre publié en 1954, la résistance demeure forte jusqu'à aujourd'hui, et tout particulièrement en France (*ibid.* : 1082 ; trad. fr. : 474).

Depuis, Schumpeter a triomphé : même des banquiers, qui devraient pourtant savoir mieux que quiconque ce qu'ils font exactement, colportent ses fables. Il est d'autant plus essentiel de maintenir le flambeau de l'« ancienne opinion » : le modèle qui décrit comment les choses se passent réellement entre les murs des établissements dispensateurs de crédit, modèle qui ne s'effondre pas du coup, comme l'autre, sous le poids de ses invraisemblances.

CHAPITRE 10

# Keynes dénonce la logique comptable

## *« L'autosuffisance nationale » (1933)*

Le 19 avril 1933, Keynes est invité à donner à l'University College de Dublin, la première des conférences « Finlay », du nom du professeur d'économie politique Thomas Finlay qui venait de prendre sa retraite. Dans cette conférence, il évoque spécifiquement la situation irlandaise. Il en réécrira le texte, en le décontextualisant et en en généralisant le propos. L'article paraît sous le titre « L'autosuffisance nationale » (« National Self-Sufficiency ») dans deux numéros successifs du *New Statesman* les 8 et 15 juillet ; il paraît également aux États-Unis, dans la *Yale Review* dans le numéro daté de juin 1933.

Keynes se prononce en faveur de l'autosuffisance nationale. Il s'enflamme à son habitude contre la libre circulation des capitaux à vocation spéculative et déclare :

> Je me range [...] aux côtés de ceux qui voudraient restreindre l'intrication des nations, plutôt que de ceux qui voudraient la voir s'étendre. Les idées, le savoir, la science, l'hospitalité, les voyages – telles sont les choses qui de par leur nature devraient être internationales. Mais faisons en sorte que ce qui peut être fait chez soi le soit autant qu'il est raisonnable et pratique de le faire, et, surtout, faisons en sorte que la finance soit essentiellement nationale (Keynes [1933], 1982 : 236).

Les propos sont convenus et ne reflètent guère l'enthousiasme qui caractérise généralement les interventions orales de Keynes. On ne peut manquer de se demander si le thème de l'autosuffisance ne lui a pas été imposé par le cadre ou par ses hôtes et qu'il se contente là de les obliger.

Autre sujet dont il se débarrasse rapidement : le capitalisme, haïssable sans aucun doute mais difficilement remplaçable et qu'il vaut mieux, du moins pour l'instant, réparer plutôt qu'éliminer purement et simplement :

> Le capitalisme international, décadent mais individualiste, dans les mains duquel nous nous sommes retrouvés après la guerre, n'est pas une réussite. Il n'est ni intelligent, ni beau, ni juste, ni vertueux – ni ne remplit ses promesses. Bref, nous ne l'aimons pas, et nous nous mettons même à le haïr. Mais lorsque nous nous demandons ce qu'il faudrait mettre à la place, nous sommes aussitôt plongés dans la perplexité (*ibid.* : 239).

Les mots les plus durs de cette intervention viseront d'ailleurs un tout autre adversaire : le communisme soviétique,

> [...] la Russie aujourd'hui présente le pire exemple que le monde ait peut-être jamais connu d'incompétence administrative et du sacrifice à des esprits ossifiés de pratiquement tout ce qui fait que la vie vaut d'être vécue (*ibid.* : 243-244)

... et son chef de file, à la pensée duquel Keynes devient lyrique :

> Staline s'est débarrassé de tout esprit indépendant ou critique, y compris de ceux qui lui étaient favorables sur un plan général. Il a créé un environnement au sein duquel le fonctionnement de l'esprit est atrophié. Les circonvolutions souples du cerveau s'y sont figées en bois. Le braillement démultiplié des haut-parleurs remplace les inflexions nuancées de la voix humaine. La rengaine de la propagande ennuie les oiseaux et les animaux des champs eux-mêmes, jusqu'à la paralysie (*ibid.* : 246).

Hitler s'en sort presque à meilleur compte :

> L'Allemagne est à la merci d'irresponsables déchaînés – même s'il est trop tôt pour juger sa capacité à réussir (*ibid.* : 244)

… tandis que Mussolini bénéficie d'un quasi-satisfecit :

> Mussolini, peut-être, est en train de gagner ses dents de sagesse (*ibid.* : 243).

Mais l'adversaire désigné de cette intervention à Dublin est lui inédit dans les réflexions de Keynes jusque-là : il s'agit de la logique comptable, de son étroitesse, et de ce qu'elle nous force à faire contre notre gré et à l'encontre même de toute rationalité économique.

Keynes remet d'abord en cause l'évaluation d'un projet par ce que l'on désigne par l'expression « résultats financiers », soit les chiffres qui apparaîtraient à son bilan comptable :

> Le XIXe siècle a promu jusqu'à la caricature le critère que l'on appellera pour faire bref, « les résultats financiers », comme test permettant de déterminer si une politique doit être recommandée et entreprise dans le cadre d'une initiative d'ordre privé ou public. Le destin personnel s'est transformé en une parodie du cauchemar d'un comptable. Au lieu d'utiliser leurs ressources techniques et matérielles désormais beaucoup plus vastes pour construire une cité idéale, les hommes du XIXe siècle construisirent des taudis ; et ils pensèrent que bâtir des taudis était la chose juste et recommandable parce que les taudis, à l'aune de l'entreprise privée, « cela rapporte », alors que la cité idéale aurait été selon eux un acte fou d'extravagance, qui aurait, dans le vocabulaire imbécile du monde financier, « hypothéqué l'avenir ». Comment la réalisation aujourd'hui d'œuvres ambitieuses et imposantes pourrait appauvrir l'avenir, nul ne peut le concevoir, à moins que son esprit ne soit sous l'emprise des fausses analogies d'une comptabilité sans lien avec la question (*ibid.* : 241).

Les « résultats financiers » expriment ce qu'une opération « rapporte », un critère qui, selon Keynes, est sans objet dans les grands choix de civilisation :

> […] les esprits de notre génération demeurent à ce point embrumés par les calculs faussés qu'ils se méfient de conclusions qui devraient être évidentes, parce qu'ils se fient à un système de comptabilité financière qui sème le doute quant au fait qu'une telle opération « rapportera ». Nous sommes condamnés à rester pauvres parce que cela ne

« rapporte » pas d'être riches. Nous devons vivre dans des bouges, non pas parce que nous n'avons pas la capacité de construire des palaces mais parce que « nous n'en avons pas les moyens » (*ibid.*).

Dans cette logique purement comptable, rien ne compte sinon ce que nous jugeons avoir une « valeur économique » :

> Nous détruisons la beauté des campagnes parce que les splendeurs inappropriées de la nature sont sans valeur économique. Nous serions capables d'éteindre le soleil et les étoiles parce qu'ils ne versent pas de dividendes. Londres est l'une des villes les plus riches de l'histoire de la civilisation, mais elle « ne peut pas se permettre » les standards de réussite les plus élevés dont ses propres habitants sont cependant capables, parce qu'ils ne « rapportent » pas. [...] Avec tout ce que nous avons dépensé en allocations de chômage en Angleterre depuis la guerre, nous aurions pu faire de nos villes les plus grandes réalisations de l'homme au monde (*ibid.* : 241-242).

Nous avons sacrifié la qualité à des préoccupations d'ordre purement quantitatif :

> [...] nous avons jusqu'à récemment considéré qu'il s'agissait d'un devoir moral de ruiner les cultivateurs de la terre et de détruire les traditions millénaires de l'art de l'élevage, si cela nous permettait de payer la miche de pain un dixième de penny meilleur marché. Il n'y avait rien que nous ne jugions notre devoir de sacrifier à ce Moloch et ce Mammon tout en un, car nous imaginions avec ferveur que le culte de ces monstres nous permettrait de vaincre les hideurs de la pauvreté et de mener la prochaine génération sûrement et confortablement, à cheval sur l'intérêt composé, vers la paix économique (*ibid.* : 242).

Et, de crainte de s'être insuffisamment fait comprendre, Keynes conclut :

> Car aussitôt que nous nous octroyons le droit de désobéir au critère du profit comptable, nous entamons de changer notre civilisation [...]. C'est l'État, plutôt que l'individu, qui doit modifier son critère. C'est la conception du ministre des Finances en tant que président-directeur général d'une sorte de société cotée en Bourse qui doit être rejetée (*ibid.* : 243).

Ce qui nous interdit donc de prendre les mesures que le jugement rationnel nous enjoindrait de prendre, c'est la logique comptable : la manière toute conventionnelle en réalité dont nous avons pris l'habitude d'établir le bilan de nos entreprises. Nous subissons la dictature des « résultats financiers », qui nous forcent à vivre dans un univers de taudis, au prétexte que « nous n'avons pas les moyens » de faire mieux, alors que des armées de travailleurs désœuvrés et de machines à l'abandon nous permettraient de bâtir d'ores et déjà la cité idéale. L'utopie n'est hors d'atteinte que dans la représentation des banquiers, trouvant un renfort dans la pusillanimité des comptables.

C'est là un thème sur lequel Keynes ne reviendra pas à ma connaissance, en dépit de sa très grande pertinence : une idéologie armée de pied en cap est en réalité inscrite dans les règles comptables. Ce n'est rien d'autre en effet qu'une convention que de considérer les avances faites en travail comme un coût qu'il s'agit à tout prix de minimiser, alors que les dividendes ou les bonus accordés à la direction pour des avances en capital ou en supervision sont des parts de bénéfice, le montant duquel étant admirable par définition, n'est jamais jugé assez élevé.

La dévalorisation du travail, l'idéalisation au contraire du capital et de la direction d'entreprise ne sont pas simplement des valeurs dont l'opinion publique pourrait débattre à son gré : elles ont été chevillées, à l'abri de la délibération démocratique, dans la logique économique de nos sociétés, par le biais des règles comptables que nous avons adoptées, ou plutôt qu'adoptent pour nous, loin du débat public, les organismes privés sur lesquels nous nous sommes déchargés de leur rédaction et de leur modification : le FASB (Financial Accounting Standards Board) pour les États-Unis et l'IASB (International Accounting Standards Board) pour le reste du monde, comme s'il s'agissait là de questions techniques indifférentes dont il serait loisible d'abandonner sans danger la rédaction à des « experts » cooptés par leurs pairs.

DEUXIÈME PARTIE

# *La Théorie générale de l'emploi, de l'intérêt et de la monnaie* (1936)

CHAPITRE 11

# Genèse et gestation de la *Théorie générale*

## *La genèse de la* Théorie générale de l'emploi, de l'intérêt et de la monnaie

L'ensemble des propositions avancées par Keynes dans la *Théorie générale de l'emploi, de l'intérêt et de la monnaie (A General Theory of Employment, Interest and Money*), des mieux établies aux plus ténues, sont aujourd'hui le plus souvent soit rejetées en bloc par les ennemis de sa pensée, soit adoptées comme un tout par ses partisans. Pour ce qui est de ces derniers, la chose est d'autant plus surprenante que les correspondants de Keynes à l'époque, confrères à Cambridge ou collègues au ministère des Finances, opéraient un tri minutieux dans ses propositions innovantes et n'avaient au mieux qu'un respect mitigé pour ses hypothèses les plus aventureuses, quand ils ne le persécutaient pas purement et simplement pour ce qui leur apparaissait n'être que des élucubrations déparant un édifice par ailleurs digne d'éloges.

Ce fait en soi mérite donc explication. J'en avance une par provision.

Le respect pour un penseur original est un processus discontinu. Alors que l'appréciation du travail d'un chercheur de qualité est une lente progression sans à-coups – « monotone » dit le mathématicien –, celle dont bénéficiera un penseur hors du commun a lieu à l'occasion d'un saut soudain : inexistante pendant longtemps, elle se métamorphose un beau jour en adulation et tout ce qu'il a eu l'occasion de dire ou d'écrire se transforme instantanément en parole d'évangile.

Transfiguré de paria à prophète, tous ses mots sont désormais vrais. Mieux encore, plus ses propos étaient jugés iconoclastes autrefois, plus ils bénéficient désormais du label du « vrai » qui s'attache à leur qualité manifestement « prophétique » parce que manquant de toute plausibilité.

Ainsi pour l'« usine à gaz » que Keynes présente au chapitre 21 du livre, intitulé « La théorie des prix » (« The Theory of Prices »), où il établit la liste de clauses annexes qui émergeront ou non de leur latence pour alors s'appliquer d'une certaine manière ou de la manière exactement inverse, sans qu'il nous soit dit précisément pourquoi ce devrait être l'une plutôt que l'autre.

La popularité des thèses du chapitre 21 par rapport à celles, autrement plus fécondes, du chapitre 17 intitulé « Propriétés de l'intérêt de la monnaie » (« Properties of Interest and Money ») s'explique probablement par le fait que ces thèses peuvent être aisément découpées et présentées individuellement alors que l'argument du chapitre 17 doit être compris et présenté en bloc. Le chapitre 21 se prête en réalité très bien au traitement que Geneviève Delbos et moi avions appelé dans *La Transmission des savoirs* (1984), le « savoir scolaire propositionnel », autrement dit un certain type de savoir qui se réclame du savoir scientifique mais qui, faute d'en avoir saisi la signification globale, ne le reproduit qu'au prix de nombreux contresens et toujours sous la forme de propositions déconnectées ne proposant pas un corps de savoir cohérent mais une liste de dogmes digne d'un catéchisme (Delbos & Jorion [1984], 2009 : 11-12).

Malheureusement l'hétérodoxe ayant soudainement accédé au statut d'orthodoxe n'est en réalité guère meilleur qu'aucun d'entre nous : ses conceptions s'étagent du médiocre au brillant en passant par l'indifférent. Et la transsubstantiation du médiocre en « vrai » aux yeux de nouveaux sycophantes s'avérera historiquement une épiphanie dont il aurait mieux valu que le monde se passe.

## *Un ouvrage en longue gestation, finalement bâclé*

Quand paraît en 1936 la *Théorie générale de l'emploi, de l'intérêt et de la monnaie*, Keynes a cinquante-trois ans, un âge où la jouissance que l'on éprouve à choquer le bourgeois s'émousse. L'ouvrage a alors été écrit par lui dans un langage que comprennent ses confrères : pour éviter les malentendus et pour que la réception de ses propositions pratiques ait lieu sans trop tarder. L'Américain Hyman Minsky (1919-1996), l'un de rares authentiques disciples de Keynes, s'en plaindra amèrement dans le livre qu'il consacrera en 1975 à la théorie économique de son maître :

> Comme beaucoup d'œuvres pionnières et originales, la *Théorie générale de l'emploi, de l'intérêt et de la monnaie* est un exposé malhabile. La vieille théorie se trouve toujours là en grande part, et une proportion importante de la nouvelle est formulée de manière imprécise et expliquée maladroitement. [...] Du coup, sur plusieurs points critiques et tout particulièrement dans les passages consacrés à l'investissement, les taux d'intérêt, la valorisation des actifs, il concède trop à l'école classique (Minsky [1975], 2008 : 11-12).

C'est vrai, et c'est regrettable : autant de passerelles jetées en effet qui permirent à partir de 1936 à des économistes sans imagination de se prétendre « keynésiens » sans que l'on crie à l'imposture. Et pourtant, les feux d'artifice ne manquent pas dans cette *Théorie générale de l'emploi, de l'intérêt et de la monnaie*, un peu perdus certainement mais, comme on le verra, faciles à ressusciter cependant.

## *Mécanismes psychologiques et conventionnalisme*

Lorsqu'on examine aujourd'hui, dans la deuxième décennie du XXIe siècle, l'œuvre de Keynes, une chose frappe quant à la manière qui était la sienne de produire une théorie : on observe, mobilisée dans l'explication, une combinaison troublante de mécanismes de natures très diverses. Cela suggère qu'il savait avec davantage de précision ce dont il entendait nous persuader qu'il savait comment réaliser la tâche de manière véritablement convaincante. On l'observe à de nombreuses reprises, fourrageant dans sa volumineuse boîte à outils où une chatte n'aurait pu retrouver ses jeunes – aussi universelle qu'elle ait effectivement été – et brandissant soudain aux yeux du monde admiratif ce qu'il en a extrait, en réalité un peu au hasard. Il n'ignorait pas pour autant l'étendue de son insouciance méthodologique, comme on s'en convaincra avec cet exemple : « Je tombai alors [*I hit on*] sur ce qui me semble aujourd'hui être la bonne explication. La théorie qui en résulte, et qu'elle soit vraie ou fausse, est extrêmement simple » (Keynes [1937b], 1973 : 212-213).

« Et qu'elle soit vraie ou fausse... » : comme si la distinction ne présentait pas le moindre intérêt, note négligemment Keynes.

Keynes n'était pas, nous l'avons vu, économiste de formation mais mathématicien. Il disposait également d'un bagage philosophique substantiel, conséquence d'une éducation secondaire au sein de la prestigieuse *public school* d'Eton, suivie d'une éducation supérieure dans l'environnement tout imprégné de philosophie dans la tradition médiévale, qu'est l'Université de Cambridge. Il deviendrait bien sûr une autorité dans le domaine de la « science » économique mais au même titre qu'il en serait également une au sein du monde bancaire ou dans la gestion des affaires de l'État. L'éclectisme de Keynes explique son style très particulier en matière de théorie économique : faisant appel d'une part à la théorie économique de son temps ainsi qu'à celle de ses prédécesseurs, recourant d'autre part à tout ce que peut offrir le monde autrement plus vaste de la culture dans son ensemble.

Manquent cependant dans cette encombrante boîte à outils, les données de nature historique ou sociologique et les modes d'administration de la preuve qui accompagnent celles-ci habituellement. Skidelsky, qui a très bien su capturer de telles faiblesses, écrit en effet :

> La théologie et la science économique ont toujours été étroitement liées dans la tradition anglo-saxonne. Ce qui a brillé par son absence, ce sont l'histoire et la sociologie. La *Théorie générale* ne constitue nullement une exception sous ce rapport. Les « inclinations » psychologiques sont

> considérées comme des données. Elles constituent l'appareillage dont les « agents » disposent pour prendre leurs décisions. Leurs racines dans des événements ou des systèmes sociaux restent inexplorées. Aucune mention de la Grande Guerre, des désordres politiques ou monétaires, de l'évolution du rapport de force entre le capital et le travail qui, tous ensemble, peuvent être considérés avec beaucoup de vraisemblance comme les *causes* de la Grande Dépression (Skidelsky, 1992 : 543).

Et il est vrai qu'à chaque fois que la démonstration de Keynes s'enlise, le lecteur est avisé qu'un « mécanisme psychologique » est très certainement à l'œuvre au cœur même des acteurs de la finance, la nature exacte de ce mécanisme étant généralement laissée dans l'ombre, quand elle n'est pas délibérément renvoyée aux ténèbres extérieures de l'irrémédiablement inconnaissable. L'exemple le plus criant est bien entendu les fameux « esprits animaux », encapsulant notre prédisposition humaine lorsque nous sommes confrontés à l'incertitude, à faire plutôt qu'à nous abstenir de faire. Ou, dans les termes de Keynes lui-même : « [...] comme le résultat d'esprits animaux – d'un besoin spontané d'action plutôt que d'inaction, et non comme l'aboutissement d'une moyenne pondérée de bénéfices multipliés par des probabilités quantitatives » (Keynes [1936], 1973 : 161).

Ou, dans un autre cas fameux, également déjà évoqué, celui du *concours de beauté* :

> Il ne s'agit pas de choisir ceux qui, pour autant que l'on puisse juger, sont véritablement les plus beaux, ni même ceux que l'opinion moyenne juge véritablement tels. Nous atteignons là un troisième degré où notre réflexion porte sur une anticipation de ce que l'opinion moyenne s'attend à ce que l'opinion moyenne soit. Et il doit exister des gens qui atteignent, j'imagine, le quatrième degré, le cinquième, voire des degrés plus élevés encore (*ibid.* : 156).

Les choses sont en réalité beaucoup plus simples que ce que Keynes nous demande de nous représenter ou, il faudrait plutôt dire, « de ne pas même chercher à nous représenter ». Les étapes sont, je le rappelle : 1° déterminer quelle est notre propre opinion ; 2° évaluer dans quelle mesure elle est typique, autrement dit deviner grossièrement à quelle distance elle se situe par rapport à l'opinion « modale » (la plus commune), au sein de la distribution de l'ensemble des opinions possibles ; 3° à partir de notre évaluation de la distance entre notre propre opinion et celle qui est la mieux représentée, déterminer avec précision laquelle est effectivement la mieux représentée.

Sur ce que pourraient bien être ces « quatrième degré, [...] cinquième, voire [...] degrés plus élevés encore », Keynes s'abstient prudemment de se prononcer, ce qui n'a rien d'étonnant puisqu'il n'y a là rien d'autre qu'un procédé rhétorique dont l'objectif est de nous convaincre que « toutes ces matières sont extrêmement complexes », Keynes ne se privant donc pas d'utiliser lui-même les fines astuces auxquelles recourent ordinairement les banquiers quand ils s'adressent à leurs clients.

Une alternative au procédé consistant à postuler un *mécanisme psychologique* avant de le décréter insondable réside dans le fait de dissoudre l'opération psychique dans la banalité, comme c'est le cas selon lui pour l'anticipation d'un prix ou d'un taux, qui n'est pas même à ses yeux le produit d'un mécanisme psychologique mais résulte, comme il le dit dans la *Théorie générale*, du conventionnalisme des agents économiques : « Il serait peut-être plus exact de dire que le taux d'intérêt est un phénomène hautement conventionnel, plutôt que hautement psychologique » (Keynes [1936], 1973 : 203).

Mais qu'est-ce que ce conventionnalisme ? Il s'agit, comme il nous l'explique par ailleurs, du conformisme, autrement dit du « degré zéro » de la pensée, lorsque l'esprit renonce à toute originalité, à toute initiative individuelle. Ou, pour reprendre les termes de Keynes dans l'*Enquête nationale sur la dette* (*National Debt Enquiry*) de 1945 :

> Qu'est-ce qui détermine le rendement qu'un individu exige pour renoncer à sa liquidité pour une période longue ou courte ? En pratique, bien évidemment, ce qu'un agent de change qui n'en sait strictement rien lui suggère, ou la convention, fondée sur de vieilles idées mortes ou une expérience passée sans rapport avec ce dont il est question (cité par Tily, 2007 : 199).

Et encore, dans la *Théorie générale* :

> L'essence de cette convention – bien que les choses ne soient bien entendu jamais aussi simples – consiste à supposer que l'état de choses

présent se perpétuera indéfiniment, sauf dans la mesure où nous avons des raisons spécifiques d'imaginer un changement (Keynes [1936], 1973 : 152).

Et, plus clairement encore, l'année suivante, dans un article intitulé « La théorie générale de l'emploi » (« The General Theory of Employment ») :

> Ayant pris conscience que notre jugement individuel est sans valeur, nous entreprenons de retomber sur le jugement du reste du monde qui est peut-être mieux informé que nous. C'est-à-dire que nous entreprenons de nous conformer au comportement de la majorité ou de la moyenne. La psychologie d'une société d'individus dont chacun entreprend de copier les autres mène à ce que nous pouvons strictement nommer un jugement *conventionnel* (Keynes [1937a], 1973 : 114).

*Mécanismes psychologiques* dont les produits finaux sont en réalité inconnaissables, ou *conventionnalisme*, l'esprit conventionnel constituant le « degré zéro » de la pensée, fait de conformisme de principe, de confiance accordée à de prétendus experts, de « vieilles idées mortes », d'analogies fallacieuses, de croyance infondée en l'immutabilité des états de chose, voilà la manière dont notre pauvre espèce s'est accommodée selon Keynes de l'incertitude radicale qui caractérise notre bas monde.

Le fait qu'une explication théorique n'est offerte le plus souvent chez Keynes que comme un après-coup à vocation rhétorique d'un choix d'ordre politique qui avait été fait préalablement ne s'observe nulle part mieux que quand il tente d'expliquer la formation du taux d'intérêt. C'est la raison pour laquelle – et parce que c'est là qu'il y a pour nous aujourd'hui le plus à apprendre – j'examinerai cette question avec une attention toute particulière.

CHAPITRE 12

# Keynes et le mystère du taux d'intérêt

L'exemple historique du type de contrat économique connu sous le nom de *métayage* offre la meilleure illustration possible de la question que je tente d'éclairer ici : celle du taux d'intérêt. C'est la raison pour laquelle je l'utiliserai comme le « patron » sur lequel modeler mon raisonnement.

Le métayage met deux parties en présence qui unissent leurs efforts en vue d'une activité productive constituant un but économique commun : le propriétaire de la terre (du bateau, de l'usine, etc.) et le métayer à proprement parler, soit le paysan (ou le matelot, le travailleur à la pièce, etc.) qui n'est pas propriétaire des ressources à mobiliser mais contribuera par un apport en travail.

Grâce aux avances de différentes natures rassemblées pour permettre une activité productive, un produit peut être généré. Ainsi, un épi a pu grandir à partir d'un grain unique initialement planté. Le surplus obtenu est alors partagé entre les deux parties ayant consenti des avances : le propriétaire terrien et le métayer, selon les termes reflétant le rapport de force réglant leur relation réciproque. Pour ce qui touche à ce rapport de force, chacune des parties se trouve affaiblie ou renforcée selon qu'il existe ou non une concurrence aiguë au sein de sa propre catégorie : des propriétaires terriens avec des terres en friche en grand nombre, face à des métayers éventuels offrant leur force de travail en faible nombre ou, à l'inverse, peu de propriétaires terriens face à de très nombreux métayers éventuels.

## *Les intérêts en tant que part d'une richesse nouvellement créée*

Reprenons pas à pas. Un grain a été planté, des avances ont été consenties : le propriétaire terrien a avancé la terre nécessaire, le métayer quant à lui a avancé son travail (au cas où des journaliers ont été embauchés, eux aussi ont avancé leur labeur tandis que le métayer a lui avancé la supervision qu'il exerce sur leur activité). Quant à la nature, elle a contribué dans la mesure de ce qui était requis afin d'assurer la métamorphose d'un grain unique en épi : les sels minéraux dans le sol, les rayons du soleil et les gouttes de pluie. Chacun de ceux qui ont consenti des avances a droit à une part du surplus né de la multiplication du grain unique qui avait d'abord été planté, en la vingtaine de grains qui composent désormais tout un épi. Les termes exacts de la redistribution du surplus, par exemple « 50/50 », sont déterminés par le rapport de force existant entre les parties réunies au sein du contrat de métayage.

Lorsqu'elle est versée en numéraire plutôt qu'en nature, la part qui vient récompenser les avances en capital est appelée « intérêts ». Dans la variété contemporaine du métayage que représentent les sociétés par actions, la part des bénéfices qui vient récompenser les avances en capital est appelée « dividendes » (il faut noter que ce qu'on appelle en français « action », l'anglais l'appelle « *share* », c'est-à-dire encore aujourd'hui, le mot qui veut tout simplement dire « part »).

John Hicks (1904-1989), prix Nobel d'économie en 1972, fut un commentateur de Keynes de la première heure. Il est également l'auteur d'un ensemble d'équations linéaires dont on a supposé à tort qu'elles reproduisaient la substance de la théorie économique exposée par Keynes dans sa *Théorie générale*. Hicks a eu l'occasion d'écrire : « [...] le taux d'intérêt est le prix du temps » (cité par Tily, 2007 : 217), mais cette définition du taux d'intérêt est manifestement inexacte pour le métayage dans l'agriculture ou la pêche : comme on vient de le voir, le temps n'est ici que la jauge de la générosité de la nature sous la forme de rayons de soleil, de gouttes de pluie, de sels minéraux dans le sol ou de richesse enfouie sous la terre que l'industrie humaine extrait mais uniquement parce qu'elle s'y trouvait déjà au préalable, le tout combiné avec le dur labeur consenti par des hommes ou par des machines alimentées par une source d'énergie.

Un surplus a donc résulté de la combinaison d'un travail humain et mécanique avec les aubaines prodiguées par la nature dans son ébullition constante. *Le taux d'intérêt est la mesure en termes de capital avancé d'une part de surplus.* Ce capital avancé est constitué en général d'une somme d'argent mais, dans le cas du métayage, de la mise à disposition du métayer d'une terre ou, s'il est question de la pêche, d'un bateau. La proportion du surplus que représente cette part est déterminée par le rapport de force existant entre les parties impliquées dans l'activité productive. Si c'est une somme d'argent qui a été avancée, le taux d'intérêt exprime en pourcentage le montant du surplus que représente la part revenant au capitaliste par rapport au montant du capital qui avait été avancé, part fixe du *capital* dans le cas de la *location* et l'on parle alors de *taux fixe*, part fixe du *surplus* dans le cas d'un contrat de *métayage* et l'on parle alors de *taux variable* ou *flottant*. Expliquons-nous.

## Taux d'intérêt *fixe* et *variable*

La part de métayage, du propriétaire ou du métayer, est une part du surplus, soit la plus-value qui a été créée grâce à leur rencontre. Si le contrat définit une répartition à 50/50 et qu'il y a 20 grains produits, chaque part fera 10 grains ; s'il n'y en a que 14, la part sera de 7 grains.

La formulation « 50/50 », renvoie aux 50 % du *surplus* alloués à chacune des deux parties. Rien n'empêche cependant d'exprimer ce surplus comme une proportion du *capital avancé*. Il représentera par exemple une année 6 % du montant du capital et chacune des parties percevra, toujours dans le cadre « 50/50 », une part équivalant à 3 % du montant du capital avancé.

Lorsque la rétribution du propriétaire pour ses avances est définie comme une proportion donnée du montant du capital prêté, indépendamment de ce que sera le surplus, le contrat n'est pas un contrat de *métayage* mais de *location*. Un loyer de 7 %, cela signifie que le versement d'intérêts représente 7 % de la somme qui a été avancée initialement. Avec la location, il s'agit donc d'un *taux fixe*. Rien n'oblige non plus dans le cas d'un loyer une formulation en termes de taux : comme nul ne l'ignore le loyer peut être formulé sous la forme d'un simple montant exprimé dans une devise particulière.

Lorsqu'on évoque au contraire un *taux variable* ou un *taux flottant*, c'est qu'on se situe dans une logique de « part de surplus », de part de la richesse nouvellement créée, et qu'il s'agit de « métayage à proprement parler », ce qui inclut le cas des actions cotées en Bourse.

Disons que le surplus, la plus-value d'une année sur l'autre, exprimée en termes de montant du capital avancé a été de 18 %. Dans un cadre d'accord « 50/50 », chacune des deux parties recevra 9 % du montant du capital en tant que part de surplus. Si l'année suivante, la plus-value est de 12 %, et toujours dans un cadre « 50/50 », chacune des deux parts vaudra 6 % du montant du capital. Le contrat stipule 50 % de la *plus-value* pour chacune des deux parties, ce qui dans la pratique, en termes de pourcentage du *montant du capital* variera selon les résultats d'exploitation et se matérialisera en versements à *taux d'intérêt variable* en termes de montant du capital parce que c'est une *part fixe* du *surplus* qui est allouée à l'un et à l'autre.

Les dividendes des actions cotées en Bourse sont, comme je l'ai dit, des « parts de surplus », leur montant est exprimé, d'année en année, dans les termes d'un *taux variable* ou *flottant*.

## Le versement d'intérêts contribue à la concentration de la richesse

Dit autrement, *les intérêts sont la part du surplus que le capitaliste, qui a procuré le capital, parvient à obtenir pour lui-même en récompense des avances qu'il a consenties*. La part qui revient au capital est le prix qui sera payé pour les sommes en argent qui manquaient au moment où elles étaient nécessaires pour lancer, puis entretenir, la production, et cette définition vaut non seulement pour les processus productifs, comme dans le cas du métayage choisi ici comme illustration, mais aussi, et selon les cas, pour les activités de distribution d'une économie de marché ou même dans la consommation.

Partant d'un contexte où deux parties se retrouvent face à face, où l'une manque de certaines ressources auxquelles elle n'a pas un accès direct, alors que l'autre partie a à sa disposition des ressources de ce type, dont elle a le loisir de se passer pendant un certain temps, on débouche sur une situation nouvelle où la partie qui pouvait d'emblée prêter certaines sommes se voit récompensée par le versement d'intérêts, avec pour implication que les ressources dont elle dispose auront crû au moment où le prêt arrive à maturité, autrement dit se voit remboursé. Ces versements additionnels d'intérêts alimentent donc, en tant qu'éléments constitutifs intrinsèques du système capitaliste, une *machine à concentrer la richesse* dans un nombre de mains toujours plus réduit, même si l'emprunteur réussit lui aussi à s'approprier à cette occasion une part de la richesse nouvellement créée. Cette machine à concentrer la richesse, Keynes l'appela, sur le ton de la dérision : « le miracle de l'intérêt composé ».

Il est à mettre au crédit de Keynes d'avoir souligné que le fait que l'emprunteur réussisse ou non à s'approprier une part du surplus créé grâce au prêt utilisé comme avances, dépend du niveau auquel le taux d'intérêt est fixé ; plus ce taux est bas, plus il est probable que l'emprunteur sera parvenu à s'assurer lui aussi une part de la richesse nouvellement créée. De là, le plaidoyer de Keynes en faveur de l'« argent bon marché » et d'une politique publique de taux bas, pour mettre un frein à l'avidité du « propriétaire-rentier » et offrir au « métayer-entrepreneur » une chance de s'assurer une vie décente.

Il faut cependant noter, et on en aura encore la confirmation par la suite, que Keynes n'évoque jamais la question du rapport de force entre les parties en présence quand il parle du taux d'intérêt. Est-ce par choix stratégique ? C'est fort possible et j'y reviendrai dans ma conclusion, puisque la réduction du taux d'intérêt à la seule prime de risque et à un facteur de dépréciation sera prônée par lui dans l'« euthanasie du rentier », comme moyen d'une transition vers le socialisme qu'il dénommera par un doux euphémisme au chapitre 24 de la *Théorie générale*, sans doute pour ne pas effaroucher ses lecteurs banquiers : « La philosophie sociale à laquelle la *théorie générale* pourrait conduire ».

## *Où le taux d'intérêt va-t-il se situer ?*

Je m'abstiendrai pour commencer d'expliquer la façon dont Keynes imagine que le taux d'intérêt se détermine. Je prendrai mon départ dans des principes généraux et rejoindrai ensuite par étapes la position qu'il adopte sur cette question.

Un taux d'intérêt est la mesure de la rémunération périodique du prêteur par l'emprunteur exprimée en pourcentage du montant du prêt. Le taux d'intérêt représente en principe, comme nous l'avons vu, une part de la nouvelle richesse que ce prêt a permis de générer. Où le taux d'intérêt ira-t-il se situer ? Envisageons la chose en termes très simples, avant d'affiner l'approche.

Prenons comme illustration de départ la fixation du taux d'intérêt d'une obligation d'État, c'est-à-dire la détermination de la fraction du montant de l'emprunt qu'un État versera comme rémunération annuelle à son ou à ses prêteurs. Le terme utilisé pour le taux d'intérêt quand il s'agit d'instruments de dette ou d'obligations est « coupon ». Il existe différentes manières de fixer le *coupon* dans l'émission de dette souveraine. J'adopterai ici la méthode d'adjudication dite « à la française ».

Imaginons que le grand-duché de Gérolstein annonce qu'il entend emprunter 100 millions de florins pour dix ans. Du point de vue de l'État émetteur de dette, autrement dit, emprunteur, il y a deux considérations qui jouent au moment de l'adjudication : la somme espérée pourra-t-elle être empruntée et à quel taux ? Chaque prêteur potentiel, chaque détenteur de capital, chaque « capitaliste » au sens propre, se présente avec une offre associant deux éléments d'information : le montant qu'il est disposé à prêter et le taux d'intérêt ou coupon auquel il serait disposé à prêter la somme mentionnée.

Un prêteur éventuel affirme qu'il est disposé à prêter 20 millions au taux de 2,3 % ; un autre prêteur éventuel est disposé à prêter 15 millions au taux de 2,7 %, etc. L'adjudicateur classe les offres, du taux le plus bas – le plus avantageux pour l'État emprunteur car signifiant la dépense la plus faible au fil des années – au taux le plus élevé – le plus défavorable à l'État emprunteur. On additionne successivement les volumes offerts en commençant par l'offre dont le taux requis est le plus bas. Quand le total des volumes additionnés atteint le montant d'obligations que l'État voulait émettre, c'est-à-dire le montant qu'il voulait emprunter, on s'arrête et on constate quel est le taux d'intérêt que le dernier volontaire pris en considération était disposé à accepter, et l'on fixe le taux d'émission à ce niveau : tel sera le *coupon* de l'emprunt.

Voyons ceci sur un exemple très simplifié. Quatre banques sont candidates pour souscrire à l'emprunt de 100 millions de florins du grand-duché de Gérolstein : la Banque universelle, qui est disposée à prêter 20 millions de florins à 2,5 %, la Banque générale, qui est disposée elle à prêter 50 millions de florins à 2,75 %, la Banque du grand-duché qui s'engage à prêter 75 millions de florins, mais au taux de 3 %, enfin, la Banque du Crédit national exige du 3,25 % pour les 50 millions de florins qu'elle est prête à investir.

L'emprunt est émis au taux de 3 %. Pourquoi ? Parce qu'en additionnant les offres de la Banque universelle (20), de la Banque générale (50) et de la Banque du grand-duché (75), le montant de l'emprunt envisagé est atteint (20 + 50 + 75 = 145 > 100). La Banque universelle se serait contentée de 2,5 %, mais à ce taux-là, l'État ne parvient à emprunter que le cinquième de la somme espérée. Pour atteindre le million de florins, il lui faut passer sous les fourches caudines de la Banque générale qui réclame 2,75 %, et de la Banque du grand-duché qui exige, elle, du 3 %. Au final, la Banque du grand-duché aura prêté au taux qu'elle avait proposé mais seulement 30 millions des 75 millions de florins qu'elle envisageait de prêter (parce qu'avec les 30 additionnés aux 20 de l'Universelle et aux 50 de la Générale, on atteint le montant des 100 de l'émission). La Banque universelle et la Banque générale font, elles, une bonne affaire : elles se seraient contentées de collecter des taux plus bas (respectivement 2,5 et 2,75 %) sur le prêt qu'elles consentent, mais obtiendront en réalité 3 %. Alors que la Banque du Crédit national repart bredouille : elle s'est montrée trop gourmande en réclamant 3,25 % et du coup, n'a rien obtenu, c'est-à-dire, n'a rien pu prêter.

Les prêteurs éventuels, les « capitalistes », visent à obtenir le rendement le plus élevé, à un niveau spécifique de risque. Le risque en question est dit « risque de crédit », il porte sur le risque de ne pas voir le principal, le montant du prêt, remboursé, et les versements d'intérêts promis, ne pas se concrétiser. Si le risque devait être significatif, une prime de risque de crédit se verrait incluse dans le taux que les capitalistes exigent pour prêter, un principe qui vaut pour tous les instruments de dette, qu'il s'agisse de dette des entreprises, de crédit à la consommation ou de dette souveraine.

On l'aura compris, du point de vue de l'État émetteur, le coupon, le taux d'intérêt, est fixé lors de l'émission au niveau qui permet d'éponger l'offre. Lorsque la demande à l'adjudication est inférieure à l'offre, autrement dit si la somme totale de la demande ne suffit pas pour éponger l'offre, le rapport de force entre prêteurs et emprunteurs favorise les premiers qui sont en position de dicter le taux d'intérêt, pour autant bien entendu qu'ils soient conscients que la conjoncture joue en leur faveur. Sinon, comme dans l'illustration, le rapport de force leur est défavorable, les prêteurs éventuels se concurrençant les uns les autres. Nous avons affaire ici, comme dans le cas du métayage, à des configurations où *un rapport de force existe entre les parties en présence et la force ou la faiblesse de chacune d'elles est déterminée par le degré de concurrence régnant en son sein.*

On suppose en général que pour constituer un prix (ou ici, un taux), l'offre et la demande se rencontrent sur un continuum, et les économistes ont l'habitude de représenter des configurations voisines comme si elles se déplaçaient le long de courbes continues. Rien n'est cependant plus éloigné de la réalité car une discontinuité doit le plus souvent rompre une telle ordonnance. Dans le cas évoqué ci-dessus, un saut pourra être constaté entre les niveaux de coupon qui s'obtiennent quand l'offre est épongée en raison d'une demande forte et quand, au contraire, en raison d'une faible demande, elle ne l'est pas. Dans le premier cas, la concurrence entre les prêteurs éventuels fera baisser significativement les taux d'intérêt proposés, de peur pour chacun d'entre eux de se retrouver laissé pour compte – à l'instar de la Banque du Crédit national dans notre illustration, tandis que, dans le second cas, chacun étant assuré d'être servi, aucun candidat n'exerce de pression sur un autre et les taux proposés seront significativement plus élevés.

On a donc affaire ici à deux configurations entièrement distinctes : aucune continuité entre elles ne sera observée, on constatera au contraire un saut entre le niveau du coupon qui s'obtient quand la demande est supérieure à l'offre ou quand, au contraire, la demande est inférieure à l'offre.

## *Comment le prêteur éventuel détermine-t-il le taux d'intérêt qu'il va réclamer ?*

Dans le cas hypothétique du grand-duché de Gérolstein émettant une obligation, que je viens de présenter, nous avons pu voir que son coupon avait pu être établi à partir des propositions faites initialement par différentes banques voulant participer à l'adjudication. Ce que nous n'avons pas essayé de déterminer est sur quelle base les banques acheteuses de l'instrument de dette, c'est-à-dire candidates à prêter à l'État émetteur, choisissaient de proposer des taux s'échelonnant dans cette illustration entre 2,5 % et 3,25 %. Ces chiffres n'étaient probablement pas arbitraires : leur niveau devait être déterminé selon une certaine logique mais quelle était-elle ? Comment des souscripteurs éventuels fixent-ils le taux qu'ils associeront à leur proposition de prêt ?

J'avance que l'étalon de ces propositions est ce que j'ai défini antérieurement comme « la part du surplus que le capitaliste, qui a procuré le capital, parvient à obtenir pour lui-même en récompense des avances qu'il a consenties » dans un processus productif.

S'agit-il d'un chiffre unique à l'échelle planétaire ? Au plus haut niveau, celui des centaines de millions ou des milliards d'euros ou de dollars, oui, parce qu'il n'existe plus dans le monde d'aujourd'hui qu'un marché unique pour les capitaux. Keynes écrit déjà en 1929 que « Le marché des capitaux est un marché international » (Keynes & Henderson [1929], 1972 : 122). Les capitalistes ont la liberté de prêter où bon leur semble et la référence est la part qu'un rapport de force global leur permet d'obtenir des aubaines qui résultent de la générosité de la planète Terre sous la forme de rayons de soleil, gouttes de pluie, sels minéraux dans le sol, pétrole, minerai, etc. une fois cette générosité combinée avec du travail humain ou procuré par des machines. S'il était mis fin à la libre circulation internationale des capitaux, des taux nationaux apparaîtraient, indépendamment de la prime de risque individuelle à chaque emprunt, liée au risque de non-remboursement, et deviendraient la norme au sein de chaque nation.

À maturité égale, lorsque des sommes ont été prêtées pour la même durée, et au même niveau de risque de crédit, les taux d'intérêt s'établissent au même niveau.

Contrairement au crédit à la production, le crédit à la consommation ne génère aucun surplus et les intérêts à verser ne peuvent avoir ici pour origine une part de richesse nouvellement créée. C'est là la raison pour laquelle l'Église prohibait sous le nom d'*usure* ce que nous appelons de nos jours « crédit à la consommation », alors qu'elle tolérait que des intérêts soient versés dans le cadre de formules économiques du type *métayage* où les versements d'intérêts constituent une part de la richesse qui a nouvellement été créée grâce à un prêt ayant joué le rôle d'avances en capital. Mais, comme je viens de le dire, du fait qu'un capitaliste a différentes options d'investissement pour son capital, le rendement du crédit à la consommation s'aligne sur celui des prêts à la production puisque, comme nous le savons, ceux-ci ne sont pas seulement tolérés aujourd'hui mais même valorisés : la fin d'une récession n'est-elle pas ponctuée par des cris de joie célébrant le crédit de nouveau accordé aux ménages ?

Comment Keynes se situe-t-il à ce sujet ? Pour le comprendre, il faut faire un temps d'arrêt et analyser ce qu'il entend par la notion d'« efficacité marginale du capital ». Le concept est déjà central à la *Théorie générale de l'emploi, de l'intérêt et de la monnaie* mais plus crucial encore quand il s'agit de rebâtir à partir de Keynes car il pose la question essentielle bien qu'aujourd'hui jugée de peu d'intérêt par la « science » économique, du partage de toute nouvelle richesse créée.

## *L'« efficacité marginale du capital » chez Keynes*

Je possède quelque chose qui « vaut » aujourd'hui 100 euros, ce qui veut dire que « je peux le vendre » pour 100 euros. Je sais par ailleurs que cela « vaudra » 200 euros dans deux ans. En effet, 100 euros placés à 41,42 % sont devenus au bout d'un an 141,42 euros [100 + (100 × 0,4142)] et 141,42 euros placés à 41,42 % deviennent au bout d'un an 200 euros. En effet 141,42 × 0,4142 = 58,58 euros qui, additionnés à 141,42 euros, font 200 euros.

Ce qu'on appelle le « taux de rentabilité interne » (en anglais : *internal rate of return*) de ce « quelque chose », c'est le taux d'intérêt qui m'aurait permis de faire un gain équivalent en tombées (versements) d'intérêts sur une période de deux ans, sans réinvestissement des intérêts (pour les techniciens : c'est le même taux qui, utilisé comme *taux d'escompte* fait que la « valeur actualisée » du produit financier est égale à son prix initial*). Dans ce cas-ci, le *taux de rentabilité interne* (TRI par la suite) est de 63,65 %. Ce chiffre de 63,65 % n'a rien d'intuitif par rapport à celui de 41,42 % et il n'existe pas toujours de formule permettant de calculer le TRI à partir des tombées résultant du taux d'intérêt s'appliquant au montant du prêt avec réinvestissements. Le mathématicien dit alors que le problème n'a pas de solution « analytique » : le TRI se calcule par approximations successives ; lorsqu'il existe une approche analytique, l'équation a d'ailleurs des solutions fallacieuses.

Alfred Marshall, le mentor de Keynes en matière de théorie économique, appelait le *taux de rentabilité interne* « *quasi-rent* », Keynes l'appela « *yield* » dans la *Théorie générale de l'emploi, de l'intérêt et de la monnaie*, et Thomas Piketty l'appelle aujourd'hui « revenu du capital ».

On peut traduire *quasi-rent* en « équivalent-rente », alors que *yield*, c'est tout simplement le « rendement ». L'un ou l'autre terme offre une description adéquate de ce dont il s'agit. En effet la hausse du prix de ce quelque chose dont on ne nous dit rien de précis quant à la raison pour laquelle elle a eu lieu (sa vente avantageuse ? le fait que ce quelque chose ait été avancé et ait donné lieu à un versement d'intérêts ?) a simplement été traduit dans le langage d'un prêt qui aurait eu lieu, en termes d'un taux d'intérêt qui aurait généré une appréciation du même montant.

---

* La valeur « actualisée » est la valeur à la date d'aujourd'hui d'un versement qui aura lieu dans un avenir plus ou moins lointain, compte tenu du fait que la somme déposée aujourd'hui est susceptible de générer un intérêt ou, ce qui revient au même, en tenant compte du fait qu'il pourrait s'agir du montant d'une reconnaissance de dette qui serait escomptée si je voulais la monnayer aujourd'hui même auprès d'une banque. Quelle est la *valeur actualisée* de 100 euros dans un an si le taux d'intérêt ou le taux d'escompte à un an aujourd'hui est de 9 % ? Elle est de 91,17 euros, parce que les intérêts de 91,74 euros placés pour un an à du 9 % sont de 8,26 euros et que 91,74 + 8,26 = 100 euros.

C'est à dessein que je n'ai pas utilisé le mot « capital » et préféré évoquer « quelque chose qui vaut tant aujourd'hui » parce qu'il n'est nullement nécessaire qu'il soit question d'un *capital* à proprement parler, c'est-à-dire d'une somme qui a été prêtée : le calcul du TRI peut s'appliquer de manière valide à un bien (un « actif » comme l'on dit dans le langage de la finance) qui a été vendu. Rien n'empêche de traduire le profit réalisé sur une vente en termes de TRI ; la perte aussi d'ailleurs, qui sera reflétée par un TRI négatif.

Je dispose d'une somme de 100 euros que j'utilise comme *capital* : je la prête au taux de 41,42 %. Au bout de la première année je réinvestis les 41,42 euros qui m'ont été versés en intérêts, c'est-à-dire que j'intègre leur montant au capital initial. Et au bout de deux ans je me retrouve à la tête de 200 euros. Le *taux de rentabilité interne* de mes 100 euros, qui s'élève en fait à 63,65 %, est le pur reflet du taux d'intérêt auquel j'ai prêté la somme.

Autre cas de figure : j'achète un bien 100 euros et deux ans plus tard je le revends 200 euros. Le TRI de l'opération est là aussi de 63,65 %, bien qu'aucun versement d'intérêts n'ait eu lieu : le gain de 100 euros est un profit, c'est-à-dire la différence entre le prix de vente d'un *actif* et son prix d'achat, mais rien ne m'empêche de calculer son rendement en *équivalent-rente* comme le TRI le permet.

Troisième et dernier cas de figure : la somme initiale résultait en réalité de l'addition du prix d'un actif acheté 50 euros et d'une somme de 50 euros qui ayant été prêtée, a été utilisée comme capital. Le taux d'intérêt perçu sur cette dernière est de 10 %. Au bout d'un an, je reçois 5 euros comme intérêts (50 × 0,10), que je réinvestis, de telle sorte qu'au bout de la seconde année je me retrouve avec 60,50 euros [55 + (55 × 0,10)]. Pendant ce temps-là, j'ai revendu pour 139,50 euros le bien qui ne m'en avait coûté que 50 euros. Je me retrouve au bout de deux ans à la tête de 200 euros (60,50 + 139,50), alors que je n'en avais que 100 au départ, le TRI est dans ce cas-ci aussi de 63,65 %, mais il résulte clairement ici de ce qu'on désigne ordinairement d'« avoir additionné des pommes et des poires ».

Si rien n'empêche un investisseur de rechercher un chiffre unique reflétant le rendement de ses avoirs pour évaluer ce que ses placements ou ses transactions « rapportent », ne serait-ce que dans un but de comparaison avec d'autres stratégies envisageables, je suis personnellement sceptique quant à la valeur explicative ou analytique d'un outil comme le *taux de rendement interne*, précisément parce qu'il implique d'« additionner des pommes et des poires ». Si Marx n'hésite pas à le faire, c'est parce que dans son projet révolutionnaire il amalgame dans la catégorie infamante des « capitalistes », à la fois les investisseurs de capital, authentiques « capitalistes », et les industriels, des entrepreneurs, parce qu'il entend les confondre en tant qu'« ennemis de classe ». Rentes et profits ne sont du coup pour lui rien d'autre que deux variétés de la spoliation du travailleur. Que Piketty entérine lui aussi cet amalgame affaiblit sa propre démonstration.

Il y a deux ordres de raisons qui devraient conduire à ne pas utiliser le TRI comme un outil d'analyse économique ou financière à proprement parler. La première est que l'inflation joue sur un profit et sur une rente de manière radicalement différente : lorsqu'un bien est vendu et qu'un profit est réalisé parce que le prix de vente est supérieur au prix d'achat, l'inflation sur la période séparant les moments de l'achat et de la vente a été entièrement intégrée au profit, tandis que, dans le cas d'un prêt, pour autant qu'il ait été tenu compte du phénomène de l'inflation dans la détermination du taux, ceci n'a pu l'être que par anticipation et dans un contexte d'incertitude. Mais, en admettant même que cette inflation se vérifie, elle n'a pu qu'être postulée d'entrée de jeu. La seconde raison qui devrait conduire à ne pas utiliser le TRI dans un but analytique est que le taux d'intérêt se détermine dans ma propre grille d'interprétation selon le rapport de force entre prêteurs potentiels et emprunteurs potentiels en présence, et le profit dans le rapport de force entre vendeurs potentiels et acheteurs potentiels en présence, et rien n'assure que ces deux rapports de force soient identiques – si ce n'est l'hypothèse *a priori* que, quelles que soient les circonstances, détenteurs de biens et prêteurs de capital « ce sont les mêmes de toute manière ! »

Keynes écrit dans son *Manifeste pour une réforme monétaire* (1923) à propos du rôle que joue l'inflation dans le profit manufacturier :

> [En période d'inflation] alors que les prix grimpent de mois en mois, l'homme d'affaires y trouve une source additionnelle et avantageuse d'aubaine. [...] Si son stock s'apprécie de mois en mois entre ses mains, il vend constamment à un meilleur prix que celui qu'il espérait,

> bénéficiant d'une aubaine sur son profit sur laquelle il ne pouvait compter. [...] Aux yeux du consommateur, les profits exceptionnels de l'homme d'affaires semblent être la cause (au lieu de la conséquence) de l'haïssable hausse des prix (Keynes, 1923 : 18-19, 24).

Avec l'*efficacité marginale du capital* (*marginal efficiency of capital*), l'objet du chapitre 11 de la *Théorie générale de l'emploi, de l'intérêt et de la monnaie*, Keynes envisage une notion apparentée au *taux de rentabilité interne*. Donner d'emblée au lecteur la définition qu'il en offre ferait plus de tort que de bien en raison de sa complexité et je préfère reproduire d'abord la progression pas à pas dans l'argumentation qu'en a proposée Richard Kahn, l'étudiant de Keynes dont il a déjà longuement été question à propos du *multiplicateur*. Je commenterai ses observations au fur et à mesure.

> Keynes identifia son « efficacité marginale du capital » au « taux de rentabilité hors les coûts » défini par Irving Fisher dans sa *Theory of Interest* [1930] comme « le taux qui, utilisé pour calculer la valeur actualisée de l'ensemble des coûts et la valeur actualisée de tous les revenus, égalise les deux ».
> De nos jours, ce concept est celui familier de *taux de rentabilité interne*. Pour qu'il puisse constituer un incitatif à de nouveaux investissements, Fisher spécifia que « le taux de rentabilité hors les coûts doit être supérieur au taux d'intérêt » (Kahn, 1984 : 146).

En effet, si le taux d'intérêt définit la proportion du capital avancé que représente la part obtenue par le capitaliste, le taux de rentabilité interne mesure, lui, la totalité de la richesse nouvellement créée, autrement dit l'ensemble des rémunérations qu'obtiendront le cas échéant les divers contributeurs d'avances dans le processus de production. Et aucune part ne peut bien entendu dépasser en taille la somme qu'elles constituent dans leur ensemble.

Kahn poursuit :

> Keynes écrivit en 1937 que son concept d'« efficacité marginale du capital » avait initialement été introduit par Irving Fisher dans sa *Theory of Interest* (1930) sous la désignation de « taux de rentabilité hors les coûts ». Ce concept est chez lui, je pense, la plus importante et la plus féconde de ses suggestions originales récentes (*ibid.* : 146-147).

Et Kahn poursuit en reprochant à Keynes de ne pas avoir évoqué alors la prime de risque :

> Vu la prévalence du risque et de l'incertitude, un taux de rentabilité futur aussi bas que le taux d'intérêt compte non tenu du risque, serait entièrement inacceptable (*ibid.*).

Plus précisément, Kahn reproche à Keynes d'avoir mentionné la prime de risque dans un brouillon du chapitre 11 de la *Théorie générale*, mais de l'avoir fait disparaître de la version finale :

> La *Théorie générale* fut publiée au début de 1936. Il est curieux que dans un brouillon de 1934 de ce qui serait le chapitre 11 (sur « L'efficacité marginale du capital »), les expressions « compte tenu du risque », « avec un risque égal » et « ayant tenu compte du risque » apparaissent toutes. Pourquoi ces mentions furent abandonnées est parfaitement obscur (*ibid.* : 148).

La raison est cependant évidente : l'*efficacité marginale du capital* vaut pour un marché des capitaux dans son entièreté, elle ne pourrait être définie comme « marginale » sans qu'il y ait une vaste collection d'instances à comparer, alors que la prime de risque est nécessairement propre à chaque emprunt envisagé dans sa spécificité puisqu'elle est déterminée par la fiabilité de l'emprunteur.

Le paysage ayant été déblayé par les explications de Kahn, nous pouvons nous tourner maintenant vers la définition offerte par Keynes de l'*efficacité marginale du capital* dans toute sa complexité :

> Quand un homme achète un investissement ou un actif, il achète le droit à une série de rendements futurs, qu'il espère obtenir de la vente de ses résultats, après déduction des dépenses courantes durant la vie de cet actif, nécessaires à l'obtention de ces résultats. Il est pratique d'appeler la série des annuités $Q_1$, $Q_2$, …, $Q_n$, le *rendement futur* de cet investissement. Faisant face à ce *rendement futur* de l'investissement, nous avons le *prix d'offre* de cet actif, et l'on entend par cela, non pas le prix de marché auquel un actif du type en question peut être acquis sur le marché, mais le prix qui pourrait tout juste inciter un industriel à produire à nouveau une unité additionnelle de tels actifs, autrement dit ce qui est parfois appelé son *coût de remplacement*.

> La relation entre le rendement futur d'un actif et son prix d'offre ou coût de remplacement, c'est-à-dire la relation entre le futur rendement d'une unité supplémentaire de ce type de capital et le coût de production de cette unité, nous donne l'*efficacité marginale du capital* de ce type. Plus précisément, je définis l'efficacité marginale du capital comme étant égale au taux d'escompte qui rendrait les valeurs actualisées de la série des annuités produites par les rendements attendus de l'actif durant sa vie exactement égales à son prix d'offre (Keynes [1936], 1973 : 135).

On aura compris pourquoi cette définition de l'*efficacité marginale du capital* aurait été particulièrement obscure au lecteur si je ne l'avais fait précéder des éclaircissements offerts par Kahn. On aura reconnu au passage dans la définition de Keynes, le *taux de rentabilité interne* tel que je l'avais défini initialement.

Keynes conclut son explication en précisant :

> La plus élevée de ces efficacités marginales du capital peut être considérée comme l'efficacité marginale du capital d'un point de vue général. Le lecteur doit noter que l'efficacité marginale du capital est définie ici en termes d'un rendement *espéré* et du prix d'offre *actuel* de l'actif. Tout dépend du taux de rendement que l'on espère pouvoir obtenir d'une somme qui serait investie dans un actif *nouvellement* produit, et non sur le résultat historique qu'un investissement a généré à partir de son coût original si nous réexaminons son parcours une fois que sa vie a atteint son terme (*ibid.* : 135-136).

Et Keynes reviendra plus loin dans son ouvrage sur le fait qu'un des facteurs déterminant l'*efficacité marginale du capital* est une représentation – celle du rendement futur du capital :

> [...] l'efficacité marginale du capital dépend non seulement de l'abondance ou de la rareté existante de biens-capital et du coût de production présent des biens-capital, mais aussi de l'attente présente quant au rendement futur des biens-capital (*ibid.* : 315).

On aura reconnu dans cette observation finale précisément l'une des deux raisons de mon scepticisme quant à la validité analytique du *taux de rentabilité interne* pour ce qui touche à l'impact de l'inflation d'une part sur le profit obtenu d'une vente, et d'autre part sur les tombées d'intérêts d'un prêt : alors que cet impact constaté *a posteriori* sur le profit est donc parfaitement mesurable, dans le cas d'un taux d'intérêt, il s'agit du fruit à venir d'un pari fondé sur un savoir incertain.

Keynes prend en considération l'hypothèse que le taux d'intérêt pourrait être défini d'une manière ou d'une autre en fonction de l'*efficacité marginale du capital*, autrement dit que la mesure de la part revenant au capitaliste soit définie d'une manière ou d'une autre en fonction de la richesse créée dans son ensemble grâce aux avances qu'a constituées le capital, mais pour l'écarter d'un revers de main. Voyons son raisonnement dans un article publié en 1937 intitulé : « Des théories alternatives du taux d'intérêt » (« Alternative Theories of the Rate of Interest ») :

> Nous avons bien entendu commencé par supposer que le taux d'intérêt doit être d'une certaine manière déterminé par la productivité – qu'il était peut-être simplement l'équivalent monétaire de l'efficacité marginale du capital, cette dernière étant fixée indépendamment par des considérations d'ordre physique et technique en conjonction avec la demande anticipée. C'est seulement quand cet angle d'approche mena avec une grande régularité à ce qui paraissait un raisonnement circulaire que je tombai alors sur ce qui me semble aujourd'hui être la bonne explication. La théorie qui en résulte, et qu'elle soit vraie ou fausse, est extrêmement simple – à savoir que le taux d'intérêt d'un prêt d'une qualité et d'une maturité spécifiques doit s'établir au niveau qui, dans l'opinion de ceux qui ont la chance de pouvoir choisir entre les deux options – c'est-à-dire les détenteurs de patrimoine – fait s'équivaloir le caractère attirant de disposer d'argent liquide sans affectation particulière ou d'avoir accordé ce prêt » (Keynes [1937b], 1973 : 212-213).

Cette détermination du taux d'intérêt comme le niveau-seuil où il est également tentant pour un prêteur éventuel de prêter une somme ou de la conserver sous forme d'argent liquide, c'est ce que Keynes appellera : « préférence pour la liquidité », j'aurai l'occasion d'y revenir longuement.

Pourrait-on dire, comme semble le suggérer Keynes, que les vingt grains de l'épi qu'a produits la moisson, comparés au grain unique qui avait été planté à l'origine, relèvent d'un « raisonnement circulaire » ? Et l'hypothèse selon laquelle les intérêts représentent une part du surplus de dix-neuf grains qu'a générés l'activité productive, est-elle, elle aussi, le produit d'un « raisonnement circulaire » ? Il est vrai qu'aucun surplus n'est produit par un crédit à la consommation, mais j'ai expliqué pourquoi il s'agit alors d'une anomalie, dont nos aïeux étaient d'ailleurs conscients. Mais *quid* de l'action (*share* en anglais, ce qui veut dire « part ») qui donne droit à des dividendes conçus précisément comme *part* des bénéfices d'une société ? On ne peut s'empêcher de penser que Keynes n'a tout simplement aucune envie d'examiner comment se déterminent les *intérêts*, la part qui reviendra au capitaliste détenteur du capital, en fonction de l'*efficacité marginale du capital*, la richesse créée dans son ensemble. Serait-ce parce qu'il a le sentiment qu'il s'avancerait alors dans des régions dangereuses parce que hantées par le spectre de Marx ?

Si l'efficacité marginale du capital échoue à être l'étalon par rapport auquel se détermine le taux d'intérêt, quel est-il ? La « préférence pour la liquidité » affirme Keynes. Nous allons voir ce qu'il faut en penser et en particulier s'il ne s'agit pas là simplement d'une manière pour lui de botter en touche.

## *Une parenthèse sur l'argent*

En guise d'introduction à l'explication par Keynes du taux d'intérêt par la « préférence pour la liquidité », voici un bref rappel sur l'argent, pour signifier qu'il est une marchandise dont l'usage propre est d'être échangée.

Nous partageons encore aujourd'hui la manière dont Aristote concevait l'argent. Il lui reconnaissait trois fonctions : d'être un moyen d'échange, de pouvoir constituer une réserve et de servir d'unité de compte. Nos manuels d'économie définissent encore l'argent de cette manière.

Aristote distinguait dix « catégories » auxquelles appartiennent les mots de la langue pris individuellement, « non combinés », qui sont autant de perspectives dans lesquelles nous appréhendons les objets du monde sensible. Les *catégories* sont, dit-il, les « genres élémentaires de l'être ». Elles interviennent dans la phrase en position de sujet ou de prédicat : ainsi pour le *bleu* qui relève de la *catégorie* de la « qualité », utilisé en position de sujet – « Le *bleu* est une couleur » – et en position de prédicat – « Le ciel est *bleu* » (Jorion, 2009b : 143-146).

Les trois fonctions de l'argent recensées plus haut relèvent des catégories de la « qualité » et de la « quantité ». L'argent en tant qu'« unité de compte » relève de la catégorie de la « quantité ». Il relève de la « qualité » en tant que « moyen d'échange » et en tant que « réserve ». Pour Aristote, les qualités se manifestent selon deux modes, celui de l'*actualité* (« en acte ») et de la *potentialité* (« en puissance »). Dans le cas de l'argent, il est *en acte* dans sa fonction de moyen d'échange, et *en puissance* dans sa fonction de réserve (à savoir de réserve de moyen d'échange).

Cela étant dit, l'argent peut bien entendu être envisagé par rapport à d'autres *catégories* d'Aristote, le « lieu » par exemple. L'argent peut être possédé par une personne physique ou par une personne morale (un État, une firme, etc.), il peut également être possédé par une banque commerciale, une banque d'investissement ou une banque centrale. Il est possible aussi d'envisager l'argent dans la perspective de la *catégorie* de la « substance » : en tant que pièces, billets, inscriptions digitales sur un disque dur d'ordinateur, en tant que métal précieux, etc.

Notons une propriété remarquable de la monnaie selon Aristote, qui nous oblige cependant à un petit détour.

Il existe une distinction fameuse attribuée au Stagirite dont il n'est en réalité pas l'auteur, c'est celle qui opposerait « valeur d'usage » et « valeur d'échange ». Le passage de l'*Éthique à Nicomaque* où il aurait prétendument fait cette distinction ne contient pas même de mot signifiant « valeur », celui qui s'en rapproche le plus signifie « comme mesuré par le prix » (l'erreur de traduction est due au scolastique Albert le Grand [?-1280], qui la commit délibérément ; voir Piron, 2011). Ce que dit Aristote, c'est que, pour toute chose susceptible d'avoir un prix, il y a deux usages possibles : être utilisée selon son usage propre, par exemple pour des chaussures, d'être portées aux pieds, et utilisée selon son usage dans l'échange, et toujours pour des chaussures, d'être échangées contre autre chose, disons, quelques leçons de guitare. Or ce qui est remarquable pour l'argent, c'est que, dans son cas, ces deux usages se confondent. La finalité de l'argent est d'être échangé, et ce qu'il faut considérer comme l'usage propre de l'argent c'est donc son usage dans l'échange. L'argent est en fait la seule chose dont les deux usages possibles se télescopent : l'usage propre et l'usage dans l'échange n'en constituent en réalité qu'un seul (Jorion, 2009a : 115-117).

## *La préférence pour la liquidité*

Nous avons vu que Keynes considère que la « préférence pour la liquidité » fixe le taux d'intérêt au niveau-seuil où il est également tentant pour un prêteur éventuel de prêter une somme ou de la conserver sous forme d'argent liquide. Ou, pour utiliser les notions que nous venons de voir à propos de l'argent, la préférence pour la liquidité, c'est la reconnaissance d'une transition entre l'argent en tant que réserve (l'argent *en puissance*) et en tant que moyen d'échange (l'argent *en acte*), dont, selon Keynes, le taux d'intérêt est la matérialisation au niveau précis où cette transition se constate.

L'économiste britannique Geoff Tily écrit dans *Keynes Betrayed* :

> La théorie de la préférence pour la liquidité de Keynes voit le taux d'intérêt déterminé comme un équilibre entre la demande pour l'argent en tant que réserve de valeur [...] et l'offre d'argent en tant que réserve de valeur (Tily, 2007 : 74).

Voici ce que Keynes écrit lui à ce propos en 1936 dans sa *Théorie générale de l'emploi, de l'intérêt et de la monnaie* :

> Les préférences psychologiques d'un individu quant au moment propice requièrent pour être pleinement mises en application, deux types distincts de décisions. Les premières ont trait à cet aspect de la préférence quant au moment propice que j'ai appelé la *propension à consommer* qui, sous l'influence des diverses motivations indiquées au livre III, détermine pour chaque individu quelle est la part de ses revenus qu'il consommera et la part qu'il gardera en réserve en tant que pouvoir de commandement sur sa consommation future.
>
> Mais, cette décision ayant été prise, il lui reste à en prendre une seconde, à savoir, *sous quelle forme* exercer le pouvoir de commandement dont il dispose sur la consommation future qu'il s'est promise, qu'il s'agisse de puiser sur ses revenus actuels ou sur des économies

> qu'il a accumulées antérieurement ? Veut-il l'exercer en tant que pouvoir de commandement immédiat, liquide (c'est-à-dire sous la forme d'argent ou son équivalent) ? Ou est-il prêt à abandonner pour une durée déterminée ou indéterminée un tel pouvoir de commandement immédiat, confiant aux conjonctures à venir du marché la tâche de définir dans quels termes il pourra, en cas de besoin, convertir son pouvoir de commandement différé sur des biens spécifiques en un pouvoir de commandement immédiat sur des biens d'une nature quelconque ? En d'autres termes, quel est le degré de sa *préférence pour la liquidité* – où la préférence pour la liquidité d'un individu s'exprime sous la forme d'un échéancier du montant de ses ressources, évaluées soit en argent, soit en unités de salaire, qu'il tiendra à conserver sous forme monétaire dans différents scénarios.
>
> Nous verrons que l'erreur des théories couramment admises du taux d'intérêt réside dans leur tentative de faire découler le taux d'intérêt de la première composante de ces préférences psychologiques dans la chronologie aux dépens de la seconde, et c'est cette négligence qu'il nous faut maintenant réparer (Keynes [1936], 1973 : 166).

Nous observons que deux hypothèses sont présentées par Keynes quant au mécanisme définissant le taux d'intérêt : la première a pour origine la propension de l'individu à consommer, alors que la seconde reflète le degré de sa préférence pour la liquidité. Keynes affirme que la première de ces hypothèses est celle que défendent les « théories couramment admises du taux d'intérêt » alors que c'est à la seconde qu'il faudrait souscrire. Relevons également que le mécanisme qui établit le taux d'intérêt peut seulement résider selon lui dans l'une ou l'autre de ces deux « préférences psychologiques dans la chronologie d'un individu ». Est totalement exclue ici la suggestion que les versements d'intérêts pourraient s'assimiler à une part de la richesse nouvellement créée, dont la proportion précise serait déterminée par le rapport de force existant entre prêteur et emprunteur. Non : ce qui fixe le taux d'intérêt c'est l'une de deux représentations qu'a un individu, identifié au prêteur, portant soit sur son désir de consommer, soit sur son désir de thésauriser.

Imaginons qu'un capitaliste (un prêteur éventuel) dispose d'une certaine somme d'argent, qu'il envisage de prêter. Il est disposé à la prêter au taux de 3,2 %, pas moins. Comment est-il parvenu à ce chiffre ? Il s'agit du produit, affirme Keynes, d'anticipations par cette personne de conjonctures économiques à venir et en particulier des taux d'intérêt, sujets par exemple à l'inflation. Notons que si la personne en question a une opinion bien précise sur ce que sera le niveau à venir des taux d'intérêt, il va sans dire qu'il s'agit d'un investisseur averti, puisque nous savons par ailleurs qu'aux yeux de Keynes, le petit épargnant a de son côté une vue « conventionnelle », sans imagination, du niveau futur des taux d'intérêt, à savoir qu'il est plus que probable qu'ils ne bougeront pas.

Pourquoi vouloir thésauriser plutôt que prêter alors qu'il n'y a là aucun bénéfice et que prêter apporte sa récompense ? Voici ce que Keynes en dit dans un article postérieur :

> [...] en partie pour des motifs rationnels et en partie pour des motifs instinctifs, notre désir de détenir de l'argent comme réserve de valeur sert de baromètre au degré de notre défiance quant à nos propres calculs et à notre conventionnalisme pour ce qui touche à l'avenir [...] la possession d'argent liquide apaise notre inquiétude, et la prime que nous exigeons pour que nous acceptions de nous séparer de notre argent est la mesure du degré de notre défiance (Keynes [1937a], 1973 : 116).

J'ai écrit : « Imaginons qu'un capitaliste décide de prêter ou non selon que le taux de marché est supérieur ou inférieur à 3,2 %... », mais, on l'aura compris, ce n'est précisément pas la manière dont les choses se passeront selon Keynes car les acteurs du marché des capitaux, conscients du fait que le taux s'établit en fonction de l'image globale émergeant de la foule qu'ils constituent, chacun définissant son propre seuil de préférence pour la liquidité, se conformeront au conventionnalisme ambiant et, confiants dans la sagesse du marché dans son ensemble, préféreront prêter au taux du marché plutôt que thésauriser, sachant que ce taux de marché est le seuil global de préférence pour la liquidité valant pour eux tous.

Cela peut s'exprimer d'autres manières encore : selon Keynes, le taux de marché est le prix à payer au prêteur éventuel pour qu'il abandonne sa préférence pour la liquidité. Ou, ce qui revient au même, le taux de marché, tel que la préférence pour la liquidité le définit, est très exactement le prix qu'exige un capitaliste pour détenir une reconnaissance de dette plutôt qu'une somme d'argent. Ou encore – et nous revenons ainsi à notre définition d'entrée – le taux de marché représente le seuil auquel le détenteur de capital opère la transition qui transforme des sommes dont il dispose en réserve, en moyen d'échange.

Qu'il s'agisse du raisonnement qui précède ou de ses trois reformulations, leur caractère à première vue informatif s'évanouit dès qu'on s'intéresse à leur capacité prévisionnelle, et il se pourrait bien que l'on ait affaire ici au genre de « raisonnement circulaire » que Keynes dénonçait de son côté quand il écartait pour le taux d'intérêt l'hypothèse d'une définition en fonction de l'*efficacité marginale du capital* : rien ne nous explique finalement pourquoi le taux d'intérêt atteint tel niveau plutôt que tout autre, si ce n'est une éventuelle illusion collective engendrée par le conformisme général et, si l'on prend au sérieux deux suggestions de Keynes au chapitre 12 de *La Théorie générale* : le « concours de beauté » et les « esprits animaux », il n'est pas excessif d'affirmer que ce niveau est en réalité inconnaissable.

Je rappelle l'argument, déjà examiné, du « concours de beauté » :

> [...] investir au niveau professionnel peut être comparé à ces concours qu'on trouve dans les journaux où les lecteurs doivent sélectionner les six plus beaux visages parmi une centaine de photos qu'on leur soumet, le prix revenant au lecteur dont le choix est le plus proche de la préférence moyenne de l'ensemble des participants. Cela implique que chacun de ceux-ci doit choisir, non pas les visages qui lui paraissent à titre personnel les plus plaisants, mais ceux dont il imagine que la probabilité est la plus élevée qu'ils retiendront l'attention des autres participants, pour qui le problème se pose exactement dans les mêmes termes. Il ne s'agit pas de choisir ceux qui, pour autant que l'on puisse juger, sont véritablement les plus beaux, ni même ceux que l'opinion moyenne juge véritablement tels. Nous atteignons là un troisième degré où notre réflexion porte sur une anticipation de ce que l'opinion moyenne s'attend à ce que l'opinion moyenne soit. Et il doit exister des gens qui atteignent, j'imagine, le quatrième degré, le cinquième, voire des degrés plus élevés encore (Keynes [1936], 1973 : 156).

Et même si l'on peut entretenir des doutes quant à l'existence de ces « quatrième degré, [...] cinquième, voire [...] degrés plus élevés encore », comme c'est, je l'ai déjà dit, mon cas, il demeure qu'il est très difficile de deviner qui sortira vainqueur de cette compétition, à moins que sa propre opinion ne s'avère d'emblée « modale », la mieux représentée, et que l'on soit conscient du fait qu'il en est ainsi !

Les « esprits animaux », dont il a aussi déjà été question, renvoient à un inconnaissable d'un autre ordre puisqu'ils suggèrent que les actes que nous posons pourraient être entièrement déconnectés de tout processus rationnel de décision tel celui que l'on observe à l'œuvre dans l'illustration du « concours de beauté ». J'ai déjà cité la première partie du passage mais lisons-le maintenant dans son entier :

> La plupart, c'est probable, de nos décisions de poser un acte positif, dont les pleines conséquences se développeront sur de nombreux jours à venir, peuvent seulement être prises comme le résultat d'esprits animaux – d'un besoin spontané d'action plutôt que d'inaction, et non comme l'aboutissement d'une moyenne pondérée de bénéfices multipliés par des probabilités quantitatives. [...] L'initiative individuelle sera adéquate seulement lorsqu'un calcul raisonnable aura été complété et aura obtenu le soutien des esprits animaux [...]. Les décisions humaines qui affectent notre futur, que celui-ci soit personnel ou politique ou économique, ne peuvent dépendre d'une espérance mathématique au sens strict, du fait qu'aucun fondement n'existe pour effectuer un tel calcul ; et que c'est notre besoin instinctif de faire quelque chose qui fait tourner la machine, nos personnes rationnelles opérant un choix du mieux que nous pouvons entre les alternatives qui se présentent à nous, à la suite d'un calcul lorsque la possibilité en existe, mais confiant souvent par défaut notre motivation à l'humeur, à l'émotion, ou au hasard (*ibid.* : 161-163).

Combinés, le « concours de beauté » et les « esprits animaux » constituent une *boîte noire* à l'opacité désespérante quant aux décisions que peuvent prendre les agents économiques et à la relation causale entre celles-ci et les conduites qu'ils adopteront ensuite. En conséquence, l'approche de la fixation des taux en termes de préférence pour la liquidité revient à dire que les taux de marché se déterminent selon un mécanisme dont la nature peut être décrite avec un degré raisonnable de précision mais dont le fonctionnement détaillé et dont les aboutissements en termes de comportements effectifs sont eux inconnaissables.

À l'opposé, l'hypothèse selon laquelle les taux de marché constituent la part de l'efficacité marginale du capital que les détenteurs de capital parviennent à s'approprier, dans le rapport de force existant entre eux et les autres acteurs en présence, débouche sur un véritable calcul (j'en offre des exemples chiffrés pour des bateaux de pêche bretons et béninois dans mon livre *Le Prix* [2010] : 144 ; 148-149). Et la possibilité même du calcul et la stabilité des chiffres découverts quant aux parts obtenues dans des contextes distincts signifient qu'il faut davantage pour écarter l'hypothèse que l'affirmation cavalière de Keynes que « cet angle d'approche mena avec une grande régularité à ce qui paraissait un raisonnement circulaire ». L'efficacité marginale du capital et les rapports de force autour de son partage ne sont pas un simple produit de l'imagination comme l'est tout au contraire une synthèse idiosyncrasique de représentations de taux à venir dans son propre esprit et dans celui d'un nombre indéfini d'autres personnes recourant à diverses méthodes pour arriver à un chiffre, elles sont au contraire une véritable tension entre des adversaires dont les intérêts sont authentiquement antagonistes puisque l'un perd nécessairement ce que l'autre gagne. Comme je l'ai dit précédemment, l'efficacité marginale du capital est l'expression condensée du rendement effectif de l'activité productive sur de vastes régions qui peuvent aller jusqu'à la totalité de la surface du globe : c'est la rémunération que le capital parvient à obtenir pour lui-même en tant que part des aubaines que nous prodigue la planète Terre (rayons de soleil, gouttes de pluie, sels minéraux dans le sol, charbon, pétrole, minerai dans les entrailles de la terre, etc.) dès lors que des avances ont été consenties sous la forme d'énergie, d'outils, de machines et de labeur.

## *Quand il introduit la préférence pour la liquidité Keynes s'inspire d'un modèle qu'il rejette par ailleurs*

Keynes rejette le raisonnement de la théorie économique classique qui suppose que le niveau du salaire s'établit à partir du mécanisme suivant : se voyant offrir un salaire rémunérant un emploi qu'il s'estime capable d'occuper, le travailleur décide ou non d'accepter cet emploi sur la base de ce chiffre. Le seuil de son acceptabilité (et celle de ceux qui se trouvent dans la même situation que lui) est le niveau où le salaire pour ce type d'emploi ira s'établir.

Si Keynes rejette, à juste titre selon moi, ce mécanisme hypothétique, c'est très probablement parce qu'il conçoit que le rapport de force entre travailleur et employeur est en toute occurrence défavorable aux travailleurs (en raison de la concurrence s'exerçant entre eux) et qu'ils ne disposent donc pas de cette liberté d'accepter ou non une offre d'emploi selon que le niveau de salaire qui leur est offert leur paraît acceptable ou non.

Or, bien qu'il rejette ce mécanisme comme susceptible d'expliquer un niveau de salaire, Keynes innove dans l'explication de la formation du taux d'intérêt en étant le premier à proposer pour l'expliquer un mécanisme parfaitement analogue à celui qu'il a cependant écarté dans le cas du salaire ; la *préférence pour la liquidité* signifie en effet pour lui qu'un prêteur éventuel accepte ou non le niveau de taux d'intérêt que lui offre un emprunteur éventuel, et c'est le seuil auquel il est disposé (lui et ses semblables) à prêter qui fixera le taux d'intérêt du marché.

Alors que nous pouvons postuler avec confiance que c'est la nature incontestable de l'existence d'un rapport de force entre le salarié et son employeur qui pousse Keynes à rejeter l'hypothèse du travailleur capable de déterminer seul le niveau de salaire, en comptant comme quantité négligeable la présence en face de lui de l'employeur faisant cette offre, il adopte d'enthousiasme l'hypothèse du prêteur déterminant seul le niveau du taux d'intérêt, indépendamment de la présence en face de lui d'un emprunteur.

## La réfutation involontaire par Keynes de sa propre thèse sur la préférence pour la liquidité

Il est intéressant maintenant de noter que Keynes a offert involontairement sa propre réfutation de l'hypothèse d'une fixation du taux d'intérêt par la préférence pour la liquidité, et nulle part ailleurs que dans cette même *Théorie générale* où cette hypothèse fut mentionnée par lui pour la première fois. Voyons en effet comment peut s'accomplir l'« euthanasie du rentier », la méthode préconisée par Keynes pour réaliser une transition douce vers le socialisme, telle qu'il la décrit au chapitre 24 de la *Théorie générale*, intitulée « La philosophie sociale à laquelle la *Théorie générale* pourrait conduire » :

> Or bien que cet état de choses soit passablement compatible avec une certaine dose d'individualisme, il impliquerait néanmoins l'euthanasie du rentier et, en conséquence, l'euthanasie du pouvoir oppressif cumulatif du capitaliste d'exploiter la valeur-rareté du capital. De nos jours, l'intérêt ne vient pas récompenser un authentique sacrifice, pas plus d'ailleurs que la rente foncière. Le détenteur du capital obtient un intérêt parce que le capital est rare, de la même manière que le propriétaire foncier obtient une rente parce que la terre est rare. Mais alors qu'il existe parfois des raisons intrinsèques à la rareté de la terre, il n'y a aucune raison intrinsèque à la rareté du capital [...]. C'est pour cette raison que la dimension « rentière » du capitalisme m'apparaît comme une phase transitoire qui disparaîtra d'elle-même une fois sa tâche accomplie (Keynes [1936], 1973 : 375-376).

« Le détenteur du capital obtient un intérêt parce que le capital est rare », écrit Keynes. Si le capital devait cesser d'être rare, s'il devenait abondant, les intérêts cesseraient d'être collectés, ce qui signifierait l'euthanasie du rentier, et il faut supposer que Keynes imaginait une fonction *monotone* où plus le capital serait abondant, plus faible serait la nécessité de verser des intérêts. *Cela suppose*, on l'aura compris, *que le taux d'intérêt s'établisse en fonction de l'abondance ou de la rareté intrinsèque du capital plutôt que par l'effet d'une représentation mentale chez le prêteur éventuel*, ou du « capitaliste » comme il l'appelle ici, *relative à sa préférence pour la liquidité*.

Keynes n'évoque-t-il pas ici le taux d'intérêt spécifiquement comme quelque chose dont le niveau est fixé « par des considérations d'ordre physique et technique en conjonction avec la demande anticipée », soit exactement par le même mécanisme que celui postulé par lui pour la détermination de l'« efficacité marginale du capital » dans son article de 1937 intitulé « Théories alternatives du taux d'intérêt », où il rejetait précisément l'idée que cette *efficacité marginale du capital* pourrait constituer la référence par rapport à laquelle se définit le taux d'intérêt ? Autrement dit, le mécanisme invoqué par Keynes pour opérer l'« euthanasie du rentier » n'établit-il pas le parallélisme du taux d'intérêt et de l'*efficacité marginale du capital*, alors que Keynes écartait celle-ci comme un étalon éventuel du niveau du taux d'intérêt en raison du fait qu'elle « mena[it] avec une grande régularité à ce qui paraissait un raisonnement circulaire » ?

Ces observations de Keynes sur l'euthanasie du rentier et sur les moyens de la mettre en pratique ne permettent-elles pas en réalité de boucler la boucle sur la question du taux d'intérêt ? N'avons-nous pas été ramenés à la logique du mode de production qu'est le métayage, que j'avais présenté initialement comme le « patron » qui nous permettrait de comprendre ce que sont les intérêts, mode de production où la rareté éventuelle du capital sous la forme de terre agricole, si les candidats métayers sont nombreux par rapport à une surface cultivable inextensible, est l'un des facteurs qui déterminera le rapport de force présidant à la relation entre le prêteur – le propriétaire terrien –, et l'emprunteur – le métayer ? Une concurrence importante entre propriétaires terriens signifiera qu'ils devront se satisfaire d'une part plus faible de la richesse nouvellement créée que si c'était au contraire entre les candidats métayers qu'existait une concurrence sévère.

Peut-on cependant imaginer, comme semble le supposer Keynes, que le montant de cette part puisse tomber à zéro si le capital est disponible en abondance ?

Lorsque deux parties au moins rassemblent les avances nécessaires pour mener à bien une activité productive, le fait qu'une nouvelle richesse a été créée, bénéficiant des aubaines dispensées par la nature dont l'homme tire profit, justifie pleinement que ces parties prenantes soient chacune récompensées par une part de cette nouvelle richesse, pour autant que la légitimité du cadre instituant la propriété privée ne soit pas remise en question.

De la même manière, si ce sont des avances en argent qui ont été consenties pour permettre une activité productive, et si un surplus est véritablement apparu, rien ne peut justifier que ces avances ne soient pas rémunérées en part de surplus. En l'absence d'un risque de crédit, qui justifierait qu'une prime de risque soit comprise à l'intérieur du *coupon*, le taux d'intérêt ne tombera pas à zéro : il ne pourrait le faire que si la production échouait et qu'aucun surplus ne se dégageait, qu'aucune nouvelle richesse n'ait été créée.

Dans une activité productive où une nouvelle richesse a effectivement été créée, c'est-à-dire est d'un montant supérieur aux avances qui ont été consenties et où une part de celles-ci était en capital, celui-ci se verra rémunéré par des intérêts, dont le taux peut être considéré comme le rendement. Ce taux d'intérêt, en tant qu'il est positif du fait qu'il constitue une part de surplus, récompense des avances qui ont été faites en capital. Il ne disparaîtra que si aucun versement d'intérêts n'a lieu, ce qui ne pourrait se produire, dans ce cas de figure, que si aucune avance n'a été consentie en capital, par exemple parce que le producteur a pu avancer lui-même les sommes qu'il fallait rassembler. Dans le cas contraire, le taux d'intérêt entérinera le fait que du capital a été avancé et qu'en tant que *rente*, il en constitue le revenu.

Revenons maintenant à ce que dit Keynes de l'euthanasie du rentier. Il n'est donc pas vrai, comme il le prétend, que le taux d'intérêt s'évanouira si le capital devient abondant, pour se réduire à sa composante prime de risque uniquement (et le coût du talent et de la supervision, ajoute-t-il ; Keynes [1936], 1973 : 375) : aussi longtemps que du capital est nécessaire, il peut être rémunéré en termes de part de la nouvelle richesse créée, pour autant que celle-ci existe, au prorata des sommes avancées, même si cette part peut effectivement être minime si le capital est abondant.

En fait, *la manière dont Keynes envisage les choses suppose implicitement que les intérêts sont un gain sans cause : une richesse perçue sans être pour autant une part d'une nouvelle richesse créée. Autrement dit, une taxe sur une richesse déjà existante, un simple déplacement de l'une vers l'autre, de sommes déjà en circulation.* Le paradoxe de cette représentation, implicite au raisonnement de Keynes, c'est que seul un pur rapport de force entre les parties en présence pourrait expliquer une telle taxe, un tel transfert de richesses préexistantes. Or, comme nous avons déjà eu l'occasion de le noter, le rapport de force entre les parties en présence est totalement absent chez Keynes : ce ne sont pas seulement les faits d'ordre historique et sociologique qui sont entièrement absents de ses explications, comme l'avait déjà noté Skidelsky, *c'est la dimension du politique dans sa totalité.*

On aura noté au passage l'utilisation qui a été faite tout au long de la discussion du mot « capital », employé selon son usage commun, mais ne renvoyant pas comme on l'imagine d'habitude à de simples « ressources » mais à des ressources d'un type bien particulier : celles qui manquent là où elles sont nécessaires. C'est là en effet la définition que j'ai proposée du capital dans *Le Capitalisme à l'agonie*, quand j'ai tenu à distinguer le *capitalisme* à proprement parler de notions voisines comme *économie de marché* ou *libéralisme* : « Le capital est une ressource [...] qui manque à l'endroit où elle est nécessaire pour permettre un processus économique de production, de distribution ou de consommation » (Jorion, 2011 : 30).

Aucune justification ne peut être trouvée au versement d'intérêts lorsque le prêt n'a pas été consenti pour permettre une activité productive au cours de laquelle une nouvelle richesse sera créée et c'est cela qu'avait capturé la notion médiévale d'*usure*. Cette absence de caractère productif est propre en particulier au crédit à la consommation et à la portion de la dette souveraine dont la finalité est seulement d'assurer des frais de fonctionnement de la machine de l'État.

Ce à quoi nous aboutissons, c'est à la conclusion que le mécanisme qui sous-tend l'« euthanasie du rentier » implique que le taux d'intérêt s'identifie à la part de l'*efficacité marginale du capital*, au sens que Keynes attribue à cette expression, que les détenteurs du capital parviennent à s'approprier dans le rapport de force existant entre eux et les autres parties en présence. L'*efficacité marginale du capital* fixe le plafond du taux d'intérêt puisque quand le taux d'intérêt atteint ce niveau, c'est le capitaliste seul qui s'approprie la totalité de la nouvelle richesse créée, au détriment des autres parties prenantes, comme le travailleur ou l'entrepreneur.

## Que peut-on encore dire de la préférence pour la liquidité ?

La proposition de Keynes selon laquelle la préférence pour la liquidité définit le niveau où les taux d'intérêt se fixent, a très mal résisté aux outrages du temps. À ma connaissance, elle ne survit dans la théorie économique que sous deux formes : la première, pour souligner une asymétrie entre prêteurs et emprunteurs quant à leur préférence relative à la durée, la « maturité », d'un prêt, asymétrie ayant une implication pour le niveau auquel les taux d'intérêt vont s'établir, la seconde, pour mettre en évidence l'apparition d'un « piège à liquidité » (*liquidity trap*) lorsque les taux de marché sont très bas.

Selon John Hull, la « théorie de la préférence pour la liquidité » en finance suppose ceci :

> Elle affirme que les taux à terme devraient toujours être plus élevés que les taux d'intérêt au comptant tels qu'ils sont anticipés. L'hypothèse fondamentale qui sous-tend cette théorie est que les investisseurs préfèrent préserver leur liquidité et pour cela, investir leurs fonds seulement pour de courtes durées. Les emprunteurs de leur côté, préfèrent en général emprunter à taux fixe pour de longues périodes. Dans la pratique, les intermédiaires financiers haussent les taux d'intérêt à long terme par rapport aux anticipations des futurs taux d'intérêt à court terme (Hull, 1993 : 87-88).

On aura noté que cette « théorie de la préférence pour la liquidité » mentionnée par Hull fait apparaître que ce ne sont pas seulement les exigences du prêteur qui déterminent à quel niveau le taux d'intérêt ira s'établir mais que ce niveau résulte d'un compromis entre prêteur et emprunteur. Si cette opinion s'accorde à la mienne cela découle du fait que je recours au mode de production traditionnel qu'est le métayage comme *patron* me permettant d'analyser les mécanismes générant des versements d'intérêts, pour lesquels c'est une partie de tir à la corde entre les parties en présence qui déterminera le taux d'intérêt que l'on pourra observer.

Selon l'économiste britannique Geoff Tily, le concept de « piège à liquidité » est né en 1937 d'une concession faite à Keynes par son critique favori, l'économiste britannique Dennis Robertson (1890-1963), qui détiendra la chaire d'économie politique à Cambridge de 1944 à 1957, lorsque celui-ci écrit :

> Et je suis prêt moi aussi, aux côtés de M. Hawtrey et de M. Hicks, à concéder à M. Keynes que des considérations dites « de liquidité » pourraient dans certaines circonstances limiter la chute possible du taux d'intérêt à long terme (cité par Tily, 2007 : 113).

Un *piège à liquidité* se manifeste lorsque les taux de marché de diverses maturités tombent si bas que les investisseurs éventuels préfèrent thésauriser plutôt que prêter. Keynes écrit qu'« au-delà d'un certain point, en réponse à une augmentation de sa quantité, le rendement de l'argent ne baisse pas d'une manière comparable à celle dont baisse le rendement d'autres types d'actifs quand leur quantité est augmentée dans le même degré » (Keynes [1936], 1973 : 233).

L'expression « *liquidity trap* » a généralement été traduite en français sous la forme « trappe à liquidité », traduction qui ignore manifestement que *trap* en anglais signifie « piège » et non « trappe », usage que l'on retrouve en français dans le mot « trappeur ». (Les exemples sont bien entendu innombrables d'expressions anglaises dont la traduction standard en français a manifestement été faite par des personnes qui ne maîtrisaient pas véritablement la langue anglaise. L'exemple le plus remarquable à mon sens est l'expression *walkie-talkie* dont la « traduction » française standard est « talkie-walkie » !)

La notion semble aller de soi : elle souligne que les taux de marché peuvent se retrouver à un niveau inférieur à celui du seuil de préférence globale pour la liquidité et non un niveau simplement plus faible que les seuils spécifiques des investisseurs individuels. Autrement dit, ce seuil de préférence globale pour la liquidité peut à l'occasion aller se placer à un niveau supérieur aux taux de marché. En réalité, le phénomène du *piège à liquidité*, exclut, on l'aura compris, que les seuils globaux de préférence pour la liquidité puissent *définir* les taux de marché en toutes circonstances.

Cette notion de *piège à liquidité* a permis à l'hypothèse de Keynes sur la préférence pour la liquidité de devenir familière aux yeux du public, même si comme nous avons eu l'occasion de le voir, elle est étrangère à sa pensée et manifestement irréconciliable avec son opinion selon laquelle c'est la préférence pour la liquidité des investisseurs qui *fixe* le taux d'intérêt.

Quelle est alors la relation exacte entre la préférence pour la liquidité et les taux de marché ?

Il sera devenu évident à la lecture de ce qui précède que la préférence pour la liquidité est un phénomène marginal : le niveau de taux où elle est susceptible de se manifester se cantonne probablement aux deux premiers points de pourcentage, augmentés de l'inflation annuelle dans un contexte où celle-ci serait significative. Ce que fait la préférence pour la liquidité, c'est mettre en évidence une frontière séparant les deux attitudes possibles du capitaliste que sont thésauriser et prêter : la préférence pour la liquidité établit une *borne* au sens mathématique du terme.

Keynes imaginait avoir repéré dans la préférence pour la liquidité le facteur essentiel de la fonction définissant le niveau des taux d'intérêt de marché. Or le rôle de la préférence pour la liquidité est en réalité d'une autre nature : celui d'agir comme une *borne* de la même manière exactement que le niveau de subsistance de l'acheteur établit un plafond, une « borne supérieure », au prix que peuvent atteindre les denrées de première nécessité, alors que, symétriquement, le niveau de subsistance du vendeur établit un plancher, une « borne inférieure », pour ces mêmes prix. Le niveau de subsistance n'est pas un « facteur » dans la détermination du prix des marchandises : il établit des bornes valant pour le vendeur et pour l'acheteur, pas plus non plus qu'il n'est « psychologique » – son objectivité est celle du roc.

La borne qu'établit la préférence pour la liquidité situe l'endroit où s'opère une transition entre l'usage de l'argent comme réserve et comme moyen d'échange. Elle attribue une localisation à la décision de thésauriser (maintenir des sommes sous la forme d'argent *en puissance*) ou de prêter (transposer ces sommes en argent *en acte*). Une borne de ce type ne peut cependant jouer son rôle qu'au sein d'un paysage de taux de marché fluctuants. Et ce qui fixe le plafond de ces taux de marché, c'est, à mon sens, et comme j'espère l'avoir prouvé, l'*efficacité marginale du capital*. « Plafond » puisque lorsque le taux d'intérêt atteint le niveau de l'*efficacité marginale du capital*, c'est le capitaliste seul qui s'approprie la totalité de la nouvelle richesse créée.

## Keynes théoricien trahi par Keynes spéculateur

Tiraillé entre les devoirs associés aux fonctions – parmi d'autres – de professeur d'université, de banquier et d'homme d'État, Keynes n'eut jamais une minute à lui. Il masqua les articulations manquantes de ses théories économiques en suggérant qu'intervenaient à ces endroits des « mécanismes psychologiques » aux tenants et aux aboutissants également insondables. Keynes affirma que les taux d'intérêt ne pouvaient se définir par rapport à l'*efficacité marginale du capital* du fait qu'une telle hypothèse débouchait rapidement sur un « raisonnement circulaire ». C'est pourtant là que réside à mon sens la véritable explication.

Les mécanismes financiers postulés par Keynes étaient très certainement le produit de la modélisation de ses propres cogitations en tant que spéculateur, d'où sa conviction que les taux d'intérêt se fixent en fonction des attentes des investisseurs (prêteurs éventuels). Il n'a jamais considéré le rapport de force entre prêteurs et emprunteurs comme pertinent pour la fixation du taux d'intérêt : la dimension *politique* des mécanismes financiers est constamment restée au-delà de son horizon. Pourtant, recourant ici au métayage comme au *patron* d'une situation génératrice de versements d'intérêts, je crois avoir pu montrer que ce rapport de force constitue le cœur même d'une explication satisfaisante.

En invoquant la *préférence pour la liquidité*, Keynes mit en évidence une borne inférieure d'importance primordiale pour les taux d'intérêt. La représentation qu'il s'était faite du mécanisme présidant aux taux de marché n'était cependant pas suffisamment aboutie pour l'empêcher de confondre une borne inférieure des taux d'intérêt avec le facteur premier de la fonction qui détermine où ceux-ci vont s'établir.

En mélangeant l'effet de facteurs objectifs, reflets des conditions prévalant dans le monde tel qu'il est, avec l'influence éventuelle sur ce monde de représentations conçues dans l'esprit des acteurs financiers, Keynes a produit un modèle brouillon de la manière dont les taux d'intérêt sont générés par le marché. En réalité, les taux comme les prix portent l'empreinte du rapport de force existant entre les parties en présence : ils sont l'aboutissement d'un tir à la corde entre prêteurs et emprunteurs pour les taux, entre vendeurs et acheteurs pour les prix. L'influence du rapport de force entre les parties en présence fixe les taux et les prix bien plus sûrement que la matérialisation éventuelle des représentations astucieuses par l'une ou l'autre des deux parties en présence des transactions qui prennent place, quelle que soit l'ingéniosité qu'elle mobilise dans l'élaboration de ces représentations.

En examinant comment les taux d'intérêt se fixent dans les faits pour les activités productives, à savoir en tant que part de nouvelle richesse créée, il m'a été possible de proposer une définition adéquate de la fonction qui détermine la fraction du taux d'intérêt distincte de son éventuelle composante prime de risque et de l'identifier à la part que s'approprie le capitaliste de l'*efficacité marginale du capital* : le produit du labeur, combiné aux aubaines dont la nature nous gratifie généreusement, autrement dit, les fameuses « externalités négatives ». Le fait que la générosité de la nature combinée au travail est traitée par nous comme un miracle dont la nature peut rester mystérieuse, permet que ces « externalités négatives » soient redistribuées en tant que « gain sans cause » entre les parties en présence, selon le rapport de force existant entre elles.

CHAPITRE 13

# L'énigmatique brouillon du « chapitre 5 »

## *Une trouvaille*

En 1973 sont publiés les volumes XIII et XIV des œuvres complètes de John Maynard Keynes. Ils ont pour titre commun : *The General Theory and After*. Le volume XIII est sous-titré : *Preparation*, le volume XIV s'appelle *Defence and Development*.

Ces deux volumes consignent l'ensemble des textes qui ont pu être retrouvés, périphériques à la rédaction puis à la publication de la *Théorie générale de l'emploi, de l'intérêt et de la monnaie* qui paraîtra en 1936. Il s'agit, dans leur ordre strictement chronologique, de correspondance, envoyée par Keynes ou qui lui est adressée, de rapports, de notes, etc., chaque document étant précédé d'une brève préface permettant de le situer historiquement.

En 1976, trois ans plus tard donc, Lydia Lopokova, lady Keynes, qui survivra trente-cinq ans à son époux, quitte – pour une maison de retraite –, Tilton House, la maison de campagne située dans le Sussex où Keynes passait tous ses week-ends et des vacances toujours extrêmement studieuses. On découvre alors, dans un grand panier à linge en osier, une quantité encore imposante de correspondance, notes, etc. couvrant la même période que les volumes XIII et XIV. Cette trouvaille sera publiée en 1979 en tant que volume XXIX des œuvres complètes sous le titre sans fioriture de *La Théorie générale et après : un supplément* (*The General Theory and After : A Supplement*).

Dans le volume XXIX – le « supplément » – se trouve le brouillon d'un énigmatique « chapitre 5 » de la *Théorie générale* datant, affirme le directeur de la collection, de 1933 ou 1934, et intitulé « L'équivalent-rente et l'efficacité marginale du capital » (« Quasi-Rent and the Marginal Efficiency of Capital »). Pratiquement rien n'en restera dans la version publiée : un peu plus d'une page seulement de la section III, que l'on retrouve dans la section II du chapitre 16.

*Quasi-rent*, que je traduis par « équivalent-rente » est, comme nous l'avons vu, le nom qu'Alfred Marshall assigne au *taux de rentabilité interne*. Keynes emprunte donc cette notion à son maître. Il le définit ainsi : « l'*équivalent-rente* d'un actif au cours d'une période donnée est la valeur monétaire des services qu'il rend, ou le revenu monétaire qui en découle, durant cette période » (Keynes [1933-1934], 1979 : 111). Dans le passage de la section III qui survivra dans la *Théorie générale*, *quasi-rent* sera remplacé par *yield*, qui veut simplement dire rendement.

Tout lecteur du *Capital au XXIe siècle* (2013) de Thomas Piketty aura reconnu dans cet équivalent-rente, ce qu'il appelle, lui, le *revenu du capital* et qu'il représente par son indice *r*. Piketty se plaint que les économistes ne parlent plus que de « ménage représentatif » et que l'on ne distingue pas du coup les différences dans la redistribution de la richesse. Il regrette en particulier que l'on considère comme une seule catégorie, les ménages qui paient véritablement des impôts et ceux qui bénéficient des niches fiscales et sont les bénéficiaires de la *charge de la dette* puisque c'est à eux qu'elle revient sous la forme de versements d'intérêts sur les obligations qu'ils détiennent, sous la forme d'assurances-vie ou sous d'autres formes. Il a raison, mais il se rend coupable de la même faute en ne s'intéressant dans son ouvrage qu'à un *équivalent-rente*, produit par un « capital au sens large », et qui ne distingue ni la rente du rentier, ni le profit du marchand, ni celui de l'industriel.

Il y a en réalité en germe dans ce brouillon de « chapitre 5 » fantomatique toute une théorie du taux d'intérêt qui sera balayée dans la *Théorie générale* pour être remplacée, comme nous l'avons vu, par une explication totale (et totalitaire) du taux d'intérêt en termes de *préférence pour la liquidité*, laquelle ne constitue tout au plus qu'une « borne » pour le taux d'intérêt, comme j'ai eu l'occasion de le montrer.

## *Un homme pressé par son agenda politique ?*

Skidelsky a fait l'excellente remarque qu'une fois que Keynes avait choisi sa ligne politique, il mettait alors au point la théorie qui la justifiait et, avec la facilité qui était la sienne, la tâche était rarement insurmontable : « Il inventait la théorie qui justifierait ce qu'il avait l'intention de faire », écrit-il (Skidelsky, 1992 : 344).

Nous n'avons pas encore vu ce qu'était cette théorie du taux d'intérêt présentée dans le « chapitre 5 » inédit de la *Théorie générale* (1936) mais nous pouvons déjà nous demander pourquoi remplacer ce qui apparaît comme une authentique théorie, bien qu'à ce stade simplement encore en germe, par la *préférence pour la liquidité*, dans un geste qui rappelle irrésistiblement la couche de peinture plus épaisse qu'à l'accoutumée qui cachera les imperfections d'un mur négligé ? Parce que, selon Skidelsky, Keynes était désormais décidé à publier sous la forme d'un appel solennel au plein-emploi, ses vues sur le caractère intolérable du chômage de masse. Pour Keynes, le moment était propice sur la scène politique et il avait produit, pour impressionner économistes et politiques, une théorie entière qui justifierait son appel.

Keynes avait bâti son édifice théorique sur les trois piliers de l'emploi, de l'intérêt et de la monnaie, et avait en sa possession ce qui lui était nécessaire pour ce qui touchait à l'emploi et à la monnaie, son *Traité sur la monnaie* publié six ans avant la *Théorie générale* l'y ayant admirablement préparé, complété par six ans de discussions serrées avec ses collègues et confrères sur les sujets couverts dans cet ouvrage, ainsi que par les séminaires de ses étudiants, dont l'un d'entre eux, le plus souvent Richard Kahn, l'informait des conclusions. Pourtant, et toujours selon Skidelsky, il était conscient que pour ce qu'il en était du taux d'intérêt, ses progrès avaient été insuffisants et que proposer un mécanisme cohérent à ce sujet lui prendrait trop de temps et le retarderait dans la réalisation de son agenda politique. Alors, plutôt que de terminer la pièce de la nouvelle maison dont la finition incomplète retarde la pendaison de la crémaillère, il en condamne la porte et peint sur sa surface un paysage en trompe l'œil. Skidelsky écrit :

> C'était presque comme s'il n'avait atteint le taux d'intérêt qu'à la toute fin de son nouveau périple analytique et s'était alors rendu compte que cela compliquait les choses. [...] La détermination du taux d'intérêt reste en suspens comme un petit bout de tâche inachevée (*ibid.* : 559-560).

Skidelsky rapporte également l'opinion de Dennis Robertson, futur détenteur de la chaire d'Économie politique à Cambridge, selon qui l'explication du taux d'intérêt en termes de « préférence pour la liquidité » avait surtout pour but de « dramatiser » l'exposé de la *Théorie générale* (*ibid.* : 564). Il faut savoir que Robertson n'était pas n'importe qui aux yeux de Keynes, qui le considérait doté d'un « cerveau de première classe », ainsi qu'il l'expliqua un jour dans un courrier adressé à sa mère, Florence Keynes (*ibid.* : 350).

Mais le « chapitre 5 » oublié pendant trente ans dans un panier à linge suggère une autre interprétation possible : celle d'une machine arrière délibérée en raison des conclusions sur lesquelles il aurait immanquablement débouché.

## *« Le taux d'intérêt tend à être égal à l'efficacité marginale du capital »*

Que dit exactement le « chapitre 5 » ? Il fait des renvois nécessairement obscurs à des choses déjà dites aux chapitres précédents dont nous ignorons tout ; il propose aussi de nouvelles définitions, comme celle-ci :

> L'*équivalent-rente* [*quasi-rent*] d'un actif au cours d'une période donnée est la valeur monétaire des services qu'il rend, ou le revenu monétaire qui en découle, durant cette période (Keynes [1933-1934], 1979 : 111).

L'*équivalent-rente* est donc un agrégat dont les différentes composantes sont, dans les termes que j'utilise ici : la *rente* du « rentier » ou « capitaliste », le *profit* du marchand, à savoir la différence entre le prix de revente et le prix d'achat, et le *profit* de l'industriel ou « entrepreneur », qui est une part de la différence entre le prix de vente du bien ou du service produit et son coût.

Notons que, dans tous les passages que je citerai de ce « chapitre 5 », l'expression « efficacité marginale du capital » (e.m.c.) disait originellement : « rendement marginal du capital » mais le mot « rendement » a été raturé par Keynes et remplacé par « efficacité ». Ainsi dans la phrase suivante, tout à fait cruciale pour notre enquête :

> Car nous avons vu que, au mieux, le taux d'intérêt tend à être égal à l'efficacité marginale moyenne du capital à venir, et que l'e.m.c. moyenne à venir dépend de l'offre future en capital par rapport à la demande pour lui (*ibid.* : 115).

Cette première affirmation est bien entendu essentielle pour ce qui touche aux thèses que je défends ici. On y lit en effet que dans une partie perdue du manuscrit mais qui précède ce « chapitre 5 » retrouvé, il a été montré que « le taux d'intérêt tend à être égal à l'efficacité (au rendement) marginal(e) moyen(ne) du capital ». Or, dans la critique de la théorie du taux d'intérêt chez Keynes qui précède et que j'avais entièrement rédigée avant de tomber sur ce « chapitre 5 » oublié pendant trente ans, la reconstruction patiente que j'avais entreprise avait débouché sur la conclusion très précisément que, « le taux d'intérêt tend à être égal [comme son plafond] à l'efficacité (au rendement) marginal(e) moyen(ne) du capital ». Cette thèse présentée ici au « chapitre 5 » d'un brouillon, comme ayant été l'aboutissement d'une démonstration faite dans un chapitre précédent, sera ignorée par Keynes dans sa *Théorie générale de l'emploi, de l'intérêt et de la monnaie*. Quand celle-ci paraîtra en 1936, soit deux à trois années après la rédaction de ce brouillon, il y affirmera que le taux d'intérêt est déterminé par la *préférence pour la liquidité*. L'explication en termes de *préférence pour la liquidité* y sera à ce point omniprésente que quand il s'agira pour Keynes d'expliquer quelles sont les faiblesses de la théorie déjà évoquée, de Silvio Gesell dont il affirme pourtant que l'histoire se souviendra davantage que de Marx, il écrira que Gesell échoue « parce que la notion de préférence pour la liquidité lui a échappé. Il n'a construit que la moitié d'une théorie du taux d'intérêt » (Keynes [1936], 1973 : 356).

## *Le rendement du capital provient du travail appliqué aux ressources naturelles*

Lisons un passage du « chapitre 5 » qui sera repris dans la *Théorie générale* à l'exception déjà signalée de l'expression « équivalent-rente » remplacée par « rendement ». Keynes remplacera également, le mot « classique » par le mot « préclassique » dans l'expression « la doctrine classique ».

> Je préfère de loin dire du capital qu'il possède un « équivalent-rente » que dire qu'il est *productif*. La raison pour laquelle un actif a un rendement durant la période de sa vie où il offre ses services, ayant une valeur agrégée supérieure à ses coûts de production, est simplement due au fait qu'il est *rare*. J'ai une certaine sympathie, du coup, pour la doctrine classique qui veut que tout soit *produit* par du travail en conjonction, si vous voulez, avec ce qu'on avait l'habitude d'appeler l'*art* et que l'on appelle aujourd'hui la *technique*, que viennent compléter les ressources naturelles qui sont gratuites ou qui coûtent une rente selon leur rareté ou leur abondance, et par les résultats du travail passé, incarné dans des actifs, qui peuvent exiger un prix égal ou supérieur au prix du travail inclus en eux selon leur rareté ou leur abondance (Keynes [1933-1934], 1979 : 116).

La sympathie exprimée par Keynes envers la doctrine « classique » ou « préclassique », équivaut à la proposition qu'il a énoncée dans la section précédente de son brouillon du « chapitre 5 », autrement dit que « le taux d'intérêt tend à être égal à l'efficacité marginale moyenne du capital à venir » (*ibid.* : 115) puisqu'elle en est l'implication immédiate. Sa sympathie restera cependant sans conséquence dans la mesure où la nécessité de faire de l'*efficacité marginale du capital* la référence obligée du taux d'intérêt sera balayée par l'alternative que constitue dans la *Théorie générale* l'équivalence du taux d'intérêt à la *préférence pour la liquidité*.

## *La dialectique de l'efficacité marginale du capital et du taux d'intérêt*

Dans la *Théorie générale de l'emploi, de l'intérêt et de la monnaie,* Keynes s'exprimera sur la relation entre *taux d'intérêt* et *efficacité marginale du capital.* Il précisera tout d'abord que le taux d'intérêt ne peut pas être découvert à partir de l'*efficacité marginale du capital* :

> [...] ni la connaissance du rendement futur d'un actif ni la connaissance de l'*efficacité marginale du capital* d'un actif ne nous permettent de déduire ni le taux d'intérêt ni la valeur actualisée de cet actif. Il faut que nous découvrions le taux d'intérêt à partir d'une autre source [...] (Keynes [1936], 1973 : 137).

Il expliquera ensuite que les crises financières résultent des fluctuations de l'*efficacité marginale du capital* par rapport au taux d'intérêt qui est lui plus stable :

> [...] la succession des boums et des dépressions peut être décrite et analysée en termes des fluctuations de l'*efficacité marginale du capital* par rapport au taux d'intérêt (*ibid.* : 144).

En effet si le taux d'intérêt fait preuve d'une grande inertie, l'*efficacité marginale du capital* connaît, elle, d'importantes fluctuations :

> [...] une explication plus typique, et souvent la principale, de la crise est, non pas essentiellement une hausse du taux d'intérêt, mais un effondrement soudain de l'efficacité marginale du capital (*ibid.* : 315).

Et si l'*efficacité marginale du capital* connaît des fluctuations désordonnées, c'est en raison de l'impact sur elle de la représentation que se font les agents financiers des circonstances futures :

> [...] il n'est pas si aisé de raviver l'*efficacité marginale du capital,* du fait qu'elle est déterminée par la psychologie incontrôlable et prompte à la désobéissance du monde des affaires (*ibid.* : 317).

Pire encore, alors que l'*efficacité marginale du capital* s'effondre en raison d'un avenir qui s'assombrit (et cet effondrement contribue à son tour à l'assombrissement de la situation), le taux d'intérêt peut, lui, grimper pour les mêmes raisons, aggravant d'autant la crise :

> [...] le désarroi et l'incertitude quant à l'avenir qui accompagnent un effondrement de l'*efficacité marginale du capital* précipitent bien entendu un accroissement aigu de la préférence pour la liquidité – et du coup, une hausse du taux d'intérêt. C'est pourquoi le fait qu'un effondrement de l'*efficacité marginale du capital* tend à être associé à une hausse du taux d'intérêt peut aggraver dramatiquement le déclin de l'investissement (*ibid.* : 316).

Une explication simpliste des crises en termes de dialectique entre *efficacité marginale du capital* et taux d'intérêt nous est offerte ici. Bien que cela ne soit pas dit explicitement, on peut en déduire que dans des circonstances normales le taux d'intérêt demeure inférieur à l'*efficacité marginale du capital* ; si le taux d'intérêt devait dépasser l'*efficacité marginale du capital*, la crise gagnerait encore en gravité. La confusion est cependant grande entre les éléments censés jouer pour Keynes un rôle de cause et ceux censés jouer un rôle d'effet : ainsi, comme on l'a vu, « le désarroi et l'incertitude quant à l'avenir » sont à la fois la cause de l'effondrement de l'*efficacité marginale du capital* et sa conséquence. Quant à la *préférence pour la liquidité*, elle est invoquée comme le *deus ex machina* qui vient expliquer pourquoi au sein de ce tumulte le taux d'intérêt peut soudain grimper. La raison véritable de ce phénomène est bien entendu de nature beaucoup moins métaphysique : en situation de crise, le risque de crédit d'un prêt, de son non-remboursement, augmente, forçant le prêteur à inclure dans le taux d'intérêt une prime de risque significative, augmentant celui-ci d'autant. Si le taux d'intérêt peut grimper parce qu'il est une part de richesse nouvellement créée dans un cadre d'*efficacité marginale du capital* toujours plus florissante, le taux d'intérêt peut grimper également dans un contexte qui au contraire se dégrade, cela du fait que l'*efficacité marginale du capital* s'effondre dans une économie en récession et que le risque de non-remboursement ayant crû, le prêteur exigera une prime de risque plus importante – qui sera incluse dans le taux d'intérêt comme l'une de ses composantes.

## *Le rejet par Keynes de l'efficacité marginale du capital comme référence pour le taux d'intérêt*

Keynes s'était expliqué de son rejet de l'*efficacité marginale du capital* comme référence par rapport à laquelle se définit le taux d'intérêt au profit de la *préférence pour la liquidité* dans la *Théorie générale*, dans un passage d'un article publié en juin 1937 dans *The Economic Journal* intitulé : « Théories alternatives du taux d'intérêt », déjà cité antérieurement :

> Nous avons bien entendu commencé par supposer que le taux d'intérêt doit être d'une certaine manière déterminé par la productivité – qu'il était peut-être simplement l'équivalent monétaire de l'efficacité marginale du capital, cette dernière étant fixée indépendamment par des considérations d'ordre physique et technique en conjonction avec la demande anticipée. C'est seulement quand cet angle d'approche mena avec une grande régularité à ce qui paraissait un raisonnement circulaire que je tombai alors sur ce qui me semble aujourd'hui être la bonne explication. La théorie qui en résulte, et qu'elle soit vraie ou fausse, est extrêmement simple – à savoir que le taux d'intérêt d'un prêt d'une qualité et d'une maturité spécifiques doit s'établir au niveau qui, dans l'opinion de ceux qui ont la chance de pouvoir choisir entre les deux options – c'est-à-dire les détenteurs de patrimoine – rend aussi attrayant le fait de disposer d'une somme en argent liquide, n'ayant été affectée à rien en particulier, ou de l'avoir accordée en prêt (Keynes [1937b], 1973 : 212-213).

À la lumière de ce que nous venons de découvrir, le bout de phrase « la théorie qui en résulte, et qu'elle soit vraie ou fausse, est extrêmement simple » prend tout son sens : personne avant Keynes n'a en effet jamais justifié l'une de ses théories en butte à la critique en affirmant que « vraie ou fausse, elle est en tout cas simple ». Il faut l'aplomb d'un Maynard Keynes pour oser jouer ainsi au bluff l'explication du taux d'intérêt dans un ouvrage dont le titre est *Théorie générale de l'emploi, de l'intérêt et de la monnaie* et qui a, selon son auteur, l'ambition de révolutionner la théorie économique. Je rappelle en effet ce qu'il avait écrit à l'homme de théâtre George Bernard Shaw, un an avant la publication de la *Théorie générale* :

> Je suis en train de rédiger un livre de théorie économique dont j'imagine qu'il révolutionnera largement – pas immédiatement je pense, mais dans les dix années à venir – la manière dont le monde se représente les problèmes économiques [...]. Il y aura un changement radical et, en particulier, les fondations ricardiennes du marxisme auront été renversées (Skidelsky, 1992 : 520-521).

L'excuse, en termes de « simplicité », d'une théorie « vraie ou fausse », le mot « justification » étant en l'occurrence abusif, équivaut, pour reprendre l'image que j'ai déjà employée, à celle de la personne qui a condamné une pièce de son logement et expliquerait sa décision par la nécessité de peindre un décor en trompe l'œil sur la porte qui y conduit. Ce que Keynes dit entre les lignes – et la chose aurait déjà été évidente avant même que Freud n'attire notre attention sur la capacité de notre inconscient à révéler nos véritables motifs – c'est qu'il sait que sa théorie de la *préférence pour la liquidité* est fausse mais qu'on ne lui en fera pas grief parce qu'elle est simple. À l'instar de Freud, Keynes était donc lui aussi un grand connaisseur des hommes.

La question qui se pose maintenant est celle-ci : Keynes a-t-il fait ce choix pour la raison qu'il invoque, de la simplicité, et que Skidelsky explique par son désir d'aller vite désormais parce que son agenda politique le presse, ou ment-il même à ce sujet, et la véritable raison de la substitution de la *préférence pour la liquidité* à l'*efficacité marginale du capital* comme explication du taux d'intérêt est-elle d'une autre nature ?

## *Tour de passe-passe involontaire ou délibéré ?*

La révolution, Keynes l'écarte, et la raison qu'il donne, c'est le lourd prix humain à payer, dont on sait qu'il sera très élevé alors que le résultat est par nature incertain. L'un de ses étudiants écrit dans les notes qu'il prend lors d'un de ses cours en 1933 : « La tentation existe pour nous de guérir les maux qui découlent de notre incompréhension en recourant à une destruction encore plus massive sous la forme d'une révolution » (*ibid.* : 502).

Keynes restera attaché toute sa vie à la position qu'il exprime déjà dans l'essai qu'il consacre à Edmund Burke, alors qu'il n'est encore qu'un étudiant de vingt et un ans, passage que j'ai déjà eu l'occasion de citer :

> Notre capacité à prédire est si faible qu'il est rarement avisé de sacrifier un mal actuel pour un hypothétique avantage futur [...] il ne suffit pas que l'état de fait que nous cherchons à promouvoir soit meilleur que celui qui le précède, il faut encore qu'il soit à ce point préférable qu'il compense aussi les tragédies qui accompagnent la transition (Skidelsky, 1983 : 155-156).

Et si l'Union soviétique est représentative de ce sur quoi débouche une révolution, il faut en rejeter également le principe en raison de la restriction inacceptable des libertés individuelles qu'on y observe, qui « annihile la liberté et le sentiment de sécurité dans la vie quotidienne » (Keynes [1925b], [1931] 1972 : 258). L'ultradirigisme inefficace en matière économique qu'on y met en place, combine, comme Keynes le souligne en 1932 dans un article intitulé « Le dilemme du socialisme moderne » (« The Dilemma of Modern Socialism »), des pratiques « qui ont un sens d'un point de vue économique » et d'autres qui sont « mal avisées d'un point de vue économique ». Cela parce qu'on y fait entrer en conflit des objectifs qui relèvent en fait de stades successifs de la révolution en marche : la Révolution proprement dite, qui est action, le Plan quinquennal où ne devraient apparaître que des pratiques « qui ont un sens d'un point de vue économique », enfin la réalisation de l'Idéal révolutionnaire qui autorisera des pratiques « mal avisées d'un point de vue économique » mais conformes à l'Idéal, essentiellement parce que le « problème économique » de l'humanité (« à chacun selon ses besoins ») aura été résolu (Keynes [1932], 1982 : 34).

Keynes nous surprend cependant, comme nous avons pu le voir, dans le compte rendu qu'il publie en 1926 d'un livre de Trotski consacré à la Grande-Bretagne : *Where is Britain Going ?*, quand il présente le point de vue du révolutionnaire russe sous un jour étonnamment favorable et ne lui oppose que des arguments dont il est invraisemblable qu'il ignore qu'ils apparaîtront très peu convaincants face au réalisme et à la logique implacable de Trotski.

Or on se rend compte à la lecture de ce projet de « chapitre 5 » de la *Théorie générale* que si Keynes avait poursuivi dans la voie qu'il semblait ouvrir, il aurait eu bien du mal à justifier la politique purement réformiste qu'il prône dans cet ouvrage et qui en constitue le principal message. Le passage au socialisme que Keynes préconise par l'« euthanasie du rentier » au chapitre final du livre, intitulé : « Notes finales sur la philosophie sociale à laquelle la théorie générale peut conduire », n'est en effet possible que si le taux d'intérêt tombe à zéro parce que le capital a cessé d'être rare. Mais si le taux d'intérêt mesure le montant d'une rente ponctionnée grâce à un apport de travail tirant parti des aubaines que prodigue la nature et de celle que constitue l'organisation collective du travail, alors le taux d'intérêt ne tombera jamais à zéro (la question de la *prime de risque* incluse dans le taux d'intérêt étant délibérément ignorée) : un taux au niveau zéro supposerait en effet que la nature a cessé de prodiguer ses bienfaits et que l'organisation collective du travail ne produit plus désormais aucune valeur ajoutée par rapport au travail fourni par des individus isolés, avec pour effet que le capitaliste n'obtient pas la rente espérée, à savoir la part de richesse nouvellement créée constituant la récompense de l'avance qu'il a consentie en capital. Mais un taux d'intérêt nécessairement supérieur à zéro ne reflète rien d'autre que notre acquiescement implicite à la spoliation dont sont victimes toutes les parties impliquées – à l'exception des « capitalistes » ou *rentiers* qui eux en bénéficient – du fait de l'institution qu'est la propriété privée, qui permet la ponction d'une rente privée sur la générosité que manifeste l'environnement naturel envers notre espèce *a priori* dans son ensemble.

Quand Keynes affirme qu'il éprouve « de la sympathie » pour la théorie supposant que le versement d'intérêts trouve sa source dans les ressources naturelles qui nous entourent, il s'autorise une allusion en passant au fait qu'il n'ignore pas en réalité la nature du mécanisme véritablement à l'œuvre. Lui qui a considéré qu'il était crucial que nous tenions compte des « esprits animaux » qui dictent nos comportements selon leur fantaisie, était fort bien placé pour se rendre compte que la « sympathie » en question lui signalait, là aussi sur un mode intuitif, la voie dans laquelle il fallait qu'il s'engage. Il préféra cependant condamner la porte qui s'ouvrait là devant lui.

Skidelsky écrit, alors qu'il clôture dans le dernier volume de sa trilogie, sa réflexion sur la personne de Keynes :

> Au fond de son cœur, Keynes était un constitutionnaliste, et non un révolutionnaire, un auteur de synthèses, non un pourfendeur. Il se défendait contre les implications révolutionnaires de ses propres théories, qui indiquaient un monde au sein duquel aucun équilibre n'était possible (Skidelsky, 2000 : 476).

Une question se pose alors à nous : faut-il imaginer que Keynes a remplacé en 1936 l'*efficacité marginale du capital* comme espace de référence du taux d'intérêt par la *préférence pour la liquidité* – alors qu'il avait commencé par s'engager dans la première de ces voies en 1933 ou 1934 – par simple souci de simplifier une construction théorique sinon entièrement achevée et qu'il entendait désormais aller vite, comme le suppose Skidelsky, ou pour « dramatiser » son exposé, comme le suggéra Robertson, ou bien encore, troisième possibilité, comme l'écrit Skidelsky dans un autre contexte, pour « se défend[re] contre les implications révolutionnaires de ses propres théories » ?

Il est difficile de trancher bien entendu. Apportons cependant quelques éléments.

Skidelsky écrit, cette fois dans le premier des trois volumes de sa biographie de Keynes, celui consacré à l'enfance et à la jeunesse de son sujet : « La philosophie offrit les fondations mêmes de la vie de Keynes. Pour lui, elle venait avant la science économique » (Skidelsky, 1983 : 133), et la formation dont il bénéficia dans ce domaine à Cambridge n'a pu être que complète et approfondie. La différence entre *matérialisme* et *idéalisme* n'a donc pas pu, en toute bonne logique, lui échapper. La différence qui existe entre un concept dont l'objet est inscrit véritablement dans le monde sensible, *matériel*, comme celui, disons, d'un « épi de blé », et une représentation localisée au sein d'une mémoire humaine, une *idée*, du genre « ma préférence pour la pâte d'amande plutôt que le chocolat », devait lui être parfaitement familière.

Par ailleurs Keynes, non seulement philosophe, mais aussi mathématicien de formation, auteur d'un *Traité de probabilités* (1921) qui impressionna, nous l'avons vu, Bertrand Russell, n'ignore pas qu'un objet du monde sensible, tel un épi de blé, peut être examiné et évalué grâce à la *méthode expérimentale*, tandis qu'une représentation logée dans une mémoire humaine est à l'abri de toute remise en question du fait de ce que j'appellerais le principe du « *a beau mentir qui vient de loin* ». Qui m'interdit, par exemple, si vous me cuisinez sur mes préférences en matière de confiserie, de vous expliquer aussitôt que j'ai dit « pâte d'amande » que je voulais en réalité dire « nougat » ?

Du coup, quand Keynes déplace l'explication du taux d'intérêt en termes d'*efficacité marginale du capital*, dont le fondement est la différence entre les vingt grains présents sur l'épi de la récolte et le grain unique qui fut planté à l'origine, vers une explication du taux d'intérêt en termes de *préférence pour la liquidité*, à savoir : « Vais-je placer mon argent ou le laisser sur mon compte en banque ? », il ne peut ignorer qu'il délaisse une explication *matérialiste* au bénéfice d'une explication *idéaliste* ; il ne peut donc ignorer qu'il rejette une explication susceptible d'être soumise à la méthode expérimentale au profit d'une hypothèse qui sera protégée contre toute remise en question par l'adage « a beau mentir qui vient de loin ». Il ne peut ignorer non plus que la démonstration présente dans le brouillon écarté du « chapitre 5 » est bien plus convaincante que le *deus ex machina* de la *préférence pour la liquidité* invoqué au chapitre 16 de la version définitive de la *Théorie générale de l'emploi, de l'intérêt et de la monnaie*, et que cela mettra nécessairement la puce à l'oreille du lecteur qui aurait l'occasion de comparer les deux versions.

CHAPITRE 14

# L'explication du prix par le rapport de force

## *La rémunération de l'esprit d'entreprise*

On dit que le surplus est la différence entre le prix de vente et les coûts de production.

C'est une bonne approximation, si ce n'est que l'on est alors immédiatement confronté à la difficulté de définir ce que l'on inclut dans les coûts de production. Il est classique aujourd'hui d'y inclure les salaires, et c'est ce que les règles comptables enjoignent de faire, mais est-ce légitime : les salaires ne sont-ils pas la récompense des avances faites en travail dans le processus de production, au même titre que les avances faites en terre par le propriétaire foncier, en fonds par le capitaliste et les avances en supervision/coordination de l'entrepreneur ? Quant aux intérêts, ne sont-ils pas une part du surplus au même titre que le profit de l'entrepreneur ?

Si l'on repart de la structure prototypique du capitalisme qu'est le contrat de métayage tel que pratiqué aujourd'hui encore dans l'agriculture et dans la petite pêche, plutôt que de s'intéresser aux coûts de production, il vaut mieux concentrer son attention sur les coûts de la perpétuation de l'unité de production – au renouvellement du dispositif de production – et considérer que le surplus est la différence entre le prix de vente et les coûts de renouvellement.

Je reprends mon exemple très simple du métayer qui cultive du blé : il est lié au propriétaire de la terre par un contrat stipulant la part de moisson qu'il lui doit, et il emploie des journaliers. Je simplifie à outrance pour la clarté de l'exposé. Le surplus, c'est la différence entre les vingt grains sur l'épi et le grain unique qui a germé, a crû et s'est transformé en épi. Mais trois parties sont en présence : propriétaire, métayer et journaliers, qui se considèrent (légitimement ou non) comme les catalyseurs du processus ayant transformé un grain en vingt grains, en raison des avances qu'ils ont consenties pour rendre le processus possible.

Qui reçoit exactement quoi est alors le produit d'un rapport de force entre ces trois parties en présence : propriétaire, métayer et journaliers. Et ce rapport de force est lui-même déterminé par la concurrence de chacun à l'intérieur de sa catégorie, c'est-à-dire de sa rareté ou de son abondance relatives au sein de la catégorie à laquelle il appartient, face à une autre catégorie économique avec laquelle la première combinera ses efforts : beaucoup ou peu de métayers en puissance par rapport au nombre de propriétaires présents, beaucoup ou peu de journaliers en puissance par rapport au nombre existant de métayers, etc. Quant au prix de vente, il est le produit du rapport de force entre vendeurs et acheteurs potentiels pour la marchandise ou le service.

Le propriétaire et le métayer se mettent d'accord sur le contrat qui les liera, par exemple un contrat « 50/50 ». Mais le rapport de force à l'échelon local entre propriétaires et métayers pourra déboucher tout aussi bien sur un contrat qui allouera moins ou davantage de la récolte au propriétaire. C'est sur la base de la part qui lui revient que le métayer passera un accord avec ses journaliers, là aussi en fonction du rapport de force qui existe entre les deux parties : peu ou beaucoup de journaliers en puissance par rapport aux métayers, etc.

Je résume : 20 grains sur l'épi – 1 grain planté = 19 grains de surplus, à se partager entre ceux qui ont fait les avances en terre, en travail, et en supervision/coordination. Le rapport de force entre les parties en présence décide de qui aura combien.

Que sont les « coûts de production » ? Ce sont les paiements faits aux uns et aux autres : au propriétaire comme rente pour sa terre, au métayer pour sa supervision/coordination, au journalier pour son travail. Si l'on retourne à la définition initiale du surplus comme la différence entre le prix de vente et les coûts de production (et le coût de renouvellement du grain à planter en fait partie), alors, le surplus s'est évanoui : le surplus est nul, chacun a simplement été récompensé pour les avances qu'il avait consenties. Il n'y a plus que deux donnés dont le montant est incontournable : le prix de vente et le prix de renouvellement, tout le reste – le partage de la différence entre les deux montants – est l'objet d'une négociation, dont l'aboutissement reflétera le rapport de force entre les parties en présence.

Cela dit, dans l'évolution qui conduit du métayage au système capitaliste actuel, il y a eu « naturalisation » des salaires et des versements d'intérêts et ceci a été facilité par le fait que le rapport de force qui les détermine s'est universalisé : désormais, les salaires s'établissent au niveau national et les taux d'intérêt au niveau international. Les règles comptables en ont fait en conséquence des donnés et les ont élevés au statut de coûts de production. Il faut noter que Marx déjà considérait que les salaires étaient un coût de production et non l'aboutissement d'un rapport de force entre celui qui avance du travail et les autres parties en présence (Marx [1849], 1965 : 210).

Le surplus a, de ce fait, été redéfini comme différence entre le prix de vente et les coûts de production, lesquels comprennent le prix de renouvellement, les salaires et les versements d'intérêts. *La rémunération de l'esprit d'entreprise n'est plus lue comme l'aboutissement d'un rapport de force mais comme un reste : ce qui reste du prix de vente une fois les coûts de production réglés.* Le profit de l'entrepreneur, ou si l'on veut, la rémunération de son travail de supervision/coordination, est variable dans un univers où les salaires sont établis par des conventions collectives et les taux d'intérêt, par le marché international des capitaux.

C'est probablement son caractère variable qui a conduit la « science » économique à considérer le profit de l'entrepreneur comme une *prime de risque* – quel que soit le montant qu'il atteigne. Il s'agit d'une fiction puisque l'entrepreneur en tant que tel ne court aucun risque : le risque de perte sur les fonds investis est encouru par celui qui avance le capital, qui peut éventuellement être l'entrepreneur mais uniquement s'il cumule cette fonction avec celle de propriétaire terrien dans l'exemple de métayage, ou celle du capitaliste dans le cadre manufacturier ou industriel.

## *La rareté comme facteur explicatif du prix*

L'économiste italien Alessandro Roncaglia, dans son ouvrage intitulé « Sraffa et la théorie des prix » (*Sraffa and the Theory of Prices*), explique les différents usages qui ont été faits de la notion de rareté en science économique :

> Pour les économistes classiques [...] les biens sont considérés comme rares par rapport aux besoins et aux désirs au sens où pour tout bien en particulier la quantité disponible à un moment donné est inférieure à la quantité qui serait requise pour épuiser la demande si son prix était de zéro (Roncaglia, 1978 : 5).

À la lecture de cela, on se sent obligé d'observer que si le prix était de zéro, on se trouverait dans une économie du don et non dans une économie de marché ; il serait étonnant aussi qu'on ne fasse pas payer à l'acheteur au moins les coûts de production, y compris le profit du vendeur. Mais passons, la définition a manifestement été concoctée non pas en vue de décrire le monde tel qu'il est, mais pour pouvoir faire de la rareté un facteur intervenant dans la détermination du prix quel que soit le cas de figure.

Roncaglia poursuit :

> Les économistes marginalistes [P.J. : le courant encore dominant aujourd'hui] considéraient les prix comme un « indice de rareté », impliquant que la rareté puisse donc être envisagée dans un sens quantitatif plutôt que qualitatif. La mesure de la rareté pouvait donc être obtenue à partir d'une comparaison entre la quantité demandée et la quantité obtenue du bien envisagé à différents niveaux de prix (*ibid.* : 6).

Ce que cela impliquerait, c'est donc que, pour les marginalistes, la rareté consiste en une sorte de modulation du refus de vente : « Vous en voulez 1 000 ? Si vous me payez 5 euros de l'unité, je suis prêt à vous en vendre 200 à ce prix-là ; si vous payez 7 euros, je peux vous en vendre 500 ; si vous en voulez vraiment 1 000, il faudra payer 9 euros de l'unité ! »

Devant ce genre d'argument de vente, on voit mal comment l'acheteur pourrait s'empêcher de rétorquer : « Je suis disposé à vous en acheter 200, 9 euros pièce, mais si le prix devait être 5 euros, je serais prêt à en prendre 1 000 ! » Comme le marché se fera sans aucun doute à ce dernier prix si le vendeur n'est pas tout à fait stupide, la conclusion sera que *plus le prix est bas, moins le produit est rare*, ce que le sens commun suppose en effet, alors que la « science » économique marginaliste aurait pu en tirer la conclusion inverse : plus le prix est bas, plus il serait difficile pour l'acheteur d'acquérir le produit.

Léon Walras, l'un des fondateurs de la science économique marginaliste, y allait encore plus fort quand il appelait « rareté » de manière circulaire le facteur expliquant pourquoi un prix est tel qu'il est et pas autrement : « [...] j'appelle rareté ou *r* une cause proportionnelle à la *valeur d'échange* » (*Œuvres économiques complètes*, vol. XI, p. 629 ; cité *in* Mouchot, 2000).

La *rareté* est donc selon Walras le facteur qui fait que le prix est tel qu'il est. Ce qui nous rappelle bien sûr les « esprits animaux » de Keynes : l'explication du comportement non rationnel des êtres humains en termes de « ce qui résiste à l'explication », l'équivalent de la « *virtus dormitiva* » de l'opium du bon docteur Diafoirus. Ce n'est donc pas que l'on ait découvert un facteur « rareté », cause du prix, c'est que le prix variant, on appelle « rareté » la variable qui rend compte du fait que le prix varie selon les circonstances.

Voyons ce qui se passerait, si on la prenait cependant au sérieux car le mot « rareté » soulève immédiatement deux questions :

1° La rareté ne peut intervenir en tant que facteur que si la demande est supérieure à l'offre : si l'offre est supérieure, il n'y a pas rareté, mais abondance. La rareté n'existe en fait que dans l'un des deux cas de figure de la formation d'un prix.

2° Comment la rareté en tant que telle pourrait-elle déterminer un prix ? Elle ne peut intervenir que parce que la concurrence entre des acheteurs trop nombreux par rapport à une offre insuffisante affaiblit ceux-ci dans le rapport de force qui les oppose aux vendeurs. Ce n'est donc pas la rareté qui influe sur le prix, c'est *le rapport de force défavorable à l'acheteur existant dans un contexte de rareté*. La rareté n'est donc qu'un contexte déterminant un facteur et non un facteur en tant que tel : le facteur, c'est le rapport de force défavorable à l'acheteur dans un contexte de rareté.

Le même raisonnement peut être tenu de manière inversée dans le cas où il y a abondance, à savoir une offre supérieure à la demande, et où le rapport de force est défavorable au vendeur en raison de la concurrence qui s'instaure entre vendeurs. Et, là aussi, l'abondance n'est qu'un contexte : le type de contexte qui crée un rapport de force défavorable au vendeur, ce rapport de force étant le facteur véritablement à l'œuvre.

On lit dans la *Théorie générale* :

> Il est de loin préférable de dire du capital qu'il possède un rendement que dire qu'il est *productif*. Car la seule raison pour laquelle un actif a un rendement durant la période de sa vie où il offre ses services, ayant une valeur agrégée supérieure à ses coûts de production, est simplement due au fait qu'il est *rare*, et il est maintenu rare en raison de la concurrence avec le taux d'intérêt sur l'argent. Si le capital devient moins rare, le rendement en excès se réduira, sans qu'il soit devenu moins productif – du moins au sens physique (Keynes [1936], 1973 : 213).

Un examen même cursif de ce passage offre la réponse à la question posée par Keynes : la raison pour laquelle ces actifs génèrent un surplus est sans rapport avec la rareté. Comment la rareté en tant que telle pourrait-elle en effet produire un surplus ? Il faudrait imaginer si c'était le cas un auto-engendrement purement « financier » de la richesse où il se trouverait toujours quelqu'un quelque part pour payer un bien ou un service plus cher qu'il ne vaut « parce que sinon ce serait quelqu'un d'autre qui l'obtiendrait », et non parce qu'il contient véritablement une valeur ajoutée qui le rend appréciable, aux deux sens du mot : désiré et susceptible de voir son prix s'apprécier. Pourtant c'est une telle appréciation automatique d'une marchandise par l'intervention *métaphysique* d'un facteur appelé « rareté » que Keynes postule lui aussi à la suite des économistes qui l'ont précédé, ce que postulent d'ailleurs encore tous ceux qui sont venus après lui.

Ce qui produit un surplus, c'est l'investissement en travail appliqué aux aubaines que la nature génère : ce que Keynes appelle les « ressources naturelles ». Ce qui donne l'impression d'une « rareté » dans un contexte comme celui-là, c'est le mode de redistribution de cette nouvelle richesse créée, qui ponctionne sur elle une *rente*, non pas en raison d'une « rareté » à proprement parler mais beaucoup plus simplement en raison du goulot d'étranglement créé par l'institution de la propriété privée que nous cautionnons en y pensant si peu qu'elle nous est devenue invisible.

Le surplus ou nouvelle richesse créée, nous l'avons vu, c'est la différence entre le prix obtenu lors de la première vente de la marchandise ou du service offert et les coûts du renouvellement de l'offre du même produit. C'est donc le rapport de force entre le vendeur et l'acheteur qui en décide. Le commerçant qui règle un premier prix pour le produit fini tout en se réservant un profit sur la revente ultérieure, détermine par le montant de son achat celui du surplus, de la nouvelle richesse créée. Et c'est le rapport de force entre les parties en présence dans le processus de production qui décide ensuite de la redistribution de ce surplus. Ces parties en présence sont : 1° le propriétaire de la ressource ; 2° les travailleurs générant le surplus avec la complicité des aubaines que sont la générosité de la nature et le bénéfice de l'organisation collective du travail sur laquelle Proudhon (1809-1865) avait attiré l'attention dans l'exemple de l'érection de l'obélisque de Louxor par deux cents grenadiers sur la place de la Concorde à Paris : « Suppose-t-on qu'un seul homme en deux cents jours en serait venu à bout ? », interrogeait-il (*Propriété, 1ᵉʳ mémoire*, cité par Gide & Rist, 1909 : 337) ; 3° l'« entrepreneur » : l'industriel superviseur orchestrant l'organisation collective.

La rareté apparente n'est le plus souvent qu'un artefact de la propriété privée exigeant une rente sur l'aboutissement d'un processus global combinant un ensemble d'« avances » : ressources naturelles, travail, et capital – mais la présence de ce dernier ne résulte nullement d'une nécessité structurelle : c'est seulement parce que nous l'avons bien voulu, parce que quand quelqu'un a dit : « Ceci est à moi ! », personne ne s'est élevé, comme l'aurait souhaité Rousseau, pour s'écrier : « Gardez-vous d'écouter cet imposteur ; vous êtes perdus, si vous oubliez que les fruits sont à tous, et que la terre n'est à personne » (Rousseau [1755], 1966 : 164).

Ce que Keynes appelle « rareté », suggérant une simple donnée dont la présence est inévitable et la nature réfractaire à toute analyse, renvoie donc en réalité à quelque chose d'un tout autre ordre : un rapport de force bien particulier entre acheteur et vendeur ou entre emprunteur et prêteur, dans un contexte d'accès restreint aux ressources, non pas en raison d'un donné d'ordre naturel, mais du fait du goulot d'étranglement que constitue la propriété privée pour celui qui souhaite avoir accès à certaines ressources.

Le profit dans l'achat et la rente dans l'emprunt ne sont pas le prix de la rareté : ce sont les taxes qu'impose la combinaison de l'existence de la propriété privée, qui introduit une rareté artificielle, et du rapport de force défavorable à l'acheteur par rapport au vendeur et défavorable à l'emprunteur par rapport au prêteur dans nos sociétés.

Est-ce à dire que ce que nous appelons à juste titre la « rareté », le fait que l'or soit plus rare que l'aluminium par exemple, ne joue aucun rôle dans la détermination du taux d'intérêt ou de la marge de profit ? Non, bien entendu, car nous avons vu comment se détermine un prix ; nous avons vu en particulier que le prix se détermine de deux manières distinctes, selon que l'offre est supérieure à la demande ou l'inverse.

Il existe un principe général qui détermine la fourchette au sein de laquelle le prix va se situer, et ce principe général est celui de la survie du marché : un marché n'existera pas si le seul prix pour le produit que peuvent se permettre les consommateurs éventuels ne laisse aucun profit à l'entrepreneur. La borne inférieure du prix est constituée par ce qui apparaît à celui-ci comme les *coûts de production*, à savoir, en sus du coût du renouvellement des matières premières et des machines, les parts du surplus qui vont à d'autres que lui. La borne supérieure, elle, est constituée par la dépense maximale que puissent envisager les acheteurs (qui ne sont pas nécessairement les acheteurs ultimes que sont les consommateurs), sans tomber au-dessous du niveau de ressources qui garantit leur propre subsistance. Le rapport de force entre acheteurs et vendeurs détermine où le prix va exactement se situer à l'intérieur de cette fourchette définie par le niveau de subsistance des acheteurs d'une part et des vendeurs d'autre part.

Si la demande est supérieure à l'offre, une concurrence s'établit entre les acheteurs parce qu'il y a rareté des vendeurs de leur point de vue ; une offre supérieure à la demande et une concurrence s'installe entre vendeurs parce qu'il y a rareté des acheteurs de leur point de vue à eux.

La rareté est donc bien un facteur crucial dans la détermination du prix, mais c'est la rareté dans le domaine des personnes qui est essentielle, non celle prévalant dans le domaine des choses. De manière générale on observe un déplacement par la « science » économique des concepts de rareté et de concurrence, de leur lieu d'application légitime vers un autre, entraînant ce que Marx appelait une « fétichisation » : une disposition pour les choses à nous apparaître autrement qu'elles ne sont. Ces distorsions dans nos représentations sont dues à la capacité de certains d'entre nous d'imposer une vision conforme à leurs intérêts, qui vient s'implanter et croître dans le terreau fertile de la crédulité de tous les autres.

## *Rareté relative des personnes plutôt que des choses*

Des prodiges d'inventivité ont été consacrés à expliquer à partir d'une objectivité le caractère apparemment arbitraire du rapport de force entre contreparties économiques. La « science » économique, née avec le marginalisme dans les années 1870, n'a pas été en reste.

La division sociale du travail répartit la population en groupes d'individus exerçant un rôle équivalent au sein des processus de production et de distribution ; ces groupes ont été appelés selon les époques, « classes », « conditions », « états ». À qualification égale, les personnes appartenant à l'un de ces groupes sont interchangeables dans ces rôles. Ladite « science » économique, qui est parvenue à évincer l'*économie politique* dans le rôle de théorisation de l'activité économique, a lu là une « naturalité » que le capitalisme ne ferait que refléter en tant que système économique lui aussi « naturel ». Dans la perspective de la « science » économique, le travailleur qui revendique une amélioration de sa condition est un ignorant incapable de comprendre la *naturalité* intrinsèque à la division sociale du travail.

Dans le cadre d'une société donnée et de son état économique et financier présent, le nombre d'individus disposant d'une qualification et d'un talent spécifiques crée pour l'évolution future de la situation, des engorgements ou des pénuries, et c'est la rareté ou l'abondance relatives à l'intérieur d'un groupe résultant de la division sociale du travail, autrement dit, l'interchangeabilité faible ou forte de ses membres, qui définit son rapport de force global avec les autres. Le statut réciproque des classes se mesure comme le rapport entre la rareté ou l'abondance relatives des individus en leur sein.

Un haut niveau d'éducation réduit en principe l'interchangeabilité des individus dont la boîte à outils se complexifie et se diversifie. L'apparition du logiciel dans un domaine accroît l'interchangeabilité de ceux qui sont ses utilisateurs experts dans la mesure où il n'est plus nécessaire pour obtenir le résultat visé de raisonner à partir d'une maîtrise de la théorie : il suffit de comprendre les instructions du manuel et de les suivre fidèlement, ce qui ne mobilise qu'une connaissance beaucoup plus rudimentaire. L'apparition dans un certain domaine d'un robot ou d'un logiciel signifie le déclassement de celui ou celle qui faisait le même travail autrefois parce que la machine le fait mieux que lui ou elle : plus vite qu'un être humain et en commettant moins d'erreurs, ce qui va de soi puisque l'investissement conduisant à la conception du robot ou du logiciel n'aurait pas été consenti s'il n'en avait pas précisément été ainsi.

La concurrence existant dans chacun des groupes résultant de la division sociale du travail explique pourquoi les conditions ne sont jamais réunies qui permettraient une remise en cause des rapports de force globaux et individuels existants : l'interchangeabilité des individus au sein d'un de ces groupes est un facteur de faiblesse pour chacun de ceux-ci et pour le groupe dans son ensemble. À l'inverse, toute entente (explicite ou tacite) de la totalité ou de la majorité des membres d'un de ces groupes fait pencher le rapport de force en sa faveur. Comme Adam Smith l'avait déjà noté :

> Les travailleurs désirent recevoir autant que possible, et les maîtres donner aussi peu que possible. Les premiers sont disposés à s'associer pour qu'augmente le salaire du travail, les seconds pour qu'il baisse. Il n'est pas difficile cependant de prédire laquelle de ces deux parties l'emportera ordinairement dans la contestation, et forcera l'autre à se soumettre aux termes qu'elle veut imposer. Les maîtres, étant moins nombreux, peuvent s'entendre plus facilement et la loi, d'ailleurs, autorise, ou du moins n'interdit pas leur association, alors qu'elle interdit

> celle des ouvriers. Il n'existe pas d'actes du parlement contre l'entente en vue de diminuer le prix du travail mais plusieurs contre l'association en vue de le faire croître (Smith [1776], 1976 : 83-84).

Lorsqu'elle est vive, la concurrence entre membres d'un même groupe issu de la division sociale du travail focalise l'attention sur les individus et contribue à suggérer qu'eux seuls, et non le groupe dans son ensemble, sont pertinents dans une analyse de la situation. Simon Clarke fait observer :

> [...] les relations de classe disparaissent « dans le phénomène de la concurrence » car ici, les membres des classes sont en rapport les uns avec les autres en tant qu'individus [...] (Clarke, 1982 : 95).

Mais cette concurrence (interchangeabilité) n'a lieu qu'à l'intérieur précisément de ce que Clarke appelle une « classe », et ce qui fait le propre de la *classe* (son « poids spécifique » vis-à-vis des autres), c'est précisément le degré de concurrence ou *rareté relative* existant entre ses représentants.

La *rareté relative* au sein de chaque classe détermine l'ordre de partage dans la redistribution du surplus entre classes. La spoliation découle du fait qu'il existe une hiérarchie dans la répartition des parts, reflet de la hiérarchie sociale. Ce ne sont pas des facteurs « objectifs », dotés d'une « naturalité » comme on avait voulu le faire de la rareté, qui déterminent les parts respectives, ce sont les rapports de force entre les classes ou plutôt entre des individus appartenant à des classes distinctes qui se retrouvent face à face dans les transactions de la vie quotidienne, et cela parce qu'ils négocient le plus souvent précisément en tant qu'individus isolés et non comme représentants d'une classe dans son ensemble (d'où un rapport de force plus favorable dans les négociations collectives). Une solution historique à cet état de fait est offerte par la corporation qui en régulant l'accès à une profession, en imposant des quotas au nombre de ses membres crée une rareté artificielle, ou dans le meilleur des cas un véritable équilibre, qui prévient la concurrence entre eux des individus en raison de leur interchangeabilité face à une demande insuffisante de leurs services. Le talon d'Achille de la corporation, c'est son organisation interne, encline aux abus de pouvoir et au népotisme. Les « ordres » dont se sont pourvues certaines professions participent en réalité de la structure corporative.

## *Le surnombre des hommes comme facteur de risque*

La question qui se pose alors est celle de la possibilité ou non d'un pas supplémentaire : la découverte éventuelle d'une objectivité fondant en arrière-plan le fait que les membres en surnombre d'un groupe issu de la division sociale du travail sont dans un rapport de force défavorable vis-à-vis des membres des autres groupes. Or une telle objectivité existe en effet : c'est celle qu'impose la problématique du risque imprégnant la totalité des activités humaines en raison de l'imprévisibilité des événements contingents de notre monde en devenir, facteur sur lequel Keynes insista dans toute son œuvre et dès son *Traité de probabilités* de 1921.

Le membre surreprésenté d'une classe sera en général rémunéré à un niveau déprécié et sa loyauté sera dès lors restreinte à l'égard de son employeur, faiblesse intrinsèque qui trouvera à s'exprimer si une meilleure offre devait lui être faite. L'employeur devra alors remplacer le travailleur démissionnaire ou défaillant. Ce risque *de reconduction* de l'emploi offert pour l'employeur est équivalent à ce qu'on désigne en finance du nom de *risque de réinvestissement* : le risque de celui qui, prêtant à court terme, se retrouve périodiquement et à brève échéance devant la nécessité de replacer son argent dans des conditions qui risquent de ne pas être aussi favorables que celles qui avaient prévalu lors du placement qui vient d'arriver à échéance (pour un traitement plus étendu de cette question, *cf.* Jorion, 2010 : 222-224).

La rémunération dépréciée d'un salarié interchangeable reflète la « prime de risque de reconduction » que doit déduire l'employeur du calcul du montant de son salaire, tandis que cette dépréciation réduit d'autant la loyauté du salarié envers son employeur, loyauté diminuée qui justifie à son tour que la « prime de risque de reconduction » soit déduite de ses gages. Il y a donc là, sinon un cercle vicieux, du moins un effet autorenforçant, qui stabilise la configuration, lui procurant de fait une véritable « naturalité » : ce que j'ai appelé par métaphore, le « poids spécifique » d'une classe issue de la division sociale du travail vis-à-vis de l'ensemble des autres.

Dans cette perspective, la rareté relative des membres d'une classe détermine le statut de celle-ci vis-à-vis des autres parce qu'elle reflète le risque qu'elle fait courir à ceux qui entrent en interaction avec ses membres dans les échanges économiques. Ce qui signifie que *le rapport de force entre deux groupes issus de la division sociale du travail est en dernière instance déterminé par le risque mutuel que se font courir l'un à l'autre un membre de chacun des deux groupes dans les échanges qu'ils ont.*

J'écrivais dans *Le Prix* (2010), ayant plus spécifiquement à l'esprit les militaires, les mineurs et les pêcheurs, à propos desquels la remarque est souvent faite que le danger inhérent à leur activité justifierait qu'ils soient payés bien plus généreusement qu'ils ne le sont dans les faits :

> [...] celui dont la vie est soumise au risque communique automatiquement ce risque à ceux dont il est la contrepartie dans un arrangement contractuel qui se poursuit sur une certaine durée. [...]
> Une équation existe donc ici : en exerçant une activité risquée du point de vue de la régularité des rentrées, on représente automatiquement un risque de défaillance plus grand pour les contreparties commerciales vis-à-vis desquelles on est endetté. Plus la concurrence est vive au sein de la profession que l'on exerce, plus le risque personnel d'échec financier est élevé car plus il est difficile de trouver des commanditaires si l'on est maçon [P.J. : comme dans les exemples offerts par Aristote] ou d'imposer son prix au mareyeur si l'on est pêcheur. De même, [...] plus les revenus de l'activité sont aléatoires, plus l'on représente un risque de défaut pour quiconque est votre prêteur. [...] Le statut réciproque des groupes sociaux dépend de la concurrence plus ou moins vive qui règne en leur sein entre leurs membres, celle-ci se transpose automatiquement en risque de défaillance dans l'engagement contractuel : le statut réciproque des conditions sociales exprime donc bien le risque de défaillance individuel de ses représentants (*ibid.* : 224-225).

Ce qui apparaît là, c'est que la seule objectivité « en dernière instance » du rapport de force existant entre les groupes issus de la division sociale du travail est constituée du risque lié à l'incertitude relative à ce que sera l'avenir. C'est cette incertitude qui a été redistribuée entre ces groupes, et c'est l'hétérogénéité inégalitaire qui découle de la propriété privée et de la transmission de ses bénéfices de génération en génération par l'héritage qui a conduit à ce qu'elle soit répartie sur la base de cette même hétérogénéité : les plus riches s'étant essentiellement débarrassés de l'incertitude tandis que les plus démunis la voient concentrée sur leur propre vie. La justice voudrait que celui dont la vie est la plus exposée au risque se voie offrir une compensation à travers une richesse relative, or c'est le contraire que l'on observe : constituant un « mauvais risque » pour tous ceux appelés à interagir avec lui, c'est la pauvreté qui sera au contraire son lot.

La *doxa* tient que le profit est la récompense du risque, or ce que l'on observe bien plutôt, c'est que le profit se voit augmenté du fait que, à la faveur du rapport de force favorable aux plus riches, ceux-ci ont pu transmettre aux plus pauvres la quasi-totalité du risque dû à la contingence du devenir.

Keynes a mis l'accent sur l'impact de l'incertitude quant à l'avenir sur le fonctionnement de l'économie. Il a cependant malencontreusement cantonné cet impact aux représentations que se font les agents économiques de la contingence et aux effets que des représentations intégrant ce facteur pourraient avoir au sein de l'économie. Au lieu d'être l'élément déterminant du rapport de force entre classes, le risque lié à l'incertitude de l'avenir se limite à n'être chez Keynes que l'un des ingrédients dont doivent tenir compte les « mécanismes psychologiques » dont il est friand en tant que rouages postulés par lui de l'explication des phénomènes économiques.

Dans le cadre keynésien, dont la dimension *politique* est, comme je l'ai déjà signalé, entièrement absente, il n'apparaît pas que le risque découlant de la contingence a été quasiment entièrement transféré à ceux qui se trouvent en concurrence pour être trop nombreux au sein de leur classe et donc interchangeables face au nombre d'emplois disponibles pour leur type d'activité dans une conjoncture économique particulière.

Dans un système classique de recrutement par examen, tous les candidats ayant atteint ou dépassé la note-seuil séparant la réussite de l'échec, sont acceptés. Dans le système du *concours*, le nombre de places disponibles est prédéterminé. Si ce nombre est X, un candidat sera accepté s'il est parmi les X premiers sur la liste établie en rangeant les notes obtenues par ordre décroissant ; le seuil d'acceptation ou de rejet en termes de niveau de note variera donc de concours à concours.

Le capitalisme est précisément un système conçu comme un *concours* et non comme un examen de type classique. Le caractère arbitraire en termes de mérite individuel du nombre X de places disponibles se complète d'une éthique implicite fondée sur le *vae victis* : « malheur aux vaincus » pour celui ou celle dont la note se situera en dessous du niveau-seuil émergeant de manière imprévisible de la combinaison du nombre de candidats et de celui des places disponibles, lequel est le fruit d'une conjoncture économique particulière dont la configuration est indépendante de la volonté des candidats.

On portera du coup toute l'attention qu'elle mérite à la proposition faite par l'économiste et sociologue Bernard Friot d'un revenu à vie détaché de la logique de *concours* propre au marché de l'emploi tel qu'il existe de nos jours, et fondé sur la *qualification personnelle* dans un cadre d'examen de type classique – comme c'est le cas de temps immémoriaux dans la fonction publique (Friot, 2010 : 62-70). S'il est vrai que des inégalités encore injustes liées aux hasards du talent personnel subsisteraient dans ce nouveau cadre, la cruauté du *vae victis*, faisant supporter les contingences du système global par des individus qui n'y sont pour rien, aurait en tout cas elle été éliminée.

CHAPITRE 15

# Mécanismes de formation des prix combinés

## *Quel est le mécanisme déterminant le prix de vente d'un bien ou d'un service ?*

Le prix est déterminé par le rapport de force entre vendeurs et acheteurs et si l'offre est supérieure à la demande, ce rapport de force est alors favorable aux acheteurs en raison de la concurrence qui s'exerce entre les vendeurs soucieux de vendre un produit qui ne trouvera pas nécessairement acheteur ; le plancher du prix dans ce cas-là, sa borne inférieure, est le niveau de profit susceptible d'entamer sur le long terme le niveau de subsistance des vendeurs, à savoir le niveau de profit zéro qui correspond à un prix fixé au niveau du coût de production. Si la demande est supérieure à l'offre, le prix est déterminé là aussi par le rapport de force entre vendeurs et acheteurs, celui-ci étant alors favorable aux vendeurs en raison de la concurrence qui s'exerce entre les acheteurs soucieux d'acheter un produit qui n'est pas disponible en quantité suffisante pour les satisfaire tous ; le plafond du prix dans ce cas-là, sa borne supérieure, est le niveau de profit qui entame durablement le niveau de subsistance des acheteurs éventuels.

Il est donc possible de dire qu'un prix est défini par plusieurs facteurs, et qu'il y a parmi ceux-ci l'offre et la demande dont le volume comparé contribuera à déterminer le rapport de force entre acheteurs et vendeurs, qui expliquera lui le prix. Dans ce mécanisme de formation du prix, le prix est ce qu'on appelle une *variable dépendante*, et l'offre et la demande, des *variables indépendantes*. L'offre sera de tel niveau, et la demande de tel autre niveau et, en fonction de cela (la fonction exacte vient d'être décrite), le prix sera d'autant. Le prix sera déterminé par une fonction où interviennent comme facteurs le niveau de l'offre et le niveau de la demande.

L'offre et la demande interviennent dans la détermination du prix en tant que variables *indépendantes*. Cela dit, leur montant à elles n'est pas un simple donné inanalysable, il est lui-même déterminé de façon propre, par d'autres facteurs : l'offre et la demande sont elles-mêmes *variables dépendantes* dans d'autres mécanismes où d'autres éléments sont eux *variables indépendantes*. Par exemple, le volume de l'offre de poisson est déterminé par le nombre de bateaux de pêche et par le temps qu'il fait, alors que la demande de poisson est déterminée par le nombre de gens qui en mangent à la maison ou au restaurant. L'offre de poisson est une *variable dépendante* dans un mécanisme où le nombre de bateaux et le temps qu'il fait sont des *variables indépendantes*, etc.

Il existe un mécanisme qui détermine le prix – *variable dépendante* – et, dans ce mécanisme, interviennent comme facteurs l'offre et la demande – *variables indépendantes*.

Un mécanisme a donc été défini ainsi pour la formation du prix. Mais il peut exister un second mécanisme venant se greffer sur le premier. Imaginons que le gouvernement veuille encourager la consommation de poisson et subventionne son prix de façon à ce que, quoi qu'il arrive, le prix sur lequel débouche le rapport de force entre grossistes et pêcheurs soit divisé par deux quand il atteint le consommateur. Le prix se définit dans un premier temps en fonction d'un mécanisme où il est déterminé par le rapport de force entre acheteurs et vendeurs et où l'offre et la demande interviennent comme facteurs, et dans un second temps par l'intervention du gouvernement, qui impose un nouveau mécanisme dont l'effet est de réduire le prix antérieurement défini, de moitié. On dira qu'il y a deux mécanismes en jeu, le second exerçant son action une fois que le premier a pleinement joué son rôle. On pourrait dire aussi que le prix est désormais déterminé par trois facteurs, en gardant en mémoire que le troisième facteur n'intervient que dans un deuxième temps, une fois que les deux premiers ont eu l'occasion de jouer.

L'existence de telles séquences est souvent ignorée : si l'on est conscient que le prix peut être déterminé par deux mécanismes ou plus, un choix sera généralement fait entre les deux quand il s'agira d'en rendre compte. Une décision sera prise – le plus souvent inconsciemment – que c'est l'un ou l'autre de ces mécanismes qui a été à l'œuvre et le prix sera expliqué en fonction de lui seul. Il pourra arriver aussi que nul ne se soit rendu compte de la présence de plusieurs mécanismes imbriqués. Il est bien entendu plus difficile d'ignorer l'existence de plusieurs mécanismes dans un cas comme celui que je viens de donner comme exemple, où l'intervention du gouvernement a très clairement lieu après coup.

## *Un exemple de double détermination du prix*

Un article du *Financial Times* daté du 2 juin 2013, intitulé « Quand l'investissement dans la réassurance fait baisser les prix », rapportait la chose suivante :

> Le faible rendement financier des autres secteurs a attiré l'investissement qu'opèrent les fonds de retraite et les gestionnaires de fonds sur le marché ésotérique de la réassurance, ce qui a contribué à faire baisser brutalement la cote des compagnies d'assurances [...]. Au cours du week-end dernier les assureurs américains de l'immobilier, cherchant à gérer leur exposition aux ouragans et à d'autres calamités, ont pu obtenir des ristournes de l'ordre de 15 % lors du renouvellement annuel de leurs polices de réassurance [...]. Certains assureurs expriment leur inquiétude : les nouvelles sources de financement auraient conduit à un relâchement des normes d'évaluation du risque, impliquant que le secteur a cessé d'estimer le risque au niveau approprié, exposant du coup les investisseurs inexpérimentés à des pertes éventuelles sévères (Gray, 2013).

Que suggérait cette dépêche ? Qu'un investissement financier massif dans les compagnies de réassurance avait conduit le montant des primes d'assurance à baisser de manière importante, faisant craindre que le risque ait cessé d'être couvert au niveau adéquat.

Selon la logique *actuarielle*, le montant d'une prime d'assurance doit être calculé de manière à garantir à la compagnie émettrice d'être à même de couvrir le montant du sinistre, de couvrir ses propres frais de gestion et de se garantir aussi un profit, tout en pouvant résister au choc d'une perte résultant du sinistre au montant potentiellement le plus élevé. Or, ici, l'offre et la demande portant sur les compagnies de réassurance elles-mêmes venaient interférer avec ce calcul, poussant les chiffres dans une zone dangereuse.

Une telle détermination d'un prix par l'action de plusieurs mécanismes, dont certains sans rapport avec la rationalité même des opérations – dans le cas présent, mesurer correctement un risque – ignorée par la « science » économique standard, est en réalité plutôt la règle que l'exception. Elle remet cependant en cause de manière radicale la notion même de *rationalité* économique. Nous allons, à partir de Keynes, examiner ce qu'il en est exactement.

## *Keynes et le double mécanisme de détermination du prix*

Que deux mécanismes ou davantage puissent intervenir pour déterminer un prix, Keynes en était pleinement conscient. Il a mentionné la chose explicitement, sinon dans ses écrits économiques (du moins à ma connaissance), en tout cas, et sans ambiguïté, dans son *Traité de probabilités* publié en 1921.

Dans le passage en question, Keynes commence par expliquer qu'il n'y a aucune nécessité pour un bookmaker de connaître avec une précision mathématique la probabilité des événements sur lesquels il accepte de prendre des paris pour autant qu'il a déterminé la donne de telle manière qu'il a pu verrouiller d'emblée un profit : il a pu ainsi définir la configuration des paris de telle sorte qu'il s'est assuré que la somme qu'il déboursera au moment du règlement ne représente, par exemple, que 90 % de celle qu'il aura préalablement encaissée. Le raisonnement est le même, souligne Keynes, qu'il s'agisse d'un assureur ou d'un bookmaker : « Il suffit pour l'assureur, explique-t-il, que la prime qu'il réclame *excède* le risque probable » (Keynes, 1921 : 22). Et dans la suite de ce passage, Keynes continue d'entremêler les considérations portant sur les activités du bookmaker et sur celles de l'assureur, du fait qu'elles relèvent, comme il le souligne, d'une même logique.

Voyons comment peut se faire la transposition. Il est équivalent de parier auprès d'un bookmaker que M. Theodore Roosevelt sera élu aux élections présidentielles américaines de novembre 1912, et de s'assurer auprès d'un assureur *contre* le risque que M. Roosevelt l'emporte à ces élections : si le sinistre couvert par l'assurance est du même montant que le gain promis par le bookmaker, la somme touchée si M. Roosevelt l'emporte est identique dans un cas comme dans l'autre.

Dans ce passage du *Traité de probabilités*, Keynes commence par analyser le comportement d'un assureur comme s'il s'agissait d'un bookmaker :

> Alors même que [l'assureur] peut se garantir un profit, selon le même principe que dans le cas du bookmaker, les chiffres individuels [associés aux issues possibles] composant son « book » sont, à l'intérieur de certaines limites, arbitraires. Il se peut, disons, qu'il soit pratiquement certain qu'il n'y aura pas de nouvelles taxes sur plus d'une des trois denrées que sont le thé, le sucre et le whisky ; disons aussi que le bruit qui court à l'étranger, qu'il s'agisse là d'une rumeur raisonnable ou déraisonnable, est que les probabilités se rangent dans l'ordre suivant : whisky, thé, sucre, et il se peut, du coup, qu'il ait vendu des polices en quantités égales portant sur chacune de ces denrées à 30 %, 40 % et 45 %. Il s'est donc garanti un profit de 15 % [P.J. : 30 % + 40 % + 45 % = 115 %], quels que soient l'absurdité et le caractère arbitraire de ses cotations. Il n'est aucunement nécessaire pour le succès d'une vente de polices d'assurance sur la base de ces chiffres que les probabilités de ces nouvelles taxes aient véritablement pour mesure les nombres 3/10, 4/10 et 4,5/10, il suffit que des négociants soient disposés à s'assurer à de tels taux (*ibid.* : 22).

Keynes attire l'attention ensuite sur le fait que deux mécanismes interviennent simultanément pour déterminer le montant de la prime que l'assureur devra réclamer : l'un qui est fonction de la probabilité du sinistre, l'autre qui dépend de la demande pour une telle assurance, l'assureur représentant quant à lui, le côté de l'offre (c'est moi qui souligne) :

> Qu'une telle transaction ne diffère pas d'une transaction de bookmaker transparaît du fait que *s'il existe une demande particulièrement importante pour une assurance contre l'une des éventualités, son taux augmente* – la probabilité n'a pas changé mais le « book » risque d'être bouleversé. Une élection présidentielle aux États-Unis nous offre un exemple plus précis. Le 23 août 1912, la cote chez Lloyd's était de 60 % pour la compensation d'un sinistre total si le Dr Woodrow Wilson devait être élu, de 30 % si M. Taft devait être élu et de 20 % si ce devait être M. Roosevelt qui était élu. Un courtier, qui aurait pu vendre des polices en quantités égales contre le risque d'élection de chacun de ces candidats, aurait été certain à ces taux-là d'un profit de 10 % [P.J. : 60 % + 30 % + 20 % = 110 %]. *Les modifications subséquentes de ces termes dépendraient dans une très large mesure du nombre d'acheteurs pour chaque type de police.* Peut-on prétendre que ces chiffres représentent d'une quelconque manière des estimations numériques raisonnées de probabilités ? (*ibid.* : 22-23).

Que dit Keynes dans ce passage ? Il explique qu'un assureur déterminera le risque associé à l'apparition d'un certain type d'événements par des méthodes actuarielles classiques, c'est-à-dire visant à déterminer la probabilité du sinistre en faisant intervenir un certain nombre de facteurs objectifs (la fréquence d'événements antérieurs de même nature, etc.). Néanmoins, si la demande augmente pour un certain type de police d'assurance, ce fait même sera interprété par l'assureur en termes d'augmentation du risque, et le niveau de la prime aura été déterminé en réalité par un mécanisme où l'offre et la demande jouent elles aussi le rôle de facteur. C'est *l'intervention de ce second mécanisme*, à la suite du premier visant à définir les enjeux en fonction de probabilités d'événement objectives, qui conduit Keynes à poser la question : « Peut-on prétendre que ces chiffres représentent d'une quelconque manière des estimations numériques raisonnées de probabilités ? » *Ce n'est effectivement plus le cas une fois qu'est entré en jeu le second mécanisme : celui qui va intégrer comme un facteur déterminant du prix la dimension de la demande effective.*

## *L'intervention du temps dans la détermination du prix*

Le risque pour le vendeur dans l'achat/vente est de ne pas être payé ou si le produit doit encore être manufacturé une fois la vente conclue, que l'acheteur se dédise. Le risque pour l'acheteur dans l'achat/vente est que le produit ne corresponde pas à la description qu'en avait faite le vendeur, que sa qualité soit différente, laquelle avait déterminé le prix auquel l'acheteur était prêt à acheter. S'il y a eu tromperie, le cadre légal défini par le Code civil permet un recours. Le risque dans un achat est un risque quant à la qualité du bien acquis ou du service reçu.

L'achat/vente est une opération *au comptant*, ce qui signifie que la transaction est instantanée et qu'aucune « corruption » liée à l'écoulement du temps n'interfère : *l'imprévisibilité du monde n'a pas ici d'impact.* Le vendeur sait ce qu'il vend, et comme l'acheteur ne partage pas cette connaissance, il existe une « asymétrie » de l'information, selon les termes des économistes, dont le vendeur n'a pas le droit de tirer profit.

Le prêt/emprunt est une *opération* dite *à terme* parce qu'elle s'étale sur une certaine durée, avec au minimum deux temps : celui où elle débute et celui où elle s'achève. Dans un premier temps, quelqu'un emprunte à quelqu'un qui prête et, dans un second temps, la personne qui a emprunté, rembourse celle qui a prêté. De ce premier temps, on dit que c'est le moment où le *prêt* est *consenti* ou que l'*emprunt* est *émis.* Ce second temps, celui du remboursement du *prêt*, on l'appelle aussi son *échéance*, on dit aussi que c'est le moment où l'*emprunt*, qu'on appelle aussi « obligation », *arrive à maturité* ; j'utiliserai ces termes synonymes indifféremment par la suite. Si j'ai écrit « au minimum deux temps », c'est parce qu'est généralement spécifié, comme faisant partie du contrat, que des versements d'intérêts auront lieu à des moments prédéterminés entre l'initiation du prêt et son débouclage.

L'apparition du facteur temps dans le prêt/emprunt par rapport au processus instantané de la vente, sous la forme du temps qui s'écoule entre l'initiation de l'opération et son débouclage, introduit un nouveau type de risque : qu'interviennent un ou plusieurs événements qui empêcheront celui qui a promis de rembourser la somme empruntée et d'effectuer les versements d'intérêts auxquels il s'est engagé, de s'acquitter, partiellement ou pleinement, de sa promesse telle qu'elle a été spécifiée dans le contrat.

C'est ce risque-là qui justifie qu'une *prime de crédit* soit incluse dans le taux d'intérêt réclamé. L'autre composante du taux d'intérêt, c'est la rente exigée par les détenteurs de capital, dont l'*efficacité marginale du capital* détermine le plafond, la part de la nouvelle richesse créée grâce à ce capital qu'ils obtiennent pour eux et dont le montant est déterminé par le rapport de force global, à l'échelle d'une nation ou d'un marché globalisé au niveau mondial, entre les détenteurs du capital et ceux qui l'emprunteront.

Si le temps intervient dans la détermination de l'*efficacité marginale du capital* et de la *prime de crédit* d'un emprunt, ce n'est pas en tant que tel, ni non plus au même titre, mais en raison des événements qui ont lieu dans le monde durant le laps de temps qui s'écoule entre le moment de son émission et celui où il arrive à maturité et qui affectent soit l'un, soit l'autre. Le temps intervient dans l'*efficacité marginale du capital* en tant que le capital pourra être utilisé comme « avance » dans un processus productif qui débouchera sur la création d'une nouvelle richesse dont une part reviendra au prêteur sous la forme d'intérêts ou de dividendes. Dans la *prime de crédit*, le temps intervient en tant que durant ce processus productif des accidents peuvent se produire, susceptibles d'empêcher éventuellement que la somme prêtée ne soit remboursée ou que les intérêts ne soient versés.

## *Le « prix » d'un emprunt ou d'une obligation*

Le « prix » d'un emprunt ou d'une obligation au moment de son émission, c'est son taux d'intérêt annuel. Le montant du « principal », la somme prêtée, n'est pas un prix, c'est précisément une somme d'un montant donné sur la base duquel le montant des versements d'intérêts sera calculé au prorata du taux d'intérêt annuel sur lequel prêteur et emprunteur se sont mis d'accord.

Le prêteur éventuel compare en termes de *rendement*, c'est-à-dire de taux d'intérêt, des placements de même durée. S'il est quelque peu familier de l'investissement, il décomposera le taux en ses deux composantes majeures que sont la part de l'*efficacité marginale du capital* susceptible de lui revenir et la *prime de crédit* et évaluera chacune des deux en tant que telle (j'ignore ici, pour faciliter le raisonnement, d'autres primes qui devraient être prises en compte dans certaines circonstances, comme la prime de change d'une devise en une autre ou la prime de conversion au cas où une nation passe d'une devise à une autre). Le montant de la portion de l'*efficacité marginale du capital* revenant à l'investisseur propre à tel emprunt est-il celui qu'offre le marché, toutes autres conditions étant par ailleurs égales ? La portion *prime de crédit* évalue-t-elle correctement le *risque de contrepartie*, le risque de non-remboursement, de non-versement des intérêts promis ?

Comment distinguer au sein d'un taux d'intérêt, ses deux composantes : la part d'*efficacité marginale du capital* qui revient au prêteur et la *prime de crédit* ? C'est simple : en prenant comme étalon un emprunt pour lequel la *prime de crédit* est nulle ou quasiment nulle. Le 16 juillet 2014, le taux sur l'emprunt allemand à dix ans est de 1,20 %, sur l'emprunt portugais à dix ans, il est de 3,82 %. Dans un contexte financier où l'on considère que le risque de défaut de l'Allemagne est nul, la *prime de crédit* que l'on réclame à cette nation quand elle emprunte sur le marché des capitaux est du coup nulle aussi. Il est alors possible de considérer que la part d'*efficacité marginale du capital* revenant à l'investisseur sur le marché international des capitaux pour des emprunts à dix ans le 16 juillet 2014 est égale au taux de l'emprunt allemand, autrement dit qu'il est de 1,20 %. En conséquence de quoi la *prime de crédit* du Portugal est, elle, de 3,82 – 1,20 = 2,62 %.

Dès qu'un emprunt a été émis, il y a basculement : son « prix » cesse d'être son taux pour devenir le prix auquel il s'achète, c'est-à-dire une somme dont la base de calcul est le montant du principal, de la somme initialement prêtée. Pourquoi ce basculement ? Parce que le nouvel acheteur d'un emprunt est la personne se substituant au prêteur initial et parce que le taux d'émission ayant été attaché à l'emprunt une fois pour toutes, il a cessé d'être négociable. Expliquons-nous.

Au moment où l'emprunt est émis, on se trouve sur ce que l'on appelle le *marché primaire des capitaux* et la somme prêtée n'est pas négociable parce que l'emprunteur a besoin de tant, un point c'est tout. Mais le taux lui est négociable et c'est sur lui que porte la négociation. Quand l'emprunt est revendu (et racheté), quand on se trouve sur le *marché secondaire des capitaux*, ni la somme prêtée – le montant du principal – ni le taux ne sont plus négociables : il s'agit d'un donné ; la chose qui est négociable est le prix auquel le prêteur est disposé à vendre son emprunt à un tiers disposé à se substituer à lui en tant que prêteur. Pourquoi ce prix serait-il distinct de la somme prêtée ? Parce que des versements d'intérêts ont déjà pu intervenir, parce que l'*efficacité marginale du capital* a pu changer entre-temps, et le montant de la *prime de crédit* aussi.

À mesure que le temps s'écoule entre le moment de l'émission de l'obligation et celui où elle arrive à maturité, c'est-à-dire le moment de son remboursement, des événements interviennent tels que des versements d'intérêts, ou une évolution dans la santé financière de l'emprunteur ou dans l'*efficacité marginale du capital* à l'échelle du marché des capitaux. Prenons un exemple.

J'ai contracté un emprunt de 1 000 euros à cinq ans à 7 %. Ceci veut dire que j'ai prêté 1 000 euros et que je reçois chaque année pendant cinq ans en « coupons », en intérêts, 70 euros (1 000 × 0,07).

Au bout d'un an et demi, j'entends revendre mon emprunt. Je rencontre un acheteur éventuel et je lui dis : « Voilà, c'est 1 000 euros ! » Il me répond : « Vous avez payé 1 000 euros pour quelque chose qui rapporte 70 euros chaque année et vous avez déjà reçu le premier versement. Je suis prêt à vous l'acheter mais je ne paierai que 1 000 – 70 = 930 euros ».

Le calcul est simplifié à l'excès : il faudrait que compte soit tenu du temps qui reste à courir jusqu'aux prochains « coupons » pour calculer leur valeur dite « actualisée », tenir compte aussi du climat du marché des capitaux qui a pu évoluer, mais laissons cela entre parenthèses car ce que je veux souligner, c'est qu'un événement est intervenu qui fait que l'emprunt revendu maintenant vaut moins que la somme initialement prêtée.

De même, la santé financière de l'emprunteur a pu se dégrader. Au bout d'un an et demi, je trouve un acheteur et, ayant retenu la leçon de ma première tentative, je lui dis : « Voilà, c'est 930 euros ! » Il me dit : « L'emprunteur a maintenant des ennuis, vous le savez bien ! Quand vous lui avez prêté, les 7 %, c'était 2 % en *prime de crédit*, et 5 % qui reflétaient l'*efficacité marginale du capital* de l'époque. Aujourd'hui, la *prime de crédit* pour ce gars-là, c'est 3 %, ce qui fait qu'il ne reste que 4 % pour le prix de la richesse qui se crée pendant ce temps grâce à la somme prêtée, alors que l'*efficacité marginale du capital* sur les marchés, elle, n'a pas bougé. Quatre versements de coupons pour lesquels il manque 1 %, c'est 40 euros de moins, je vous offre 930 – 40 = 890 euros ». Encore une fois, le calcul est simplifié grossièrement, mais encore une fois, il ne s'agit que de mettre en évidence le principe à l'œuvre.

Enfin, dernier élément susceptible d'avoir évolué depuis l'émission de l'emprunt : la part de l'*efficacité marginale du capital* fluctuante revenant à l'investisseur. Sur l'année et demie écoulée, l'économie étant en grande forme, elle est passée de 5 à 6 %. L'acheteur éventuel dit cette fois : « Écoutez, cet emprunt n'a que 7 % comme rendement, mais je peux trouver maintenant une obligation équivalente sur le marché assortie d'un coupon de 8 %, je suis prêt à vous l'acheter pour 890 – 40 = 850 euros », les 40 euros étant mon manque à gagner quand j'achète un emprunt de cinq ans dont quatre restent à courir et dont le rendement est de 7 % plutôt que de 8 %.

On aura compris à travers ces exemples l'évolution possible du prix d'un emprunt ou d'une obligation avec le temps qui passe. À part la décote due au versement du premier « coupon » qui est liée à une évolution irréversible du temps, les deux autres évolutions du prix auraient bien entendu pu avoir lieu dans la direction opposée à celle de mes exemples : la santé financière de l'emprunteur aurait pu s'améliorer, ce qui aurait signifié une baisse de la part *prime de crédit* dans le taux d'intérêt global et une hausse concomitante de la part liée à l'*efficacité marginale du capital*, ainsi qu'une hausse du prix de revente de l'emprunt ; de même, la part de l'*efficacité marginale du capital* revenant à l'investisseur aurait pu baisser sur le marché des capitaux, ce qui (paradoxalement) aurait fait grimper le prix à la revente de cet emprunt, et ceci en raison de l'avantage comparatif en sa faveur par rapport aux obligations du même type émises depuis qu'a été constatée l'évolution à la baisse de l'*efficacité marginale du capital.*

Trois facteurs déterminent donc le prix d'un emprunt sur son marché secondaire où il s'achète et se revend dans la période qui s'ouvre aussitôt après qu'il a été émis : 1) le temps qui passe et qui rapproche l'emprunt du moment de son remboursement, avec la scansion marquant une baisse du prix chaque fois que vient d'avoir lieu une *tombée*, un versement d'intérêts ; 2) l'évolution de l'*efficacité* marginale *du capital* à l'échelle du marché des capitaux dans son ensemble, qui détermine la part « universelle » du taux d'intérêt attachée à l'emprunt : celle qui vaut pour tous les prêts consentis au même moment et est indépendante de la personne de l'emprunteur et de sa capacité à remplir ses obligations qui sont le remboursement *in fine* de la somme prêtée et le versement des intérêts d'ici là ; 3) l'évolution de la bonne santé financière de l'emprunteur qui détermine la *prime de crédit*, qui est la part « singulière » du taux d'intérêt attachée à l'emprunt : celle qui est liée à la personne de l'emprunteur et est spécifique à sa capacité à remplir ses obligations qui sont le remboursement *in fine* de la somme prêtée et le versement des intérêts d'ici là ; c'est sur cette part-là du taux que va pouvoir influer la notation qu'attribuent les agences de notation telles Standard & Poor's, Moody's et Fitch.

Résumons. Mises à part les tombées d'intérêts, il existe deux moments majeurs dans la vie d'un emprunt : son émission et son échéance. Entre ces deux moments s'étend une période durant laquelle il peut être acheté et vendu sur un *marché secondaire*.

Le premier moment est celui de sa naissance sur un *marché primaire* où son prix se détermine, ce « prix » étant alors son taux d'intérêt : c'est la partie du contrat véritablement négociable à cet instant entre prêteur et emprunteur. Le taux d'intérêt a deux composantes : la part de l'*efficacité marginale du capital* revenant à l'investisseur et la *prime de crédit*. Les deux composantes du taux sont déterminées indépendamment l'une de l'autre, la première partie est *universelle* : elle dépend de l'économie et du marché des capitaux dans leur ensemble, la seconde partie est *singulière* : elle est propre à l'emprunt spécifique lui-même.

Si le prêteur revend son emprunt, celui-ci entreprend alors de vivre sa vie sur un *marché secondaire* où son « prix » ne sera plus son taux d'intérêt, mais cette fois la somme versée par un candidat prêteur au prêteur auquel il se substitue : cette somme, dont la base de calcul est le montant du *principal* : la somme qui a initialement été prêtée, est cette fois la partie négociable, non plus entre prêteur et emprunteur, mais entre vendeur et acheteur de l'emprunt en cours, l'acheteur se substituant au vendeur en tant que prêteur de fait. Trois facteurs vont jouer ici sur l'évolution du prix : 1) le temps qui passe et qui rapproche l'emprunt de son échéance ; 2) l'évolution générale du marché des capitaux qui va déterminer la part *efficacité marginale du capital* du taux, et 3) la bonne santé financière de l'emprunteur qui va déterminer la part *prime de crédit*.

Cerise sur le gâteau : pour les deux dernières influences possibles – *efficacité marginale du capital* et *prime de crédit* –, ce n'est pas nécessairement un mécanisme unique qui va déterminer le montant de chacune des deux composantes du taux d'intérêt. La raison en est qu'une revente est une transaction de nature instantanée où va donc pouvoir jouer le rapport de force « ici et maintenant » entre l'acheteur et le vendeur, indépendamment du fait qu'un emprunt ou une obligation est en soi de nature temporelle entre son émission et son échéance. Ce qui veut dire que bien que la portion « universelle » du taux d'intérêt de l'emprunt représente une part de l'*efficacité marginale du capital*, elle reste influençable par le rapport de force instantané entre ceux qui cherchent à acheter et ceux qui cherchent à revendre un tel emprunt sur son *marché secondaire*. De même, bien que la part « singulière » du taux d'intérêt de l'emprunt représente le *risque de contrepartie*, à savoir le risque de non-remboursement et de non-versement des tombées d'intérêts par l'emprunteur, et a donc un fondement objectif « actuariel », c'est-à-dire véritablement inscrit dans la réalité empirique du monde tel qu'il est, elle reste influençable, soit, et si l'on en croit Keynes, par la représentation du monde en devenir par les êtres humains aux prises avec lui, soit, si l'on accepte ma propre interprétation, par le rapport de force instantané entre ceux qui cherchent à acheter et ceux qui cherchent à revendre un tel emprunt sur son *marché secondaire* ; c'est spécifiquement à ce second aspect que faisait allusion Keynes dans le passage du *Traité de probabilités* que j'ai reproduit ci-dessus, j'y reviendrai à propos de l'illustration de l'ensemble de ces mécanismes par le *credit-default swap* (CDS).

## *En quoi mon approche du prix diffère de celle des économistes*

Je signale que si certains éléments de l'explication que je viens d'offrir sont connus de la théorie financière et si leur mécanisme est expliqué dans les manuels, le mécanisme global que je décris est lui cependant inconnu ; il est également incompatible avec l'explication de la formation des prix qu'offre Keynes. La raison en est que le rapport de force entre acheteur et vendeur, ou entre prêteur et emprunteur, en tant que facteur explicatif, est absent aussi bien chez Keynes que dans les explications offertes par les autres économistes.

Que trouve-t-on à la place ? Pour Hayek, dont l'opinion sur le sujet domine les manuels d'économie contemporains, un prix est un « signal ». Le manuel intitulé *Foundations of Financial Markets and Institutions*, dont l'un des auteurs est Franco Modigliani (1918-2003), prix Nobel d'économie en 1985, affirme : « Les prix sont des signaux opérant dans une économie de marché, guidant les ressources économiques vers leur meilleur usage » (Fabozzi, Modigliani & Ferri, 1994 : 2).

Dans cette version standard du mécanisme de la formation du prix, les prix observés ont un attracteur appelé « prix objectif », lequel se constate dans un contexte de parfaite information et de parfaite transparence, c'est-à-dire dans un marché où la concurrence est parfaite et où acheteurs comme vendeurs, emprunteurs comme prêteurs, disposent « symétriquement » de la même information. Lorsqu'un cadre présentant ces caractéristiques peut être assuré, le prix *effectif* tend à s'identifier au prix *objectif*.

Jouent un rôle essentiel dans cette tendance du prix vers le prix objectif, les opérations dites d'*arbitrage* dans lesquelles un agent économique découvre pour un produit financier deux marchés où son prix diffère. Il l'achète alors sur le marché où son prix est faible pour le revendre sur celui où son prix est plus élevé, s'assurant un profit. L'action conjointe de nombreux arbitragistes fait disparaître l'anomalie que représente l'existence de ces prix multiples ; le prix unique vers lequel convergent les différents prix constatés est alors le prix *objectif*, celui qui a la vertu de « guider les ressources économiques vers leur meilleur usage ».

On aura noté au passage que cette définition : « Les prix sont des signaux opérant dans une économie de marché, guidant les ressources économiques vers leur meilleur usage » ne constitue pas une définition *opérationnelle*, au sens où elle permettrait de deviner comment un prix se constitue dans une situation réelle. Il s'agit plutôt d'un avertissement dogmatique qui appartient à la même famille que la parabole de la « main invisible » d'Adam Smith, dont la signification subliminale est : « Abstenez-vous d'interférer car tout se passe déjà de manière optimale et cela automatiquement ! » Il n'y a bien entendu aucune chance pour qu'une injonction comme celle-là, apparentée au fameux : « Circulez ! Y a rien à voir ! », puisse laisser transparaître un mécanisme où les rapports de force joueraient un rôle dominant.

Chez Keynes, à partir d'une donnée objective comme les coûts, le prix émerge des représentations que se font les agents économiques sur ce qu'il devrait être. Le « taux de rémunération des facteurs de production entrant dans le coût marginal [et le] facteur d'échelle » (Keynes [1936], 1973 : 294) ayant été pris en considération, le prix résulte, en dernière instance, de « mécanismes psychologiques » qu'il revient à l'économiste de distinguer et de décrire. Keynes évoquera ainsi pour expliquer la *préférence pour la liquidité*, les motivations « transactionnelle », « précautionneuse » et « spéculative » :

> Les trois subdivisions de la préférence pour la liquidité [...] peuvent être définies comme dépendant de (i) la motivation transactionnelle, à savoir le besoin d'argent liquide pour la transaction immédiate d'échanges à titre personnel et d'affaires ; (ii) la motivation précautionneuse, à savoir le désir de disposer par besoin de sécurité d'une certaine proportion de ses ressources globales sous la forme d'un équivalent futur d'argent liquide ; (iii) la motivation spéculative, à savoir l'objet de s'assurer d'un profit du fait que l'on sait mieux que le marché de quoi l'avenir sera fait (*ibid.* : 170).

Aucun de ces mécanismes psychologiques que Keynes mentionne en diverses occasions n'est cependant, comme nous l'avons vu, à l'abri de l'interférence avec lui de ce qu'il appelle les « esprits animaux » : notre prédisposition, face aux incertitudes de l'avenir, à trancher sans raison précise, par besoin d'agir plutôt que d'accepter de rester dans l'indécision (*ibid.* : 161).

Considérer que les représentations qu'ont les agents économiques des opérations économiques déterminent leur réalité, est l'un des apports originaux de Keynes, conséquence certainement de la réflexion qu'il a menée durant la période où il rédigeait son *Traité de probabilités* (1921). Pour lui, la façon dont nous nous représentons le déroulement futur des événements définit notre conduite et du coup, pour autant que ces événements dépendent de décisions humaines, ce qui aura effectivement lieu.

Il serait alors logique de supposer que les représentations de l'ensemble des parties impliquées importent au même titre, or, comme nous avons eu l'occasion de le voir, le taux d'intérêt ne se constitue pas chez Keynes dans la confrontation des prêteurs et des emprunteurs potentiels, mais dans la représentation que se fait de l'avenir des taux le prêteur seul. C'est que Keynes fait de la *préférence pour la liquidité* le facteur essentiel de la fixation du taux d'intérêt, préférence qui ne peut exister que dans la représentation du seul prêteur, l'emprunteur n'ayant lui le choix qu'entre accepter ou refuser la décision du prêteur quant au niveau où doit se situer le taux d'intérêt.

La difficulté ici est d'évaluer l'impact de ces représentations, d'autant qu'il n'est pas sûr qu'elles puissent émerger de manière cohérente parmi les agents économiques qui se les font, et converger vers une évaluation précise. Rien ne prouve alors que ces représentations ne constituent pas un simple bourdonnement inconséquent pour la formation des prix. Ce qui m'encourage à dire cela, c'est que ma simulation d'un marché boursier (Jorion, 2006), mentionnée antérieurement, suggérait précisément que les prévisions des agents mis en scène ne débouchent sur rien de concret parce que, résultant de stratégies développées à l'échelon d'une multitude d'horizons de temps différents et étant déterminées par une multitude de facteurs dont la plupart, soit portent sur une réalité essentiellement inconnaissable, soit sont nécessairement subjectifs, elles se neutralisent et s'annulent dans leur diversité, et ne se distinguent du coup en rien d'un bruit de fond dont l'impact sur le déroulement futur des événements est en réalité nul. Plus significatif encore : lorsque les stratégies des agents simulés se concrétisent en prévisions plus souvent correctes que fausses, l'évolution du marché débouche rapidement sur un krach (suffisent à cela quelques fractions de pour cent au-dessus des 50 % de choix corrects qu'offre automatiquement une décision prise à pile ou face).

Aussi, quand on lit dans la *Théorie générale de l'emploi, de l'intérêt et de la monnaie* l'explication suivante :

> Si l'effet de la baisse de l'unité-salaire est de produire une attente qu'elle s'élève à nouveau par la suite, le résultat sera pleinement favorable. Si, au contraire, l'effet est d'engendrer l'attente d'une nouvelle chute, l'impact sur l'efficacité marginale du capital peut contrarier la baisse du taux d'intérêt (Keynes [1936], 1973 : 232),

on ne peut s'empêcher de penser que rien ne permet en réalité d'imaginer que le choix dans un sens ou dans l'autre des agents économiques impliqués différera significativement des 50 % pour chaque camp, que produirait tout aussi bien une décision jouée à pile ou face, et que la mention par Keynes d'un mécanisme débouchant sur une telle alternative ne présente en réalité aucun intérêt puisque son effet dans la pratique sera nul.

J'ai dit que pour ce qui est des sous-mécanismes de la formation des prix, par exemple l'impact de la tombée d'un coupon sur le prix d'une obligation, tous s'accordent, mais pour ce qui est du mécanisme global dont le fondement est selon moi le rapport de force entre les acteurs en présence (Jorion, 1990 ; 2010), le prix se forme pour la théorie économique d'une part, et pour Keynes d'autre part, des deux manières que je viens de rapporter.

## *Les opérations des banques centrales sur les taux longs*

Quand j'écrivais à l'instant que « la part "universelle" du taux d'intérêt de l'emprunt [qu'est] une part de l'*efficacité marginale du capital* [...] reste influençable par le rapport de force instantané entre ceux qui cherchent à acheter et ceux qui cherchent à revendre un tel emprunt sur son *marché secondaire* », il existe de cela d'excellents exemples sur le marché de la dette souveraine.

La banque centrale d'une nation cherchera ainsi à faire baisser les taux de sa propre dette souveraine en achetant en quantité sur le marché secondaire des emprunts de la maturité dont elle cherche à obtenir une baisse du taux. En allant se placer sur les rangs des acheteurs pour des volumes importants, elle amplifie la concurrence entre eux, ce qui conduit chacun à brider ses prétentions en termes de coupon (taux d'intérêt) pour améliorer ses chances d'acquérir l'obligation visée dans la quantité souhaitée.

Les achats massifs de dette souveraine d'un pays par un autre ont bien entendu le même effet. Je relatais ainsi dans *La Crise du capitalisme américain*, l'ouvrage paru en janvier 2007 où j'annonçais l'imminence de la crise des *subprimes* que :

> La principale [...] raison pour [laquelle] les taux américains à long terme ne grimpèrent pas entre 2001 et 2006 [...] réside dans le fait que certaines nations achètent des obligations américaines en quantités astronomiques, et cela bien que leur rendement ne soit pas très élevé, neutralisant du coup la tendance normale sinon des taux à contrebalancer une dépréciation du montant de l'obligation par un taux plus élevé de son coupon. Les nations qui détiennent ces portefeuilles géants de bons du Trésor américain sont le Japon, la Chine, Taïwan et la Corée. [...] Au lieu d'échanger ces réserves contre leur monnaie nationale, le yen et le yuan, ce qui ne manquerait pas de faire choir la valeur de la devise américaine, ces deux nations préfèrent les utiliser pour acheter des bons du Trésor américain et des *mortgage-backed securities* [titres adossés à des prêts hypothécaires], autrement dit elles préfèrent financer la dette budgétaire du gouvernement fédéral » (Jorion, 2007 : 232).

Et, en mai 2008, alors que la crise battait son plein, j'écrivais dans *L'Implosion*, dans la section intitulée « Des taux remarquablement bas » :

> Le taux du prêt hypothécaire américain le plus courant, le trente ans à taux fixe, est aligné sur celui des bons du Trésor à dix ans, celui parmi les taux qui est resté depuis une dizaine d'années à un niveau artificiellement bas en raison des achats massifs de bons du Trésor par la Chine, le Japon, Taïwan et la Corée, conscients qu'il s'agissait

> là d'un subside offert au consommateur américain et s'efforçant par ce moyen, de doper leurs exportations. Le mécanisme de cette baisse des taux était simple : comme il existait une vive concurrence entre acheteurs potentiels de bons du Trésor, le gouvernement américain pouvait réduire le coupon de l'obligation et toujours trouver preneur. En mai 2007, le vice-Premier ministre chinois, Mme Wu, alors en visite aux États-Unis, insistait sur cet aspect jugé positif : « La Chine exporte vers l'Amérique tandis que ses investissements en titres obligataires américains aident les États-Unis à maîtriser leur inflation et leurs taux d'intérêt, encourageant ainsi chez eux une croissance accélérée et la création d'emplois » (Jorion, 2008 : 26-27).

Il a été reproché à Alan Greenspan, gouverneur de 1987 à 2006 de la Federal Reserve, la banque centrale des États-Unis, d'avoir maintenu les taux d'intérêt américains à court terme à un niveau trop bas et durant une période trop longue, favorisant ainsi la bulle immobilière qui devait éclater en 2007. Précisons, quitte à être un peu technique dans notre explication, que l'accusation était sans fondement du fait que la majorité des prêts hypothécaires de type classique aux États-Unis avaient alors leur taux aligné, comme je le mentionnais dans le passage que je viens de citer, sur le taux américain à dix ans, dont le niveau – nous venons de le voir – était déterminé de fait par les achats massifs des principaux acquéreurs de dette américaine : Chine, Japon, Taïwan et Corée. Quant aux prêts *subprime*, la plupart étaient du type 2/28 ARM (*adjustable-rate mortgage*) dont le taux d'intérêt était sans doute aligné sur un taux court – le LIBOR 6 mois – mais la très grande majorité de ces emprunts étaient refinancés avant que ne soit atteinte la limite des deux ans initiaux durant lesquels l'emprunteur bénéficiait d'un taux incitatif d'un niveau essentiellement symbolique (le *teaser rate* : le « taux taquin »), l'organisme prêteur ayant fait son bénéfice par ailleurs grâce à des artifices comme des « frais d'ouverture de dossier », etc. ; le sigle 2/28 signifiait en effet 2 ans de taux incitatif suivis de 28 ans de taux variable aligné sur le LIBOR 6 mois. J'ai pu vérifier personnellement à cette époque, dans le cadre de mon emploi dans la firme qui était alors le principal émetteur de titres *subprime*, Countrywide Financial, que seule une portion minime des souscripteurs *subprime* se retrouvaient piégés à devoir s'acquitter, au-delà de la période initiale de deux ans, du versement des intérêts au taux variable déterminé par le marché des capitaux. La raison en était simple : la presse populaire, la radio et la télévision avaient à cœur d'alerter les emprunteurs *subprime*, et les encourageaient à refinancer leur prêt immobilier avant que n'arrive à son terme la période initiale de deux ans durant laquelle le taux d'intérêt incitatif s'appliquait.

Un mouvement dans le même sens, de baisse des taux à long terme en raison d'une demande massive pour les obligations ayant ces maturités, avait repris en 2014. Le *Wall Street Journal* en date du 16 juillet expliquait que :

> Le gouvernement chinois a accru ses achats de bons du Trésor américain cette année au rythme le plus élevé depuis que les chiffres commencèrent d'être enregistrés il y a plus de trente ans [...]. Ces achats expliquent la forte hausse inattendue des bons du Trésor cette année. Le taux des notes du Trésor américain à dix ans est tombé de 3 % à la fin 2013 à 2,54 % aujourd'hui. [...] Les achats de [la Chine] ont un effet salutaire sur les deux bords du Pacifique. En sus d'affaiblir le yuan, ils maintiennent à un bas niveau les taux d'intérêt américains, facilitant l'accès au logement et créant de manière générale un climat financier favorable pour l'économie américaine (Zeng, 2014).

## *Deux cas d'erreurs grossières dans l'interprétation de la formation du prix d'un instrument financier*

Ce que j'ai dit jusqu'ici des mécanismes imbriqués déterminants du prix a pu sembler purement théorique. Il est intéressant d'examiner alors deux cas où la question fut éminemment pratique au point de signifier dans le premier cas que je vais rapporter l'effondrement d'un secteur entier du monde financier, celui des *rehausseurs de crédit*, encore désignés sous leur appellation américaine « *monolines* », et de remettre en question dans le second cas l'existence même de la zone euro, du fait de l'utilisation d'un instrument financier dérivé appelé *credit-default swap* (CDS). L'incapacité à comprendre la logique de la formation des prix expliquée ci-dessus, aussi bien de la part des praticiens que de celle des théoriciens de l'économie ou de la finance, fut en effet, d'une part, à l'origine de la chute des *monolines* au début de l'année 2008 et, d'autre part, au cœur de la crise de la zone euro déclenchée par une hausse dramatique des taux exigés sur la dette souveraine grecque au cours des premiers mois de l'année 2010, un effet de la spéculation à l'aide des *credit-default swaps.*

À ma connaissance, une analyse de ces deux crises en termes d'erreurs grossières dans le calcul du prix d'un produit financier ayant débouché sur une catastrophe, n'a pas encore été proposée jusqu'ici. Leur analyse dans cette perspective est donc proposée ici comme une avancée dans la réflexion économique.

## Les rehausseurs de crédit

Commençons par les rehausseurs de crédit des compagnies d'assurances qui se proposaient d'assurer le risque de perte sur des obligations. L'appartenance du rehausseur de crédit Financial Security Assurance (FSA) au groupe Dexia a joué un rôle non négligeable dans la chute de celui-ci.

Au cours des années qui précédèrent l'effondrement du système financier à l'automne 2008, les *monolines* se proposaient d'assurer les emprunts sur la base d'une évaluation du risque de crédit ne représentant qu'entre le tiers et la moitié de la composante « prime de crédit » du taux d'intérêt associé à ces obligations.

La stratégie des rehausseurs de crédit, fondée sur l'hypothèse que le marché des capitaux surévaluait grossièrement le risque de crédit associé aux emprunts, ne manquait pas d'audace mais s'avéra malavisée : au cours d'une crise éclair qui se dénoua sur trois mois seulement, de novembre 2007 à janvier 2008, la presse financière comptabilisa cruellement au jour le jour le risque auquel ces assureurs étaient exposés. Le miracle n'eut pas lieu et les principaux rehausseurs de crédit, Ambac, MBIA, FSA devenue partie intégrante de Dexia, furent emportés dans la tourmente à courte ou à moyenne échéance (Jorion, 2008 : 216-222).

La théorie économique suppose, comme nous l'avons vu, que si une différence de prix pour le même produit peut être constatée sur divers marchés, l'*arbitrage* y mettra fin rapidement : les arbitragistes l'achèteront là où il est bon marché et le revendront là où il est cher, arasant rapidement l'écart. Or ce n'est pas à cela que l'on assista dans le cas des *monolines* : certaines banques qui se réassuraient sur leur portefeuille d'obligations comptabilisaient immédiatement au bilan la différence entre la prime de crédit qu'elles touchaient comme composante du taux d'intérêt des emprunts de leur portefeuille et la prime qu'elles versaient dorénavant à leur rehausseur de crédit. L'opération avait d'ailleurs un nom : le *negative basis trade*, « opération sur la base négative ». Et les banques qui la pratiquaient la comptabilisaient comme profit (*ibid.* : 221).

Il était difficile d'imaginer pour les spécialistes de la gestion du risque appartenant à d'autres établissements financiers américains – ce qui était mon cas à l'époque – sur quelle base théorique les *monolines* opéraient le calcul qui débouchait sur un chiffre du tiers ou de la moitié seulement du montant de la prime de risque de crédit, évaluation qui s'avéra désastreuse puisqu'elle déboucha à terme sur leur faillite. Une hypothèse envisageable est qu'ils écartaient la part du montant de celle qu'ils reconnaissaient comme spéculative pour ne conserver que celle qu'ils considéraient comme correspondant véritablement à une probabilité de défaut et pouvant être déterminée par une évaluation de type actuariel.

## Le *credit-default swap*

### DÉFINITION DU *CREDIT-DEFAULT SWAP*

Le *credit-default swap* (CDS) constitue une autre manière d'appréhender le risque que s'efforce de couvrir la prime de crédit implicite au taux d'intérêt associé à un instrument de dette : la prime de crédit est détachée du taux d'intérêt pour en faire un produit autonome, objet de transactions sur un marché qui lui est propre.

Comment la prime de crédit implicite au taux d'intérêt d'un instrument de dette, telle une obligation, traite-t-elle le risque de non-remboursement du principal, c'est-à-dire la somme prêtée, ou de non-versement des intérêts, deux risques dont la matérialisation constitue ce que l'on appelle dans le vocabulaire de la finance, un « événement de crédit » ? De la manière dont le ferait un assureur : il exigerait une prime et gérerait le risque de manière statistique sur l'ensemble de son portefeuille. La prime de crédit d'une obligation particulière irait alimenter un fonds de réserve où l'on irait puiser dans les sommes accumulées pour couvrir les pertes essuyées lors d'un sinistre particulier, le sinistre dans ce cas-ci étant un *événement de crédit*.

Je rappelle en deux mots la manière dont procède un assureur classique. L'assureur réclame à l'assuré une prime composée de deux éléments : une composante fixe et une composante variable. La partie fixe comprend les frais et le profit de l'assureur. La partie variable intègre le risque financier que court l'assureur si le sinistre couvert devait se matérialiser ; elle doit tenir compte du montant probable du sinistre et de la probabilité qu'il ait lieu. Le calcul de la probabilité se fait à partir de données historiques portant sur des événements passés du même ordre, intégrées dans des tables dites « actuarielles ».

Comme, je viens de le dire, la prime de crédit implicite au taux d'intérêt met le prêteur en position d'assureur : il doit gérer de manière statistique les événements de crédit qui pourraient affecter son portefeuille. Or, d'une part, le métier d'assureur n'est pas le sien et, d'autre part, il lui faut déjà disposer d'un portefeuille de taille considérable pour pouvoir gérer sur un mode statistique le risque de contrepartie, le risque d'*événement de crédit*, auquel il est exposé.

C'est pour éliminer cette difficulté, autrement dit pour débarrasser le détenteur d'obligations de la nécessité de jouer le rôle d'être son propre assureur, qu'a été introduit le *credit-default swap*, un produit financier dérivé inventé au début des années 1990. Le CDS gère le risque de contrepartie d'une autre manière que ne le font les rehausseurs de crédit : en faisant de la prime de crédit un produit financier « dérivé » autonome car disposant de son propre marché. Je rappelle qu'un *produit dérivé* est un produit financier dont la valeur est indexée sur celle d'un autre produit financier appelé son sous-jacent. Le sous-jacent d'un CDS, ce sont les pertes essuyées sur un instrument de dette : les sommes qui avaient été contractuellement promises, et qui n'auront pas été délivrées quand l'emprunt arrivera à échéance.

Deux dangers guettaient le *credit-default swap* : qu'on ne sache pas comment calculer le prix d'un tel produit financier et celui de le voir détourné par la spéculation du rôle pour lequel il avait initialement été conçu. Or les praticiens se trouvaient ici dans une position très délicate parce que la théorie économique n'était pas (et n'est toujours pas) en mesure de se prémunir contre ces deux dangers : ne reconnaissant pas la spéculation comme une activité financière distincte, elle ne pouvait ni s'en prévenir ni distinguer la part jouée par la spéculation dans la formation du prix de la prime du *credit-default swap*.

L'affaire était donc très mal engagée et ne pouvait que se terminer en catastrophe. L'euro faillit y perdre la vie. Voici pourquoi et comment.

### POSITIONS DE « COUVERTURE » ET POSITIONS « NUES » SUR *CREDIT-DEFAULT SWAP*

En termes usuels (par opposition au jargon financier), l'une des deux parties au contrat qu'est un *credit-default swap* l'« achète » à l'autre qui le lui « vend ». Celui qui « achète » est celui qui s'assure alors que celui qui « vend » jouera le rôle de l'assureur. Cette manière de décrire la transaction aligne sa formulation sur le vocabulaire qui vaut dans le domaine de l'assurance où l'assureur *vend* une police à l'assuré, qui, lui, l'*achète* ; c'est là la manière dont la presse rend généralement compte du marché des CDS.

La littérature financière ainsi que les techniciens des marchés financiers s'expriment autrement : pour eux, celui qui s'assure par l'entremise d'un CDS est « vendeur » alors que l'assureur est lui « acheteur ». La justification de cette inversion par rapport à la manière dont le milieu de l'assurance rend compte de sa façon de faire est celle-ci : comme, selon la logique commune, tout *acheteur* bénéficie d'une appréciation du prix de ce qu'il a acheté, quiconque bénéficie au contraire de la baisse d'un prix est considéré par la finance comme un « vendeur ». Selon cette définition, celui qui s'assure contre une perte est bien *vendeur* puisqu'il tire profit du fait que le prix du produit qu'il a fait assurer s'est dégradé. Celui qui se trouve en position d'assureur est lui, manifestement, *acheteur* puisqu'il bénéficie d'une hausse du prix : si le prix s'apprécie, le risque de défaut recule et de son propre point de vue d'assureur, sa situation s'améliore.

Le fait que la prime de crédit implicite au taux d'intérêt attaché à un instrument de dette ait été rendue autonome et dispose désormais de son marché propre présente l'avantage indéniable que nous avons vu : elle permet à l'acheteur d'un emprunt, d'une obligation, de ne pas être mis en position de devoir jouer le rôle d'être son propre assureur, et de pouvoir au contraire assigner la prime de crédit implicite au taux d'intérêt d'un instrument de dette qu'il détient à une assurance proprement dite au lieu de devoir gérer le risque de contrepartie à l'échelle statistique, ce qui n'est viable d'un point de vue pratique que si son portefeuille obligataire a déjà atteint une taille considérable.

Je n'ai encore évoqué jusqu'ici que la fonctionnalité *a priori* légitime du *credit-default swap* de constituer un marché de la prime de crédit implicite au taux d'intérêt d'un instrument de dette considérée comme un produit financier autonome.

Une des implications de cette autonomie est cependant celle-ci : le risque de contrepartie, le risque d'*événement de crédit*, devient du fait même une marchandise comme une autre, et la possibilité s'ouvre à quiconque d'acheter ou de vendre une exposition à un risque de défaut sur un instrument de dette, que l'on soit détenteur ou non de celui-ci. Les concepteurs du *credit-default swap* n'ont en effet pas exigé que l'« acheteur » d'un CDS soit exposé à un risque réel et il est possible de contracter un CDS permettant de bénéficier du défaut d'un instrument de dette alors même que l'on n'en est pas le propriétaire, c'est-à-dire sans être véritablement prêteur : on parle alors d'une position « nue » sur CDS. Lorsqu'un instrument ou une prise de position sur un instrument financier se contente de mimer un comportement, on parle de position « synthétique ». Les paris sur les fluctuations du prix des actions, sans que des actions soient jamais échangées, comme cela se faisait aux États-Unis tout au début du XXe siècle dans des officines de paris que l'on appelait les « *bucket shops* » (LeFevre [1923], 1994 : 16-17), constituent le type même de position *synthétique*.

Une opération de ce type où l'on s'expose délibérément à un risque que l'on ne court pas peut être rentable si l'on pense qu'un emprunt, une obligation, s'apprête à subir un « événement de crédit », défaut de versement d'intérêts ou non-remboursement ou remboursement incomplet de la somme empruntée, alors même qu'on ne la détient pas, alors même que l'on n'en est pas prêteur.

On pourra vouloir bénéficier du défaut probable d'un emprunteur en situation délicate. Ainsi dans le cas de la Grèce dans la période 2010-2011, quand il paraissait probable qu'elle fasse défaut sur sa dette. L'option existante de prendre une position *nue* sur un *credit-default swap* ouvre donc la possibilité pour ce *produit dérivé* d'être utilisé comme un instrument purement spéculatif.

S'« assurer » contre un risque auquel on n'est pas exposé ne s'assimile pas bien sûr au fait de contracter une assurance puisqu'il s'agit d'un simple pari. Rappelons que dans un pari l'une des parties affirme qu'un événement X aura lieu, alors que la seconde affirme l'inverse, à savoir qu'il n'aura pas lieu. À l'échéance, au moment où le pari se dénoue, l'un des parieurs aura gagné tandis que l'autre aura perdu. Dans la langue commune le mot « parier » peut bien entendu être utilisé de manière beaucoup plus lâche, pour renvoyer par exemple à des situations où il n'existe en réalité qu'un seul « parieur », ainsi dans « parier que le prix de son logement s'appréciera à l'avenir » : en l'absence d'un « parieur » en sens inverse, il n'y a en réalité ici pas de véritable pari mais une simple espérance, un simple souhait.

En échange d'une rémunération conventionnellement appelée « prime », une assurance permet de transférer un risque préexistant, de celui qui y est exposé et qui s'assure, vers celui qui accepte de l'assurer. Un risque existait préalablement et il a été transféré, contre paiement. De même, une assurance sur un instrument de dette, telle celle que délivre un rehausseur de crédit, permet de transférer le risque auquel est exposé le détenteur de l'obligation, celui d'un *événement de crédit,* vers celui qui accepte de l'assurer et il y a là aussi transfert d'un risque existant. Au contraire, le pari consistant à s'assurer contre un risque auquel seul un tiers est exposé, crée de toutes pièces un risque nouveau que prend à sa charge le parieur en sens opposé. Il n'y a pas eu ici de transfert d'un risque préalablement existant mais création *ex nihilo* d'un risque nouveau.

L'utilisation du *credit-default swap* comme une véritable assurance est appelée dans le jargon financier une position « de couverture », l'opération consistant à contracter un CDS sur un instrument de dette alors qu'on ne le détient pas et que l'on n'est donc pas réellement exposé au risque de crédit qui lui est propre, est appelée, je l'ai déjà signalé, prendre une position « nue ». La différence apparaît clairement sur un exemple.

Jules a prêté 100 euros à Oscar pour un an. Comme Jules n'est pas absolument certain qu'Oscar lui rendra la somme, il s'est adressé à Anne pour qu'elle l'assure grâce à un *credit-default swap* contre le risque de non-remboursement. Il verse une prime de 5 euros. En échange, Anne lui paiera à l'échéance du prêt toute somme qui n'aurait pas été versée. Si Oscar ne devait rembourser à Jules que 75 euros, Anne lui réglera les 25 euros manquants. Oscar s'est évanoui dans la nature ? Anne réglera à Jules, 100 euros. Voilà le principe d'un *credit-default swap* utilisé en position dite « de couverture ».

Comment fonctionne une position « nue » sur *credit-default swap* ? La configuration est plus complexe et implique un acteur supplémentaire : celui précisément qui la prend ; il sera appelé Casimir dans l'exemple.

Jules a prêté 100 euros à Oscar. Casimir se rend chez Anne et lui demande de l'assurer contre le risque qu'Oscar ne rembourse pas Jules. L'analogie avec le cas précédent de la position de CDS en « couverture » est évidente mais il y a aussi une différence essentielle : si Oscar ne devait rembourser à Jules que 75 euros, Anne réglera à Casimir les 25 euros qui manqueront à Jules. Oscar s'est évanoui dans la nature sans régler les 100 euros qu'il doit à Jules ? Anne réglera 100 euros à… Casimir !

La différence cruciale dans ce cas de position « nue » sur CDS est, on le voit, que le bénéficiaire du règlement du sinistre en cas d'accident n'est pas celui qui l'a subi, mais une tierce personne : Casimir s'est assuré sur le risque encouru par Jules. On comprend alors l'expression souvent utilisée pour caractériser par dérision une position « nue » sur CDS : « s'assurer sur la voiture du voisin ».

Lorsqu'un *événement de crédit* couvert par un *credit-default swap* intervient, il existe deux formules, soit, comme dans le cas d'une assurance classique, le bénéficiaire du CDS reçoit de son « assureur » une somme correspondant à la perte qu'il a subie, soit, et c'est la formule généralement utilisée, le montant total de l'obligation dépréciée lui est versé, en échange des titres qui étaient couverts. La formule usuelle est bien entendu inapplicable dans le cas d'une position « nue » sur CDS.

La perte que subira éventuellement celui qui a accepté de jouer le rôle d'« assureur » d'un risque jusque-là inexistant, constitue un risque, non pas « virtuel » mais *synthétique*, qui viendra alors grossir le risque global qu'encourt le système financier. Lorsque les autorités financières, en septembre 2008, règlent rubis sur l'ongle les 85 milliards de dollars dont l'assureur AIG (American International Group), émetteur de *credit-default swaps*, devrait s'acquitter, ce ne sont, pour près des trois quarts du total, pas de véritables pertes économiques qui sont épongées par le contribuable américain, mais des paris perdus entre banquiers et pour un quart par le biais des CDS. Du fait d'une anomalie injustifiable de la législation, la loi n'impose cependant pas à celui qui émet des *credit-default swaps* les mêmes mesures prudentielles qu'à celui qui a le statut d'assureur. Elle n'exige pas en particulier qu'il constitue des réserves à la hauteur des risques qu'il a délibérément choisi de prendre ; la faillite retentissante de AIG fut due à un manque de provisionnement : ses réserves s'élevaient à 6 milliards de dollars alors que ce sont 105 milliards de dollars au total qui durent être versés.

Le monde contient en soi suffisamment d'incertitude et de risque associé pour pouvoir aisément se passer de l'incertitude supplémentaire qui découle du fait que Dupont considère que le taux LIBOR 6 mois est à la hausse, alors que Durand tient qu'il est à la baisse, et qu'ils ont chacun parié 50 millions sur le fait qu'ils ont personnellement raison et l'autre nécessairement tort. Y a-t-il un bénéfice global à leur pari ? Aucun bien entendu. Bien au contraire, le fait que l'un des deux perdra nécessairement son pari (on parle pour des opérations de ce type de « pari directionnel ») peut avoir des conséquences considérables si le perdant se trouve être un intervenant sur les marchés financiers que l'on qualifie aujourd'hui de « systémique », c'est-à-dire si gros qu'il est susceptible d'entraîner dans sa chute l'ensemble des marchés financiers à sa suite.

La différence qui existe entre le transfert d'un risque auquel on se trouve malgré soi exposé en raison des incertitudes de l'avenir et un pari fait délibérément entre deux parieurs sur un événement à l'issue incertaine avait déjà bien été saisie au XIX^e^ siècle par le juriste et diplomate Joseph-Marie Portalis (1778-1858) :

> Nous savons que des événements incertains sont une manière licite à contrat, et que les espérances et les risques peuvent recevoir un prix ; mais nous savons aussi qu'il faut quelque chose de plus solide et de plus réel que le désir bizarre de s'adonner aux caprices de la fortune pour fonder des causes sérieuses d'obligation entre les hommes.
>
> Il est une grande différence entre un contrat qui dépend d'un événement incertain et un contrat qui n'a pour cause que l'incertitude quelconque d'un événement (*in* Fenet, 1827 : 538).

### LA CRISE GRECQUE DE 2010

La prime du *credit-default swap* s'exprime comme un pourcentage du montant de l'emprunt sur lequel porte le CDS, somme à verser annuellement. Un paiement initial a lieu à l'ouverture du contrat, la prime est ensuite renouvelée périodiquement, généralement trimestriellement. Un CDS court sur un certain nombre d'années, généralement cinq.

Dès le début de la crise grecque dans les premiers mois de l'année 2010, il devenait prudent pour un détenteur de dette souveraine de ce pays de se couvrir « activement » plutôt que « passivement » en convertissant la prime de crédit incluse dans le taux d'intérêt exigé par le marché des capitaux, qui ne couvrait contre le risque de défaut de la Grèce qu'à une échelle statistique, en une prime effectivement versée à un « assureur » sur CDS.

On comprend aisément les enjeux si l'on compare quelques chiffres au point culminant de la crise. Le 20 février 2012, le taux à dix ans pour la dette souveraine allemande était de 1,961 %, celui pour la dette grecque à dix ans également, de 33,837 %. La dette allemande pouvait être considérée sans risque et le taux de 1,961 % comme l'équivalent donc de la part de l'*efficacité marginale du capital* revenant à l'investisseur au sein de la zone euro pour cette maturité de dix ans. La prime de crédit sur la dette grecque à dix ans était donc alors de 33,837 – 1,961 = 31,876 %, soit près du tiers de la somme empruntée.

Mais si la conversion de la prime de crédit implicite au taux d'intérêt, au « coupon » de l'obligation, en prime versée pour créer une position de CDS en *couverture* pouvait passer pour prudente, il apparaissait aussi potentiellement extrêmement profitable de tenter de bénéficier tout simplement d'un défaut de la Grèce, sans être préalablement exposé à une perte réelle si ce scénario devait se concrétiser, en prenant une position *nue* de CDS sur sa dette. Il s'agissait alors de tabler soit sur un défaut en vue d'empocher le montant du sinistre « synthétique » (c'est-à-dire, comme on l'a vu, mimant ou décalquant une situation réelle) pour lequel on s'était assuré, soit acheter une « police » en espérant que, la crainte du défaut croissant, son prix grimpe, et la revendre alors avec profit, ce type d'opération étant une option envisageable du fait qu'existe pour le *credit-default swap* un « marché secondaire » où des *market makers* sont présents en tant qu'acheteurs ou vendeurs ; l'intervenant qui sort de sa position sur CDS – et cesse de bénéficier de l'évolution du prix du produit si elle lui est favorable ou d'y être exposé au cas où elle lui est défavorable – enregistre en résultat l'écart entre le prix auquel il a acheté et celui auquel il a vendu.

Comment se fixe le montant de la prime du CDS ? De la même manière exactement que dans l'exposé de Keynes que j'ai cité pour commencer : par un premier calcul de type actuariel, c'est-à-dire par une évaluation du risque en fonction de facteurs objectifs et, dans un second temps, par l'intervention sur la base de ce prix initial d'un mécanisme où il est modifié en fonction du rapport de force entre acheteurs et vendeurs, où l'offre et la demande jouent en arrière-plan le rôle de facteurs.

Imaginons que l'on veuille calculer le montant de la prime d'un CDS sur la dette grecque. Les agences de notation attribuent aux dettes souveraines une notation évaluant leur risque de défaut. Ces notations peuvent servir de base au calcul d'une prime de crédit réaliste. Si le calcul est fait correctement, un détenteur de dette grecque qui s'acquitte de la prime au prorata du montant des emprunts grecs qu'il entend couvrir aura réglé un montant de prime juste, au sens où celui-ci reflète le véritable risque de défaut.

Imaginons maintenant que certains intervenants prennent des positions « nues » spéculatives en grand nombre sur ce marché. Cette demande importante enclenchera le second mécanisme mentionné par Keynes dans le passage cité du *Traité de probabilités* : celui où joue le rapport de force entre acheteurs et vendeurs.

Celui qui voudra alors interpréter le montant de la prime dans la pure logique actuarielle du premier mécanisme, comme si le second mécanisme n'avait pas joué (c'est la politique par exemple du *Fonds monétaire international*, j'y reviendrai), jugera que la hausse de la prime reflète un accroissement objectif du risque et exigera comme composante du taux des obligations souveraines de ce pays une prime de crédit plus élevée.

Une prime de crédit plus élevée comprise dans le taux exigé sur sa dette mettra le pays émetteur en difficulté : la prime de crédit de 31,876 % exigée de la Grèce par le marché des capitaux en février 2012 est bien entendu sans appel de ce point de vue.

Alors que la situation économique du pays n'a pas nécessairement évolué dans un sens ni dans l'autre, sa situation financière s'est considérablement dégradée du fait d'un accès au marché des capitaux devenu extrêmement onéreux pour lui, voire inabordable. Les agences de notation devront tenir compte des nouveaux développements intervenus et dégraderont sa note de crédit, ce qui forcera à la hausse la composante actuarielle « objective » de la prime de crédit. Une spirale mortifère se sera enclenchée en raison seulement de la possibilité offerte par le marché des produits dérivés que l'on puisse y prendre des positions « nues » sur *credit-default swap*.

Il faut noter d'ailleurs que le cas de la Grèce ne constituait pas une première : le même type d'effet d'entraînement avait pu être constaté à l'occasion de la chute de la compagnie américaine Enron dont l'effondrement, de l'apparition des premiers signes annonciateurs de la crise à sa mise en faillite, n'avait couvert qu'une période de quarante-six jours, laps de temps durant lequel une réaction en chaîne, ponctuée par les dégradations de sa notation de crédit par les trois principales agences, déboucha sur une spirale infernale similaire à celle qui devait s'observer neuf ans plus tard dans le cas de la Grèce. Alan Greenspan évoqua à ce propos, devant le comité financier du Congrès américain, les conséquences délétères pour un certain type de compagnies, certainement hautes en couleur mais pauvres en véritables actifs (« *asset-light* ») de ce qu'il appela la « sensibilité à la confiance » (Jorion, 2003 : 190). Les banques d'investissement Bear Stearns et Lehman Brothers furent elles aussi l'objet d'une spéculation, dont l'un des instruments était le *credit-default swap* et l'autre, la vente à découvert de leurs actions. Bear Stearns tomba en mars 2008, Lehman Brothers, six mois plus tard, en septembre ; ironie de la chose, Lehman Brothers avait fait partie des spéculateurs s'efforçant de précipiter la chute de Bear Stearns.

Si les positions de couverture sont par nécessité limitées au volume de la dette souveraine qui a effectivement été émise, les positions spéculatives *nues* étant « synthétiques », c'est-à-dire ayant créé un risque *ex nihilo* en se contentant de mimer le risque réel auquel sont exposés les prêteurs authentiques, ne connaissent, elles, aucune limitation en volume sinon la bonne disposition d'un « assureur » émetteur de CDS à assurer le risque « synthétique », autrement dit créé de toutes pièces, que représentent les positions *nues* sur CDS.

La situation décrite ci-dessus fut celle qui apparut en Grèce à partir de 2010, jusqu'au dénouement de la crise en février 2012 par la restructuration du « PSI », le *private sector involvement*, qui prit la forme d'une décote de 53,5 % portant sur un montant de dette souveraine de 206 milliards d'euros.

L'Allemagne interdit les positions nues sur CDS en mai 2010 et la zone euro dans son ensemble adopta cette interdiction en novembre 2012.

### LA FORMATION DU PRIX DE LA PRIME DU *CREDIT-DEFAULT SWAP*

Dans le cas du *credit-default swap* se combinent donc deux modes distincts de la détermination du montant de la prime : d'une part, une évaluation objective de type « actuariel » de la probabilité de sinistre et de la perte subie et, d'autre part, une détermination par l'offre et la demande portant sur le contrat CDS lui-même, c'est-à-dire l'influence sur ce montant de la concurrence interne jouant, d'un côté entre acheteurs et, de l'autre, entre vendeurs de ce type de contrat.

Sur la défensive durant la crise grecque, les spéculateurs sur CDS répondirent dans un bel ensemble aux accusations que la spéculation envenimait et précipitait la crise, que les positions sur CDS ne représentaient qu'un très faible volant du montant total de la dette souveraine grecque et ne pouvaient donc pas avoir d'impact sur son marché. Certains politiques opinèrent gravement du bonnet. Or, comme on a pu le noter, *ni le volume des CDS en tant que tel ni le volume total de la dette souveraine sur laquelle ils portent n'interviennent dans la formation du prix de la prime et ceci aussi bien dans le cas du second mécanisme, où c'est la concurrence entre les acheteurs face aux vendeurs qui est déterminante, que dans le premier mécanisme, de type actuariel, et pour lequel seule est pertinente la situation objective de la Grèce face à ses créances, telle qu'évaluée par exemple par les notateurs.* La réponse des spéculateurs laissait cependant muets leurs critiques, le plus souvent peu familiers des arcanes de la finance.

Les spéculateurs eux-mêmes étaient-ils de bonne foi ? Il est difficile de trancher, une compréhension correcte de la formation du prix du *credit-default swap* étant quasi inexistante, même au sein des plus hautes sphères financières, tel le Fonds monétaire international.

En août 2011, Laurence Parisot, alors présidente du *Medef*, s'en était prise à Christine Lagarde, depuis peu à la tête du Fonds monétaire international, parce que cet organisme avait évalué le risque de défaut de différents États européens à partir du prix de marché de la prime du CDS portant sur leur dette souveraine. Postulant – dans la ligne extrémiste de l'École de Chicago – une omniscience des marchés financiers, le FMI ignorait l'existence du second mécanisme où l'offre et la demande pour le contrat définissent le rapport de force entre acheteurs et vendeurs dont la tension fixera le niveau de prix de la prime du CDS. Il ignorait donc l'éventualité d'une détermination spéculative de ce prix, et traduisait son montant tel que le marché l'établissait comme s'il était le pur reflet d'un risque objectif, comme si seule une détermination actuarielle du prix intervenait.

À l'instar de l'opinion publique, Laurence Parisot dénonçait le prix spéculatif de la prime de CDS et toute interprétation « objectiviste » qui pouvait en être faite. Le malentendu entre Christine Lagarde et elle était total : il ne s'agissait pas pour le Fonds monétaire international de nier la présence des spéculateurs sur le marché du *credit-default swap* et leur poids dans la détermination du montant de sa prime parce que, à ses yeux, la spéculation n'existe tout simplement pas en tant que phénomène et, n'existant pas, il n'y a pas lieu d'en tenir compte d'une manière ou d'une autre, et certainement pas en envisageant l'éventualité d'une composante spéculative au montant de la prime du CDS. Si la spéculation n'intervenait pas dans l'évaluation du risque de défaut des pays de la zone euro par le FMI, ce n'était pas parce que son absence avait pu être constatée mais parce que, selon la « science » économique et selon le FMI qui en est la pure incarnation, le concept de spéculation lui-même est vide : le mot « spéculation » ne renvoie à rien, il est, pour faire un parallèle avec l'expression « justice sociale », selon Hayek, « vide de sens ». Le FMI, dans une perspective de pure orthodoxie économique, considérait, d'une part, que le spéculateur n'existe pas puisque la spéculation n'est pas un élément de la théorie économique, et, d'autre part, que le marché du CDS présentant un caractère suffisant de transparence et de concurrence, les prix qui s'y créent sont *objectifs* au sens où, comme nous l'avons vu, « ils guident les ressources économiques vers leur meilleur usage » (Fabozzi, Modigliani & Ferri, 1994 : 2).

J'ai déjà eu l'occasion d'attirer l'attention sur le fait que, dans cette perspective propre à la « science » économique, il n'est pas envisageable qu'un intervenant sur un marché cherche à y mettre en œuvre une stratégie visant, par exemple, à réaliser un profit : tout intervenant n'a pour seul souci, par l'expression spontanée d'une offre de prix à l'achat ou à la vente, que de contribuer à l'objectivité des prix.

*Nota bene* : une objection possible à la description que j'offre ici du mécanisme de formation du prix de la prime du CDS consisterait à dire que le second mécanisme, où la spéculation fait peser son poids, existe bien mais que son effet est négligeable, que le seul pouvoir des spéculateurs est de faire varier la valeur de la prime *dans l'environnement immédiat* de sa cote objective, telle qu'elle est déterminée par un calcul de type actuariel.

Un premier élément de réponse à cette objection est que, comme je l'ai dit, il a été observé dans le cas de la Grèce que sa situation financière se détériora brutalement alors que sa situation économique n'avait pas eu le temps d'évoluer sur un laps de temps aussi bref et que c'est la hausse de la prime de crédit comprise dans le taux d'intérêt exigé sur sa dette souveraine qui avait constitué le nouvel élément de détérioration dont les notateurs avaient dû tenir compte. Dit autrement, la présence de positions nues spéculatives n'entamerait en rien la capacité de la prime du CDS de jouer son rôle d'index fiable du risque de crédit et la preuve pourrait en être apportée en examinant *a posteriori* la capacité de la prime du CDS à évaluer objectivement ce risque.

Un tel test est *a priori* difficile à mettre en œuvre en raison précisément de la capacité du montant de la prime de jouer le rôle de prophétie autoréalisatrice : précipitant en réalité l'effet qu'il devrait se contenter d'entériner. Mais aussitôt que l'on entreprend de réaliser un tel test on se heurte à un obstacle inattendu : son concept même suppose que le montant de la prime du *credit-default swap* aurait véritablement la capacité d'évaluer le risque de crédit, peut-être encore en présence des spéculateurs mais certainement lorsqu'ils sont absents d'un marché. Or cet espoir lui-même est déçu.

Lord Adair Turner qui, jusqu'à sa dissolution en 2013, fut à la tête de la Financial Services Authority, le régulateur des marchés financiers britanniques, offre dans son livre *Economics After the Crisis* (2012) un graphique montrant que, dans la période débutant en décembre 2002 durant laquelle la crise de 2007-2008 était en gestation, la Bourse américaine progressait avec une belle constance, tandis que sur la même période le risque lié au cours des actions tel qu'il peut être inféré du montant de la prime des CDS portant sur ces actions ne cessa de baisser jusqu'au milieu de l'année 2007, alors que la crise des *subprimes* avait pris son véritable départ en février de cette même année. Turner écrit :

> Le prix des CDS a effectivement contribué à aligner le prix marginal du crédit avec le jugement collectif du marché. Le seul problème, c'est que le jugement collectif du marché était faux (Turner, 2012 : 54).

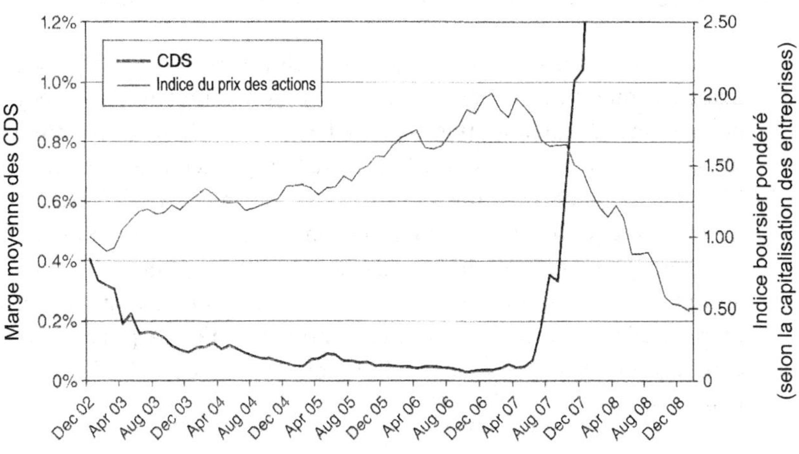


Les CDS des établissements financiers et le cours de leur action. Sont inclus Ambac, Aviva, Banco Santander, Barclays, Berkshire Hathaway, Bradford & Bingley, Citigroup, Deutsche Bank, Fortis, HBOS, Lehman Brothers, Merrill Lynch, Morgan Stanley, National Australia Bank, Royal Bank of Scotland et UBS. La série des CDS culmine à 6,54 % en septembre 2008. Source : Moody's KMV, calculs ESA.

On le voit en effet clairement sur le graphique : alors que le risque augmente, la perception du risque capturée par la prime du CDS baisse avec la même régularité, jusqu'à la mi-2007, quand il devient impossible de nier la crise plus longtemps.

La conclusion que l'on pourrait être tenté d'en tirer est à l'opposé exact de la doxa qui considère que la détermination spéculative du prix est sans effet sur l'évaluation objective du prix résultant de l'omniscience du marché : cette omniscience supposée n'est en réalité qu'un mirage et le seul véritable mécanisme de détermination du montant de l'option est celui où l'offre et la demande pour le contrat définissent le rapport de force entre acheteurs et vendeurs, rapport de force qui est, lui, le déterminant authentique du prix bien qu'il ne donne pas d'évaluation objective du risque contre lequel le CDS assure.

Dans un livre publié en 2009, où le biographe de Keynes annonçait le « retour du maître » (*Keynes. The Return of the Master*), Robert Skidelsky s'interrogeait précisément sur cette croyance propre à la « science » économique selon laquelle « les marchés » seraient dotés d'omniscience, croyance appelée « anticipations rationnelles », que j'ai déjà eu l'occasion d'évoquer, due à John Muth (1930-2005) et à Robert Lucas (né en 1937), ce dernier récompensé par un prix Nobel d'économie en 1995. Il en donnait une intéressante explication d'ordre sociologique :

> [...] l'histoire des « anticipations rationnelles » est [...] liée à la nature démocratique du rêve américain. Les marchés, représentant le verdict de millions d'individus poursuivant leur intérêt égoïste, produisent un savoir plus vaste et de meilleure qualité que celui dont disposent les gouvernements. Le consommateur américain est roi. Les partisans de l'hypothèse des anticipations rationnelles aiment à souligner le caractère démocratique du postulat de rationalité. Il est fondé sur la loi des grands nombres, qui veut que plus le groupe est vaste, plus il est probable que le choix moyen sera optimal. Il n'existe pas de moyen connu pour un gouvernement d'être plus avisé que la foule dans sa masse (Skidelsky, 2009 : 35).

Or, comme le montrent les chiffres produits par Turner, ce rêve d'omniscience démocratique des marchés, tout récompensé qu'il puisse être d'un prix Nobel d'économie, n'est rien de plus, précisément, qu'un rêve. Dans la préface de ce même livre, Skidelsky écrivait en sens opposé : « Le point pivot de la théorie de Keynes est l'existence d'une incertitude quant à l'avenir qu'il est impossible de contourner » (*ibid.* : xv).

### LE *CREDIT-DEFAULT SWAP* ET LA « SCIENCE » ÉCONOMIQUE

J'ai évoqué les rehausseurs de crédit et le *credit-default swap* comme deux exemples d'interprétations erronées de la formation du prix d'un produit financier pour attirer l'attention sur les catastrophes qui peuvent en découler.

C'est en raison de préjugés d'ordre idéologique dans son élaboration que la « science » économique s'est montrée incapable de fournir les outils analytiques qui auraient permis de comprendre le comportement de certains instruments financiers et d'interpréter alors correctement la formation de leur prix.

Dans le monde tel qu'il est et non tel qu'il devrait être au pays de Cocagne de l'*Homo oeconomicus*, chacun sait ce qu'est un prix spéculatif et comment son apparition perturbe et déséquilibre un marché jusqu'à entraîner éventuellement sa disparition. C'est pourquoi très salutaire fut la saine colère qui envahit Laurence Parisot devant une évaluation du risque auquel est exposée l'économie française, fondée sur les manœuvres de spéculateurs pariant sur sa chute. Elle réagit à l'aveuglement délibéré des économistes comme tout représentant de l'opinion publique et si elle ne rejeta pas explicitement le comportement des spéculateurs, elle refusa tout au moins d'accepter que l'image qui émerge de leur comportement collectif soit interprétée comme un compte rendu véridique du monde tel qu'il est.

### POLICY ANALYSIS MARKET : LE MARCHÉ À TERME DU TERRORISME

J'ai présenté dans le cas du *credit-default swap* le comportement d'un instrument financier pour lequel deux mécanismes interviennent dans la fixation du montant de la prime que celui qui cherche à s'assurer (qu'il soit ou non véritablement exposé à un risque) verse à celui qui a accepté de l'assurer. J'ai montré que le second mécanisme permet à la spéculation de s'immiscer dans la formation du prix. J'ai montré aussi les conséquences du fait que la « science » économique, cautionnant une interprétation de la formation des prix dont ce second mécanisme est absent, le montant de la prime – si fantaisiste soit-il devenu du fait de l'impact des spéculateurs – est interprété comme l'expression objective d'un risque auquel sont réellement exposés les détenteurs de cette dette.

Le fonctionnement du *credit-default swap* décrit précédemment a mis en évidence ce que j'avance là. Il existe toutefois un exemple plus probant et plus révélateur encore du confusionnisme entretenu par la « science » économique dans l'interprétation de la formation du prix d'un produit financier lorsque les spéculateurs ont accès à ce marché : il s'agit de l'affaire du « marché à terme du terrorisme » en 2003.

Dans ce cas précis, on a affaire à un autre type de produit dérivé que le *credit-default swap*, en l'occurrence un contrat à terme (*futures* en anglais) dont la logique financière est cependant essentiellement la même que celle de la prime de CDS : un produit dont le prix est à la hausse ou à la baisse en fonction d'un risque perçu. Lorsque les contractants ne sont pas véritablement exposés au risque en question, leurs opérations ne sont pas de « couverture » mais purement spéculatives, exactement comme dans le cas d'une position « nue » sur *credit-default swap*.

L'amiral John Poindexter avait fait l'actualité en 1990 quand il avait été pris la main dans le sac en train de mentir lors d'une déposition sous serment dans le cas fameux de l'affaire Iran-Contra. Celle-ci remontait à 1986, alors que des ventes d'armes à l'Iran sous embargo avaient servi à financer secrètement les Contra qui luttaient contre le régime progressiste au Nicaragua. Il n'eut pas à en souffrir puisqu'on découvrit à point nommé que l'immunité lui avait été garantie préalablement à sa déposition. Quoi qu'il en soit, en 2003 il était de retour aux affaires avec deux projets. L'opinion publique crut à l'époque qu'il n'avait eu gain de cause sur aucun des deux car il dut démissionner en raison de l'indignation qu'ils suscitèrent. Mais l'opinion publique, comme souvent, se trompait : le premier projet était celui d'une hypersurveillance des citoyens américains ordinaires, soupçonnés *a priori* de terrorisme par la National Security Agency (NSA). Le second, intitulé Policy Analysis Market, était celui de la mise sur pied par la DARPA (Defense Advanced Research Projects

Agency), un département du Pentagone, le ministère de la Défense américain, d'un marché à terme dont les produits seraient des prévisions d'actes terroristes. Celui-ci ne fut pas mis en œuvre en raison du tollé que provoqua la révélation du projet.

Le fait que l'amiral Poindexter eut en réalité, nous le savons maintenant, gain de cause sur le premier projet devrait nous inciter à nous intéresser au second, qui échoua à se matérialiser. Voilà très certainement une belle occasion de saisir quelle est la logique qui sous-tend, selon la « science » économique, la formation du prix.

Le concept du Policy Analysis Market était le suivant : créer un marché à terme qui permettrait de connaître la probabilité d'attentats terroristes ou autres événements géopolitiques dramatiques, en fonction du prix que des intervenants seraient disposés à payer pour des contrats représentant l'éventualité de tels événements. Le mécanisme exact de ce marché nous est inconnu du fait que le projet fut étouffé dans l'œuf quand deux sénateurs démocrates, Byron Dorgan et Ron Wyden, rendirent public son lancement imminent pour faire connaître leur indignation.

Je commencerai par montrer comment la logique qui préside au *credit-default swap* peut être aisément transposée dans celle d'un marché à terme (*futures*).

Prenons le cas de deux contrats qui étaient proposés comme exemples par les promoteurs du marché à terme du terrorisme dans la brochure du Policy Analysis Market : « Assassinat de Yasser Arafat » et « Renversement du roi Abdallah II de Jordanie ».

Par opposition à l'achat et à la vente d'actions à la Bourse, un contrat à terme dispose d'un marché parfaitement symétrique. Je rappellerai comment fonctionne la Bourse, pour que les similarités et les différences entre les deux types de marchés soient parfaitement claires.

À la Bourse, on achète et on vend des actions. Celui ou celle qui a acheté une action est présent sur le marché : il bénéficiera d'une appréciation du cours et souffrira de sa baisse, et il bénéficiera le cas échéant de l'allocation de dividendes. Celui qui a vendu ses actions est hors du marché : l'évolution future du marché lui est indifférente au sens où elle ne se manifestera pour lui ou elle ni comme gain ni comme perte.

Un contrat *future* naît de la rencontre d'un *acheteur* (dit aussi « en position *long* ») et d'un *vendeur* (dit aussi « en position *short* »), où tous deux sont au même titre présents sur le marché : l'évolution future du marché ne leur est indifférente ni à l'un ni à l'autre, parce qu'elle signifie pour l'un, un gain et pour l'autre, une perte. Pour sortir d'un marché à terme, pour se mettre *flat* (« à plat ») selon le vocabulaire en vigueur, il faut prendre une position en sens inverse de celle que l'on a présentement, afin de neutraliser le contrat initial. L'*acheteur* d'un *future* sort donc du marché en vendant un *future*, ce qui reste intuitif, mais à l'inverse, le *vendeur* d'un *future* sort du marché en en achetant un, ce qui ici, ne fait aucun sens si l'on tentait d'étendre l'analogie avec la Bourse. On renverse sa position sur un contrat en en prenant deux en sens inverse. Si je suis *acheteur* d'un contrat *future*, je deviens *vendeur* en en vendant deux : le premier pour annuler la position *acheteur* qui était la mienne, le second pour me retrouver en position de *vendeur*. À l'inverse, si je suis *vendeur* d'un contrat *future*, je deviens *acheteur* en en achetant deux : le premier pour annuler la position *vendeur* qui était la mienne, le second pour me retrouver en position d'*acheteur*.

Imaginons que le contrat a valeur 100 au moment où il est émis ; trois mois plus tard (la durée typique d'un *future*), à la clôture, son prix est par exemple de 102. L'*acheteur* verse au *vendeur* les 100 qu'il avait promis à l'initiation du contrat tandis que le *vendeur* verse le prix de clôture à l'*acheteur*. Dans la pratique, c'est une « compensation » qui a lieu : on règle le différentiel entre les deux montants. Dans ce cas-ci, où le prix est de 102, le *vendeur* versera 2 à l'*acheteur*. L'*acheteur* a bénéficié du fait que le prix s'est apprécié (comme dans la logique boursière), tandis que le *vendeur* a été pénalisé par cette baisse.

Exemple inverse : le contrat a valeur 100 au moment où il est émis ; trois mois plus tard son prix est cette fois de 97 à la clôture. L'*acheteur* verse au *vendeur* les 100 qu'il avait promis à l'initiation du contrat tandis que le *vendeur* verse à l'*acheteur* le prix de clôture de 97. Dans l'opération de compensation, l'*acheteur* versera 3 au *vendeur*. L'*acheteur* a été pénalisé par la baisse du cours (comme dans la logique boursière), tandis que le *vendeur* a bénéficié lui du fait que le prix s'est dégradé.

Il faut un peu de pratique pour se familiariser avec cette logique mais elle devient intuitive au bout d'un moment, ne serait-ce que parce que, comme à la Bourse, l'acheteur bénéficie d'une hausse du cours et souffre de sa baisse. Le vendeur se trouve dans les deux cas dans la position inverse de celle de l'acheteur.

Illustrons cela par le contrat « Renversement du roi Abdallah II de Jordanie ». Le cours monte avec la probabilité de l'événement, il baisse si elle recule. Quiconque considère que la probabilité augmentera sur les trois mois à venir se met en position d'*acheteur* pour bénéficier de l'appréciation du cours sur cette période, celui qui considère qu'elle baissera se placera comme *vendeur* pour bénéficier d'une baisse du cours. D'un point de vue plus pratique, imaginons que je fais partie des instances dirigeantes des Frères musulmans et que je complote en ce moment même pour le renversement du roi qui doit intervenir la semaine prochaine : je me place massivement en position *acheteuse* pour bénéficier de la chute du roi (la probabilité de l'événement atteint alors 100 %) et de la grimpée concomitante du cours du contrat *future*. Inversement, je suis général de la Garde royale et je sais que le complot visant à renverser le roi sera déjoué après-demain : je me place en position massivement vendeuse pour bénéficier de la baisse brutale du cours du contrat *future* (associée à une probabilité de l'événement devenue nulle, autrement dit de 0 %).

Les principaux acteurs étant sur le marché pour tirer le meilleur parti de la connaissance qu'ils ont chacun du déroulement futur des événements, ce marché est, dans la perspective de la « science » économique, parfaitement informé et le cours du contrat constitue l'évaluation parfaite de la situation objective du monde tel qu'il est.

On aura compris la logique qui devait sous-tendre le Policy Analysis Market. C'est, pour utiliser le vocabulaire auquel j'ai recouru dans l'explication du *credit-default swap*, la spéculation qui tiendrait lieu de détermination *actuarielle* : les détenteurs de connaissance relative à un événement devant se dérouler parieraient sur sa réalisation et les sommes qu'ils seraient disposés à mettre constitueraient la mesure exacte de la probabilité de l'événement, puisque fondée sur un authentique savoir.

La présence d'autres traders, qui ne seraient pas eux dans le secret, s'expliquerait plus difficilement, à moins que tout événement à venir ne bénéficie d'une connaissance diffuse de son occurrence future au sein de la population, selon le principe « démocratique » que Robert Skidelsky a cru déceler à l'œuvre dans la théorie des *anticipations rationnelles*.

Dans la réalité – par opposition à la représentation qu'a de la situation la « science » économique –, le spéculateur constitue un facteur de déstabilisation d'un marché parce qu'il incarne une stratégie de développement de la tendance visant à emmener le prix aussi loin que possible de son niveau actuel (ce que les non-économistes appellent un « prix spéculatif »), soit à la hausse, soit à la baisse, selon que le spéculateur est *acheteur* (*long*) ou *vendeur* (*short*). Mais l'exemple du Policy Analysis Market montre pourquoi dans la conception de la « science » économique, le spéculateur est au contraire l'intervenant idéal du marché : étant le mieux informé, il est aussi le plus susceptible de mener le prix vers son niveau objectif.

Dans la mesure où, dans les faits, celui qui en sait le plus est celui qui a été mis au courant par des moyens déloyaux et commet ce qu'on qualifie de *délit d'initié*, ce qui transparaît sous la naïveté apparente de la théorie économique en la matière, n'est peut-être rien d'autre qu'une excellente connaissance des véritables habitudes du milieu et de sa tolérance à la fraude, considérée comme forme d'« intelligence pratique », cela pouvant expliquer au moins partiellement la sympathie dont bénéficie cette interprétation qui, dans un contexte de respect des règles, serait manifestement fausse.

Autre considération « pragmatique » : comme nous savons aujourd'hui avec le recul du temps que l'autre moitié du projet, l'hypersurveillance des citoyens américains, dans un contexte d'hypersurveillance du monde dans sa globalité, fut mise en œuvre malgré les dénégations officielles, il n'est pas exclu que les militaires à l'initiative du Policy Analysis Market n'aient pas été particulièrement intéressés par le but affiché de son marché de *futures* du terrorisme mais aient tablé sur l'existence de gogos parmi les terroristes en puissance, qui auraient pris au mot l'assurance donnée que les intervenants sur ce marché bénéficieraient d'une garantie d'anonymat. Les véritables dupes auraient été dans ce cas-là les économistes à l'origine du projet, et en particulier son principal concepteur : Robin Hanson, devenu depuis promoteur du *transhumanisme* visant à réaliser l'immortalité humaine et ayant pris personnellement ses dispositions pour que sa tête *cryogénisée* puisse être ressuscitée en temps utile, démarche qui témoigne, on l'imagine, d'une certaine admiration pour la qualité de ses propres projets, dont le marché de *futures* sur le terrorisme est sans nul doute l'un des fleurons.

Quoi qu'il en soit, la position de la « science » économique sur cette question se trouvait parfaitement formulée dans une déclaration de soutien du Pentagone au Policy Analysis Market à l'époque de l'affaire :

> Les recherches indiquent que les marchés constituent des agrégateurs extrêmement efficients, effectifs et exacts dans le temps d'une information dispersée, voire cachée. Les marchés de *futures* se sont révélés bons à prédire des choses telles que le résultat d'élections ; leur performance est souvent meilleure que celle des experts (Hulse, 2003).

Le graphique présenté par lord Adair Turner nous avait montré ce qu'il en était en réalité dans le cas du *credit-default swap* où l'évaluation du risque implicite au montant de la prime baissait à mesure que le risque augmentait.

## *L'usine à gaz de la* Théorie générale

Pendant quelques dizaines d'années, j'ai été connu dans les milieux économiques sous l'appellation peu flatteuse et disqualifiante de « l'homme qui ne comprend pas la loi de l'offre et de la demande ». On pensait de moi : « Oui, il s'intéresse aux choses de l'économie mais il n'en maîtrise pas même les rudiments. » La manière dont je concevais mon entreprise était que je tentais d'opérer un changement de paradigme quant au mécanisme de la formation des prix.

En 1973 et 1974, j'avais rassemblé lors de mon travail de terrain dans l'île de Houat, dans le Morbihan, un nombre considérable de données relatives à la pêche : les quantités pêchées et le prix obtenu lors des ventes sur une période d'un an de quinze bateaux ancrés dans le port de l'île. Mais lorsque j'avais voulu analyser les chiffres et que je m'attendais à voir apparaître sans surprise une confirmation de la *loi de l'offre et de la demande*, j'avais été interloqué de constater que rien de tel n'émergeait de mes données. Quoi qu'on puisse penser de la loi de l'offre et de la demande, elle ne répondait pas « présente » à l'appel pour ce qui touchait à l'économie de quinze bateaux bretons dans ces années-là. Je me suis alors mis en quête d'une autre explication de ce que je pouvais observer.

Après avoir cherché sans succès pendant quelques mois, en particulier du côté de la théorie économique marxiste, qui n'a en fait rien d'autre à offrir dans ce domaine que la « science » économique classique, j'ai repensé à un article de Karl Polanyi, intitulé « Aristote découvre l'économie » (« Aristotle Discovers the Economy », 1957), où il décrivait le mécanisme de formation des prix proposé par le philosophe grec à une époque, le IV^e^ siècle av. J.-C., antérieure de beaucoup au moment où l'on commencerait à évoquer une « loi » de l'offre et de la demande. J'ai trouvé là une grille d'interprétation qui m'a permis de rendre compte de la manière dont se formaient les prix que j'avais sous les yeux.

Je n'avais pas découvert un nouveau paradigme permettant d'expliquer la formation des prix : je redécouvrais un paradigme ancien dont le pouvoir explicatif dépassait de beaucoup celui que l'on m'avait proposé comme étant de l'ordre de l'« évidence ».

Il m'a été donné depuis de remettre en question le même genre d'« évidences » dans un autre contexte, qui m'a conduit à donner un titre provocateur aux résultats de mes recherches : un livre que j'ai intitulé *Comment la vérité et la réalité furent inventées* (Jorion, 2009b), pour souligner que des notions qui nous apparaissent à la conscience comme étant de l'ordre de l'évidence ne le sont pas : elles sont les produits d'un processus historique et s'expliquent dans une perspective sociologique ou en fonction de contextes culturels particuliers, ou encore comme la conséquence d'événements spécifiques. C'est quand l'ensemble de ces éléments sont rassemblés qu'apparaît l'origine de cette supposée « évidence » ou en tout cas ce qui nous apparaît comme tel aujourd'hui.

Bien entendu, aborder les choses sous la forme d'un changement de paradigme est un exercice périlleux. Il force celui qui s'y engage à se retrouver confronté à des adversaires théoriques qui auront beau jeu d'affirmer qu'il est incapable même de reconnaître… l'*évidence* ! « Il ne comprend même pas cela ! », s'exclameront-ils. Et si vous vous avisez d'expliquer que ce que vous proposez est en fait un « changement de paradigme », on vous rétorquera que l'*évidence* n'a aucun besoin d'être changée puisqu'elle est précisément irréfutable !

Cette réflexion introductive a pour but de justifier la manière dont j'aborde ici l'œuvre de Keynes, et en particulier la *Théorie générale de l'emploi, de l'intérêt et de la monnaie*, dont les aspects qui ont retenu mon attention et m'ont donné envie de les analyser ne sont pas nécessairement ceux qui ont pu intéresser mes prédécesseurs dans le commentaire des travaux du maître. Ces aspects, ce sont ceux qui, comme dans le cas d'Aristote, peuvent être exhumés de leur œuvre pour nous aider à progresser dans la réflexion aujourd'hui.

J'ai fait allusion dans le corps du texte à ce que j'appelle l'« usine à gaz qui se cache dans la *Théorie générale de l'emploi, de l'intérêt et de la monnaie* » et cette « usine à gaz » ne présente pour moi qu'un intérêt minime : c'est la partie morte de l'œuvre de Keynes. Malheureusement, ce que l'on appelle aujourd'hui le « keynésianisme », c'est précisément cela. Il faut ajouter, car c'est essentiel, qu'il s'agit d'une construction théorique qui a été essentiellement bâtie par d'autres que Keynes lui-même. Et, en rappelant cela, je ne cherche pas à l'exonérer en suggérant qu'il n'y aurait chez lui, de sa propre plume, que des apports dignes de passer à la postérité. Le lecteur s'en sera déjà convaincu s'il est parvenu jusqu'ici dans sa lecture : j'ai été sans pitié envers certaines de ses thèses qui, si on ne peut affirmer qu'elles sont fausses, sont cependant les raccourcis d'un homme trop pressé qui nous fait comprendre qu'il a d'autres choses sur le feu, parce que « rien de ce qui est humain ne lui est étranger ».

Si je devais passer tout cela simplement sous silence, le reproche me serait certainement fait : « Il n'a pas même compris l'apport de Keynes qui est véritablement crucial ! » Or ce n'est pas que je ne l'ai pas compris, c'est qu'il me paraît à moi futile, d'autant qu'il a en réalité été essentiellement rédigé par d'autres personnes que Keynes lui-même. Il a été produit tout particulièrement par John Hicks qui a laissé entendre à Keynes : « Je vais présenter de ce que vous proposez une version *légèrement simplifiée* afin que le grand public *comprenne plus aisément* ce que vous affirmez. »

Et comme Keynes considérait que le temps pressait, il n'a pas pu se rendre compte que « simplifier quelque peu » un nouveau paradigme, c'est le traduire en réalité dans les termes de l'ancien en éliminant tout ce qui fait sa nouveauté, c'est-à-dire en réduisant à néant l'originalité de sa nouvelle perspective.

Hyman Minsky, un authentique keynésien lui, ayant véritablement compris l'originalité de la pensée du maître, observera : « La vieille théorie se trouve toujours là en grande part, et une proportion importante de la nouvelle est formulée de manière imprécise et expliquée maladroitement » (Minsky [1975], 2008 : 11-12). Cela explique que n'ait pas été assimilée la partie innovante qui n'a pu, de ce fait, être traduite en « ce que le public pouvait comprendre aisément », celle que j'essaie personnellement de ressusciter.

John Hicks fut récompensé en 1972 par un prix Nobel d'économie, entre autres pour avoir traduit dans l'ancien paradigme ce qui était neuf chez Keynes. Et il y a là un avertissement à l'intention de tous ceux qui auront eux aussi un jour une contribution intellectuelle véritablement neuve à offrir : qu'ils se méfient comme de la peste de ceux qui proposeront alors d'« expliquer cela d'une façon légèrement simplifiée pour faciliter la compréhension du public » parce que – délibérément ou non – ils parviendront en réalité à réduire à néant ce qui fut découvert.

On trouve aux côtés de Hicks, dans un degré moindre, les participants au Cambridge Circus de 1930-1931, ce groupe de réflexion qui consacra ses recherches à aller au-delà du *Traité sur la monnaie* qui venait alors de paraître, et dont le noyau était constitué des élèves thésards méritants de Keynes, et de quelques jeunes enseignants et chercheurs. Richard Kahn, le fer de lance de ce petit groupe, explique :

> La publication du *Traité* le 31 octobre 1930 conduisit quasi immédiatement un groupe de jeunes économistes de Cambridge à se réunir pour en discuter les questions fondamentales, stimulés à l'idée que Keynes s'embarquerait aussitôt dans la rédaction d'un nouveau livre. [Le Cambridge Circus] se tint durant l'année académique 1930-1931. Il était composé de James Meade, Joan et Austin Robinson, Piero Sraffa et moi-même. En sus des discussions entre nous, nous avions mis sur pied un séminaire – dont les participants étaient triés sur le volet mais il y avait parmi eux des étudiants dans leur troisième (et dernière) année (Kahn, 1984 : 105).

Joan Robinson (1903-1983) serait la plus formidable keynésienne de la première génération ; sa sympathie pour le marxisme la conduira – au contraire de Keynes lui-même – à tirer parti de manière féconde des vertus de la comparaison. Piero Sraffa (1898-1983), à qui Keynes confiera, au nom de la Royal Economic Society, l'édition des œuvres complètes de Ricardo, faute de pouvoir lui confier un enseignement, tâche pour laquelle il n'avait apparemment aucun talent, deviendrait l'auteur d'un ouvrage unique, *Production de marchandises par des marchandises* (*Production of Commodities by Means of Commodities*, 1960), projet tout à fait original pour fonder une théorie de la valeur (*cf.* Jorion, 2012 : 203-209). Le faire-part de la mort de Sraffa, diffusé par l'université à l'époque où j'y enseignais, demeure le signet de mon exemplaire personnel de ce livre.

Les membres du Cambridge Circus crurent eux aussi, faisant preuve d'un conformisme zélé, qu'il était important de couler les innovations de Keynes ainsi que les leurs dans le langage de la « science » économique établie, sans aucun doute « pour faciliter la diffusion du message ». Mais si le message passe plus aisément après transformation, la raison en est banale : c'est parce qu'il ne s'agit plus du même et que la transformation a entraîné une dénaturation.

Les membres du Cambridge Circus ont proposé à Keynes quantité d'apports qu'il accepta d'intégrer dans ce qui serait son prochain livre. Ce point nous est connu du fait que les souvenirs de ses membres ont été rassemblés par Donald Moggridge, le rédacteur des œuvres complètes, dans le volume XIII de celles-ci, parce qu'aussi Kahn y a consacré un ouvrage (le texte modifié de conférences données en Italie) : *La Fabrication de la « Théorie générale » de Keynes* (*The Making of Keynes' General Theory*) (1984), et encore parce que nous avons connaissance de certains brouillons de la *Théorie générale de l'emploi, de l'intérêt et de la monnaie* (ainsi le fantomatique « chapitre 5 ») qui nous permettent de découvrir ce qui a disparu de la version finale ou y est au contraire apparu, nous permettant de faire l'« archéologie » de la genèse de l'ouvrage.

Keynes ne participait pas aux réunions du Circus. Kahn lui en communiquait l'essentiel à la fin de chaque réunion. James Meade (1907-1995), membre lui aussi du groupe, qui sera prix Nobel d'économie en 1977, explique :

> Kahn était l'Ange annonciateur qui délivrait les messages et les questions à résoudre envoyés par Keynes au « Cirque » et qui retournait aux Cieux avec le résultat de nos délibérations (Keynes, 1973 : 339).

L'expression « cruche de la veuve » est utilisée par Keynes dans *Un traité sur la monnaie* pour renvoyer au paradoxe suivant, résultant de son modèle théorique :

> [...] quelle que soit la proportion de leurs profits que les entrepreneurs consacrent à la consommation, l'augmentation de la fortune des entrepreneurs demeure constante. En conséquence, les profits, en tant que source d'augmentation du capital des entrepreneurs, sont une *cruche de la veuve* qui demeure inépuisable quelle que soit la proportion qui en est consacrée à une vie débridée (Keynes, 1930, vol I : 139).

L'image de « la cruche de la veuve » renvoie au Livre des Rois :

> 14. Car ainsi a dit l'Éternel, le Dieu d'Israël : Le pot de farine ne s'épuisera pas et la cruche d'huile ne fera pas défaut jusqu'au jour où l'Éternel donnera de la pluie sur la face de la terre.
> 15. Et elle s'en alla et fit selon la parole d'Élie. Et ils mangèrent, lui et elle, et sa maison, pendant quelque temps.
> 16. Le pot de farine ne s'épuisa pas et la cruche d'huile ne fit pas défaut, selon la parole de l'Éternel, qu'il avait dite par Élie.

Austin Robinson résuma le paradoxe qu'il s'agissait de résoudre dans les termes suivants :

> Si un entrepreneur, bourré de profits, décidait en route vers chez lui de faire reluire ses souliers, l'effet serait-il seulement de pousser à la hausse le coût du cirage ? Est-il impossible de voir augmenter le nombre de chaussures cirées ? (Keynes, 1973 : 340).

La conclusion à laquelle Moggridge aboutit à la suite de ses conversations avec les membres du Cambridge Circus est celle-ci :

> [Keynes] reprenait les idées du « Cirque », quelquefois seulement à la suite de discussions approfondies ; il les intégrait dans sa propre réflexion, qu'il poursuivait alors. Il y a pu y avoir (comme le pensent

> certains de ses membres) une brève période durant laquelle le « cirque » eut une courte avance sur Keynes lui-même dans la voie qui menait vers la *Théorie générale de l'emploi, de l'intérêt et de la monnaie.* Mais ce fut bref. D'ailleurs Keynes lui-même semble avoir progressé selon une logique qui lui était propre (*ibid.* : 342).

Austin Robinson notait lui que :

> Keynes ne donnait jamais l'apparence d'une hésitation. Il était là avec nous à la poursuite de la vérité et son élan était aussi enthousiaste que si nous étions en train d'annihiler l'ouvrage de son pire ennemi (cité par Kahn, 1984 : 106).

En mentionnant ce bref exemple des intérêts du Cambridge Circus, j'entends fournir une indication de la raison pour laquelle j'utilise l'appellation assez péjorative d'« usine à gaz » et pourquoi je n'ai pas jugé utile de m'aventurer plus avant dans son exploration.

Mon sentiment personnel, parce que j'ai participé quarante ans plus tard à Cambridge à des séminaires du même type (où intervenait, à titre d'exemple, Polly Hill, nièce de Keynes) est que la modélisation de la macroéconomie qui fut produite là manquait de maîtrise sur le plan méthodologique. On imagine une réunion du Cambridge Circus se déroulant de la manière suivante : « Ah ! mais la liquidité joue aussi sur le prix, non ? Ajoutons alors une variable "*l*" pour liquidité ! "+ *l*"... ou, euh, "– *l*"... », sans que quiconque s'interroge sur le fait qu'il a peut-être déjà été tenu compte du facteur « liquidité » d'une autre manière précédemment ou sans se demander ce qu'est véritablement la *liquidité* avant de vouloir l'intégrer comme variable dans la détermination du prix.

L'exemple est intéressant en soi : faut-il, quand on examine le prix, introduire un facteur représentant la liquidité ?

Il est vrai que le prix sera différent selon que le marché est liquide ou illiquide, mais une fois qu'on a dit cela, de quoi s'agit-il réellement ?

Le marché est appelé « liquide » lorsque le vendeur parvient rapidement à vendre à un prix identique ou en tout cas très proche de celui qu'il espérait, « illiquide » lorsque la vente est difficile et finit par avoir lieu à un prix désavantageux pour le vendeur. Mais comment rendre compte de cela dans une fonction représentant le prix ?

Il existe en fait trois sortes de prix. Il y a le prix effectif, attaché à une transaction ayant véritablement eu lieu : « Quinze kilos de pommes de terre ont été vendus pour 27 euros », soit 1,80 euro du kilo. Il y a ensuite un prix potentiel proposé par un acheteur pour une future transaction : « 1,50 euro du kilo », ce que le jargon de la finance appelle du terme anglais de « *bid* » ; il y a aussi un prix potentiel proposé par un vendeur potentiel : « 2 euros du kilo », soit ce que le métier appelle un « *ask* ».

Où joue la liquidité ? Elle ne joue pas sur le prix effectif obtenu dans une transaction puisque la question de la liquidité y a été réglée *de facto* : les pommes de terre ont été vendues au prix indiqué. La liquidité est pertinente par rapport aux transactions qui n'ont pas encore eu lieu, mais alors comment en rendre compte ?

La difficulté à vendre maintenant dépend de ce qu'on appelle le « *spread* », c'est-à-dire l'*écart*. Il s'agit de l'écart entre le prix le plus faible exigé par un vendeur potentiel et le plus fort offert par un acheteur potentiel. Si cet écart entre *ask* et *bid* est minime, la transaction aura probablement lieu à brève échéance à l'un ou l'autre de ces prix proches l'un de l'autre ou quelque part dans l'intervalle. Si l'écart est au contraire large, le rapprochement des prix d'offre à l'achat et à la vente peut au contraire prendre du temps et avoir lieu à un endroit quelconque du large intervalle séparant le *bid* de l'*ask* actuels.

Comment tenir compte de la liquidité dans une fonction représentant le prix ? Elle ne peut qu'être ignorée s'il s'agit d'un prix déjà observé, puisque la question de la liquidité a été résolue dans les faits. Elle doit l'être aussi s'il s'agit d'un prix au sens d'un *ask* ou d'un *bid*, qui sont ce qu'ils sont en tant que tels, indépendamment de l'offre existant en face. La liquidité peut intervenir seulement dans l'équation de ce qui serait le *prochain* prix sur le même marché et où le *spread*, la différence entre *ask* et *bid* manifestera, selon qu'elle est minime ou considérable, la *liquidité* ou l'*illiquidité* du marché en question.

TROISIÈME PARTIE

# Keynes dans le siècle

CHAPITRE 16

# Keynes et la monnaie

## *Le système monétaire international idéal de John Maynard Keynes*

Quelles qualités un système monétaire international devrait-il présenter ? Au fil des années, Keynes avait su préciser à son propre usage ce que ces qualités devaient être. Le maître mot était sans doute « pacifié » : un système monétaire international devait être « pacifié ». Il écrivait en 1941, dans la seconde version de *Propositions pour une Union monétaire internationale* (*Proposals for an International Currency Union*) : « Les arrangements proposés pourraient être décrits comme une mesure de désarmement financier. »

N'avaient pas peu contribué à sa définition d'un système monétaire international idéal, les discussions en Grande-Bretagne autour de l'étalon-or : son abandon en 1919, sa réinstauration en 1925 à l'initiative de Winston Churchill alors ministre des Finances, enfin son abrogation définitive en 1931, et le rôle très actif qu'avait joué Keynes dans ce débat, s'opposant en particulier à la réinstauration de l'étalon-or dans son *Manifeste pour une réforme monétaire* publié en 1923 et critiquant Churchill deux ans plus tard dans une série de trois articles qui seraient publiés sous le titre *Les Conséquences économiques de M. Churchill* quand celui-ci passa outre à ses recommandations pressantes.

La préoccupation de Keynes sur cette question d'un système monétaire international, était d'assurer ce que l'on appelle en anglais « *a level playing field* » : un terrain de jeu parfaitement horizontal, faisant référence à la nécessité pour qu'un match soit équitable au fait que les conditions de jeu soient strictement identiques pour les deux équipes en présence. Selon Keynes, les nations garantes d'une devise doivent pouvoir jouer dans un environnement où les conditions sont exactement les mêmes, quelle que soit la taille du pays, quelles que soient ses richesses naturelles, quelle que soit sa capacité à exporter davantage qu'il n'importe ou, au contraire, l'obligation pour lui d'importer davantage qu'il n'exporte.

## La question des métaux précieux

Le premier souci de ce point de vue est la possibilité ou non pour une nation d'adosser aisément sa devise à de l'or ou à de l'or et de l'argent. La capacité à extraire des métaux précieux dépend de la nature géologique du sol d'un pays et constitue du coup un facteur majeur d'inégalité entre les différentes nations. La première condition qu'un ordre monétaire international doive du coup respecter, selon Keynes, est d'exclure que les différentes monnaies soient adossées à une richesse en métaux précieux.

Cette première préoccupation signifie donc mettre un point final aux monnaies monométalliques ou bimétalliques dont l'acceptabilité tient essentiellement au fait qu'il existe par ailleurs pour ces métaux un marché lié à ses usages autres que servir de moyen d'échange, et que si la monnaie en question devait disparaître (du fait de la disparition de l'État qui l'émet), les pièces pourraient être fondues et l'or ou l'argent revendus au prix du marché pour ces métaux. Keynes écrit à ce propos dans *Un traité sur la monnaie* :

> L'estampillage de pièces métalliques à l'aide d'une marque de fabrique ne constituait rien de plus que la manifestation d'une vanité territoriale, d'un patriotisme ou d'un désir de publicité sans réelle conséquence (Keynes, 1930, vol. I : 12).

En écrivant cela, il attirait l'attention sur le fait que les monnaies monométalliques ou bimétalliques demeurent essentiellement des systèmes de troc. Ce qui les différencie d'un système de troc pur et simple est le fait que les métaux précieux que sont l'or et l'argent servent d'équivalent *générique* à l'ensemble des autres marchandises échangées : alors que le vendeur propose des biens ou des services de n'importe quelle nature, l'acheteur les troque contre des quantités d'un ou deux métaux précieux seulement, l'or ou l'argent. C'est pour cette raison que Keynes appelle les monnaies métalliques « *commodity money* », ce qui veut dire : « monnaie marchandise » ; j'y ai déjà fait brièvement allusion dans la discussion relative à l'abandon de l'étalon-or en Grande-Bretagne en 1931. La définition qu'en donne Keynes est celle-ci : « La *monnaie marchandise* se compose d'unités tangibles d'une marchandise dont l'accès est libre et n'est pas soumis à monopole, et dont il se fait qu'elle a été choisie pour servir aux usages qui sont ceux de la monnaie, mais dont l'offre est contrainte – comme c'est d'ailleurs le cas pour toute marchandise – par sa rareté et par le coût de sa production » (Keynes, 1930, vol. I : 7).

Si, comme le veut Keynes, il est exclu au sein d'un système monétaire mondial qu'une monnaie soit adossée à un métal précieux, elle est alors automatiquement *fiduciaire* : la validité de ses pièces et de ses billets s'assimile à la parole d'un État. Ils valent très exactement ce que l'État affirme qu'ils valent et celui-ci s'engage à faire tout ce qui est nécessaire sous ce rapport en termes d'interdiction de faux-monnayage et de maintien de la stabilité des prix grâce à la gestion par sa banque centrale d'une équivalence entre la monnaie et la richesse globale de la nation, en la créant ou en la détruisant selon les nécessités. Keynes appelle la monnaie fiduciaire « *fiat money* », soit littéralement en français, précisément : « monnaie fiduciaire ». Il en donne la définition suivante : « La *monnaie fiduciaire* est une monnaie représentative (ou symbolique), ce qui veut dire qu'il s'agit d'une chose telle que la valeur intrinsèque de la substance matérielle dont elle est faite est sans rapport avec la valeur faciale monétaire qui lui est attribuée » (*ibid.*).

Bien sûr, en 1930, à l'époque où Keynes propose ces définitions et où la livre sterling vit encore pour un an sous le régime de l'étalon-or, même les monnaies adossées à du métal précieux sont *gérées* de manière à établir une certaine distance entre les transactions commerciales courantes et l'échange de numéraire contre des quantités de métal précieux : les pièces et les billets qui circulent se contentent de *représenter* ces métaux. Il n'en est pas moins vrai que l'échange de numéraire contre du métal précieux *peut* avoir lieu si son détenteur en détient des quantités suffisantes pour justifier l'échange. Keynes parle pour les monnaies à son époque, qui sont sous l'égide de l'étalon-or, de « *managed money* » : « monnaie gérée ». La définition qu'il en donne est celle-ci :

> La *monnaie gérée* est semblable à la *monnaie fiduciaire*, à la différence près que l'État entreprend de gérer les conditions de son émission de telle sorte que, par le biais de la convertibilité ou de toute autre manière, sa valeur sera déterminée dans les termes d'un étalon objectif. La *monnaie marchandise* et la *monnaie gérée* ont en commun d'être fondées sur un étalon objectif. La *monnaie gérée* et la *monnaie fiduciaire* quant à elles sont semblables en tant que représentatives et partageant un support papier n'ayant qu'une faible valeur intrinsèque, voire aucune, sinon ce que définit la loi ou les usages de l'État. La *monnaie gérée* est donc en quelque sorte, un hybride entre les deux autres types de monnaie (*ibid.* : 8).

Dans *Un traité sur la monnaie* (1930), l'ouvrage où Keynes propose les définitions des différents types de monnaies que je viens de citer, il montre sur un diagramme que *monnaie marchandise*, *monnaie gérée* et *monnaie fiduciaire* appartiennent à la même famille de monnaies qu'il qualifie de « *money proper* », « monnaie à proprement parler », qu'il oppose à « *acknowledgement of debt* », c'est-à-dire « reconnaissance de dette ». Le diagramme montre cependant la *monnaie fiduciaire* et la *monnaie gérée* comme étant deux variétés de la *monnaie représentative*, qui peut aussi bien être *monnaie proprement dite* que *reconnaissance de dette* (*ibid.* : 9).

L'étalon-or ne constitue pas seulement un facteur d'inégalité entre nations en tant qu'il se trouve en quantités inégales dans le sol en fonction des aléas de la géologie, mais parce que son simple mécanisme, à savoir la nécessité pour un pays en difficulté de rétablir par des transferts d'or un équilibre rompu avec ses partenaires commerciaux, aggrave automatiquement les inégalités entre les nations et est donc en soi autodestructeur.

Pourquoi les inégalités s'aggravent-elles automatiquement ? Du fait que l'ajustement entre nations dans un rapport inégal est *obligatoire* pour le débiteur mais doit être *volontaire* de la part du créancier. Skidelsky résume ainsi le raisonnement de Keynes : « Le débiteur était en général un petit pays, en position défavorable pour imposer ses exportations au reste du monde en modifiant unilatéralement les termes de l'échange. S'il faut faire baisser le prix des produits d'exportation dans la même mesure où son volume augmente, le problème est tout simplement insoluble. L'initiative de l'ajustement doit donc être partiellement impartie au créancier » (Skidelsky, 2000 : 204).

Par ailleurs, la disparition d'un étalon-or a des implications immédiates pour ce qui touche aux capitaux circulant entre nations, en termes de mesures devant encourager certaines pratiques ou au contraire en prohiber d'autres, l'équilibre économique entre nations ne pouvant plus être rétabli à l'aide de simples transferts d'or.

Il devient ainsi nécessaire d'interdire l'exportation de capitaux d'une nation vers une autre si la balance commerciale entre les deux est défavorable à la première, ces capitaux candidats au départ ayant un rôle important à jouer en tant qu'investissement dans l'économie domestique. Une telle exportation de capitaux devrait au contraire être encouragée, de la nation en position favorable, vers l'autre, où ces capitaux joueraient le rôle d'investissements productifs. Keynes écrit à ce propos en avril 1941 à l'un de ses correspondants au ministère des Affaires étrangères :

> Quoi qu'on veuille, quelque chose de ce type semble inévitable puisque nous ne disposerons plus d'une tirelire d'or ou d'autres actifs liquides, à l'aide desquels il serait possible de réagir aux effets immédiats de mouvements de capitaux créateurs d'un déséquilibre (*ibid.* : 197).

## La gestion des taux d'intérêt nationaux

Une autre préoccupation majeure de Keynes quand il envisage ce que devrait être un ordre monétaire international est que chaque nation ait la possibilité de gérer ses propres taux d'intérêt sans que leur niveau ne soit déterminé par la prédation qu'exercent des capitaux pirates à la recherche de l'opportunité la plus alléchante à l'échelle internationale en matière de versements d'intérêts, drainant vers un pays peu dynamique la richesse de pays qui ont le malheur d'être en pleine croissance. En effet, si la circulation des capitaux est libre entre deux pays, le taux de change de leur monnaie respective sera essentiellement déterminé par les taux d'intérêt qui ont cours sur leur marché domestique : des taux plus élevés pour l'éventail des maturités dans l'un des deux pays attireront les capitaux originaires de l'autre où ils sont moins élevés. De vastes sommes seront alors traduites d'une devise dans l'autre et prêtées en échange d'une promesse de remboursement assortie de versements d'intérêts ; dans le jargon financier, cette stratégie a pour nom « *carry trade* ». La maîtrise des taux d'intérêt domestiques, c'est selon Keynes, le moyen d'assurer le plein-emploi en allant les fixer, par une politique appropriée de la banque centrale, au niveau qui permettra de réaliser celui-ci ; c'est également le moyen pour l'État de dégager les ressources qui lui permettront de mener une politique sociale.

La gestion par une nation des taux d'intérêt implique donc pour Keynes une mise hors la loi du « *carry trade* » par une interdiction faite aux capitaux spéculatifs de circuler. Il est très explicite à ce sujet, en particulier dans une série de documents préparatoires à ce qu'il appelle l'*Union monétaire internationale*, où l'on trouve en fait l'ébauche de la proposition britannique qui sera présentée à Bretton Woods en 1944. Keynes y insiste sur la nécessité de distinguer soigneusement capitaux socialement utiles et capitaux socialement nuisibles.

Sont socialement utiles les capitaux qui constituent un authentique investissement permettant de tirer le meilleur parti des ressources existant à l'échelle de la planète. Sont au contraire socialement nuisibles, les capitaux flottants à la recherche d'une opportunité quelconque de se placer au meilleur rendement. Sont également socialement utiles les capitaux en provenance de pays excédentaires, exportant davantage qu'ils n'importent, en direction de pays déficitaires, important davantage qu'ils n'exportent, dont le transfert est susceptible de contribuer à un retour à l'équilibre. Sont aussi socialement nocifs, les capitaux purement spéculatifs ainsi que ceux qui cherchent à s'évader pour des raisons fiscales d'un pays déficitaire pour se rendre dans un pays excédentaire, ou se déplaçant entre deux pays excédentaires (Keynes [1941b], 1980).

Dans le cadre d'un nouvel ordre monétaire international, placé sous l'égide de la monnaie de compte commune qu'est le *bancor*, les mouvements de capitaux spéculatifs seront prohibés. Keynes écrit à ce propos dans ses *Propositions pour une Union monétaire internationale* (*Proposals for an International Currency Union*) :

> Aucun pays ne pourra à l'avenir autoriser impunément la fuite de fonds pour des raisons politiques, pour échapper à l'impôt national

> ou dans l'anticipation pour leur détenteur de se transformer en exilé fiscal. De même, aucun pays ne pourra accueillir en toute sécurité des fonds en fuite, constituant une importation non souhaitée de capital, qui ne peuvent servir de manière sûre d'investissement à taux fixe (*ibid.* : 185).

L'évasion fiscale est ainsi prohibée, et la possibilité pour un pays de jouer le rôle de havre fiscal s'évapore.

### Autres conditions à remplir par un système monétaire international

Facteur clé du système monétaire international idéal : que les nations en déficit n'aient pas à recourir à la déflation, le fléau économique sous sa forme ultime aux yeux de Keynes, car cause de récession, voire de dépression, et dans leur sillage, bien entendu, cause majeure de chômage, phénomènes qui peuvent déboucher sur des situations où certaines nations se retrouvent de manière chronique dans une relation d'esclavage pour dettes vis-à-vis d'autres qui, volontairement ou involontairement, les maintiennent dans cette sujétion.

Il faut éviter à tout prix à l'avenir que le puissant puisse écraser le faible et que, comme Keynes le dit à propos du système qui prévaut en son temps, « le pauvre n'ait d'autre choix que de se soumettre, alors que le riche a le choix de la compassion oui ou non envers le pauvre ». Il faut mettre hors d'état de nuire la *rétroaction positive* : l'effet boule de neige, la réaction en chaîne, inscrits dans le système économique de son temps, et du nôtre encore aujourd'hui, et destructeurs par leur existence même.

## *Où Keynes découvre que le système monétaire idéal existe déjà*

Keynes s'était donc construit au fil des années une idée des critères que doit remplir un système monétaire international pour être fonctionnel et ne pas subir des crises récurrentes. Cette idée s'était bâtie petit à petit depuis que, jeune fonctionnaire dans son premier emploi, il avait dû réfléchir à comment articuler les deux systèmes monétaires de la Grande-Bretagne, une « monnaie gérée » adossée à un étalon-or, et de l'Inde, une monnaie bimétallique à proprement parler, où la monnaie papier, adossée à 100 % d'or et d'argent, et le métal précieux, circulant en tant que tel sous forme de pièces, s'entremêlent à tout moment. L'image cohérente d'un système monétaire international pourrait alors déboucher sur un vaste plan de ce qui serait véritablement un ordre monétaire international, mis sur pied délibérément et géré et entretenu ensuite.

Or Keynes devait découvrir à la fin des années 1930 un système déjà en place, présentant selon lui toutes les caractéristiques du système monétaire idéal. Ce système serait à ce point irréprochable à ses yeux qu'il recommanderait que la Grande-Bretagne en fasse l'armature de son économie de guerre et, sans s'arrêter là, qu'elle en fasse le patron à partir duquel articuler son économie de paix, et cela peut-être même une fois pour toutes.

Ce système monétaire, c'était celui que l'Allemagne hitlérienne avait mis sur pied pour se constituer une économie parallèle, invisible aux yeux de ceux qui veillaient au respect des clauses relatives aux réparations de guerre définies dans le traité de Versailles et pour se rebâtir une armée, sans que les transactions afférentes n'apparaissent dans les livres de la Reichsbank.

Le principe de ce système était celui du troc. L'Allemagne passait commande à des pays dont les ressources faisaient l'objet de sa convoitise, essentiellement en Europe de l'Est, en Europe centrale et en Amérique latine, et ces pays obtenaient de l'Allemagne des marchandises pour un montant équivalent. Le système se mettait en place par un accord bilatéral entre l'Allemagne et le pays tiers : chacun des deux pays ouvrait à l'intention de l'autre un compte auprès de sa banque centrale, sur lequel chacun réglait ses importations en provenance de l'autre, dans sa propre monnaie. À partir de là des échanges commerciaux, marchandises contre marchandises, avaient lieu sans que des opérations de change n'interviennent pour autant.

Le système était le fruit de l'imagination d'un financier de génie : Hjalmar Schacht (1877-1970), d'abord président de la Reichsbank de 1923 à 1930, puis de 1933 à 1939, et ministre des Finances de Hitler de 1934 à 1937. L'invisibilité du système aux yeux de l'étranger était assurée par le fait que les échanges se faisaient à l'aide de « bons MEFO », des créances émises par la Metallurgische Forschungsgesellschaft mbH, une compagnie fondée par Krupp, Siemens et deux autres sociétés (Clavert, 2009 : 223), compagnie fictive en réalité car n'ayant aucune activité si ce n'est dans ce simple rôle de *façade* pour des opérations financières.

Bien sûr, des créances émises par une société sans activité connue avaient tout pour susciter la méfiance parmi ses créanciers, et c'était pour dissiper celle-ci que la MEFO bénéficiait de la garantie illimitée du Reich (*ibid.* : 224) et que les banques étaient autorisées à faire jouer aux bons MEFO le rôle de réserves en capital (*ibid.* : 225). Des bons MEFO pour un montant de 4,8 milliards de marks étaient en circulation en 1934 et 1935, somme à comparer à une masse de monétaire officielle de 6 milliards de marks, lisible elle dans les livres de la Reichsbank (*ibid.* : 227).

Comme ces bons MEFO étaient escomptables et pouvaient du coup se retrouver dans le portefeuille de la Reichsbank – ce qui aurait déséquilibré le système monétaire officiel et les aurait fait apparaître en pleine lumière alors que ce système parallèle avait été précisément conçu pour permettre au Reich de se reconstituer une force armée à partir d'un financement occulte –, il était essentiel qu'ils soient mis hors circuit d'une manière ou d'une autre. Le gouvernement imposera ainsi aux banques de constituer des réserves en capital plus importantes, ce qui immobilisera là quantité de ces bons MEFO (*ibid.* : 226). Il autorisera également la Golddiskontbank à partir de 1935 à émettre des billets à ordre dont les rentrées permettront à cette banque de racheter des bons MEFO en circulation (*ibid.* : 225).

Schacht lança en septembre 1934 un « nouveau plan » qui comprenait des accords bilatéraux de l'Allemagne avec vingt-cinq pays européens et latino-américains. Quatre ans plus tard, en 1938, la moitié du commerce international de l'Allemagne se faisait par ce truchement. Seuls 20 % du commerce allemand s'opéraient alors encore selon la technique classique de l'achat de biens à l'étranger impliquant une opération de change (Skidelsky, 2000 : 228).

Le taux de change était déterminé d'un commun accord entre les deux pays ayant conclu un accord bilatéral. Un marché en marks « parallèles », les marks « Aski » (*Ausländersonderkonten für Inlandszahlungen*), permettait cependant aux firmes importatrices et exportatrices allemandes et de l'un des pays avec qui l'Allemagne avait conclu un accord bilatéral, de négocier leur taux de change. Skidelsky explique : « Un exportateur en Allemagne pouvait obtenir un crédit en marks "Aski", qu'il pouvait vendre à un prix escompté à l'importateur de biens en provenance d'Allemagne, qui avait donc lui le loisir de payer le prix allemand, l'exportateur haussant son prix en marks pour compenser. Cette manière de faire permettait aux parties en présence de négocier le taux de change effectif » (*ibid.* : 229).

Keynes resta longtemps indifférent au système de Schacht mais dès novembre 1940, alors qu'il s'attelle à une ébauche de la proposition qui prendra forme petit à petit pour devenir celle que la Grande-Bretagne présentera en son nom à Bretton Woods, Keynes est subjugué et à proprement parler extatique quand il en parle. Il écrit à « Sigi » Waley, un haut fonctionnaire du ministère des Finances britannique :

> Si Hitler parvient à faire fonctionner sa nouvelle Europe, avec le troc pour remplacer l'or… et chacune des nations jouant le rôle culturel et ethnographique qui lui est assigné, pendant que le Vatican dispense aux États asservis une philosophie pour la vie, il ne sera pas très difficile de faire apparaître l'Angleterre aux yeux de l'Europe comme une nuisance perturbatrice jouant au pirate de manière intolérable. C'est nous qui apparaîtrions comme les véritables intrus, les protestants dissidents, les Barbaresques du Nord. Joue en faveur de Hitler le fait qu'il a la volonté et l'ambition de gouverner l'Europe, et que Rome, Berlin et Munich sont des lieux naturels d'où le faire. Mais aussi longtemps que le blocus est effectif, il est condamné à piller, et aussi longtemps qu'il pille les territoires conquis, sa propagande est vouée à l'échec. […]
> La vertu du libre-échange dépend du fait que le commerce international se poursuit par le moyen de ce qui est, en fait, du *troc*. Après la dernière guerre [la Première Guerre mondiale] une politique de *laisser-faire* [en français dans le texte] dans le commerce des devises a débouché sur le chaos. Les tarifs douaniers n'y changent rien. Mais en Allemagne, la force de la nécessité a conduit Schacht et Funk [Walther Funk (1890-1960) qui succéda à Schacht au ministère de l'Économie en 1938, puis à la tête de la Reichsbank en 1939] à mettre au point un dispositif d'une

> meilleure qualité. Sur le plan pratique, ils ont utilisé leur nouveau système aux dépens de leurs voisins. Mais le concept qui le sous-tend est sain et excellent. Au cours des six derniers mois, le Trésor et la Banque d'Angleterre ont conçu pour notre pays un système de commerce des devises qui a emprunté à l'expérience allemande tout ce qu'il y avait de bon en elle. Si nous voulons faire face à nos obligations et éviter le chaos dans le commerce international après la guerre, il faudra que nous conservions ce système (Keynes [1940], 1980 : 8-9).

Mais venu le mois de novembre 1941, Keynes aura déchanté et changé d'avis du tout au tout. Il parle en effet désormais du système Schacht-Funk comme d'« une fiction faite de bric et de broc, fondée essentiellement sur l'expérience anormale d'un état de guerre » (Skidelsky, 2000 : 216).

Que s'est-il passé pour qu'un mirage se dissipe ? Si en fin de compte le système de Schacht n'est pas le système idéal auquel Keynes rêvait, comment a-t-il pu se leurrer ? S'il n'était pas le système idéal, pourquoi avait-il l'air de l'être ?

## *La place de l'Allemagne dans l'après-guerre*

En novembre 1940, six mois après le désastre de Dunkerque, Keynes est avisé que le ministère britannique de l'Information s'apprête à tourner en dérision le programme allemand d'un « Ordre nouveau » économique mis au point par Schacht et Funk.

Or Keynes a déjà proposé à cette époque comme modèle d'une économie de guerre britannique, une copie conforme du programme Schacht/Funk.

Que faire alors sinon tenter de dissuader le ministère ? Il écrit dans une lettre datée du 20 novembre 1940 :

> Selon moi, trois quarts des passages cités des émissions en allemand seraient en fait excellents si le nom de la Grande-Bretagne était substitué à celui de l'Allemagne ou, selon le cas, d'une des puissances de l'Axe. Pris à la lettre, le programme de Funk est excellent et exacte-

> ment ce que nous devrions envisager de faire nous-mêmes. S'il fallait l'attaquer, le moyen de le faire serait de jeter le doute et la suspicion sur sa bonne foi (Keynes [1940], 1980 : 2).

Décontenancé par la réponse de Keynes, c'est au ministère de se tourner vers l'économiste pour lui demander s'il existe selon lui une autre option. Keynes répond alors par un mémorandum de quelques pages daté du 1er décembre 1940, intitulé : « Des propositions pour contrer le "Nouvel Ordre" allemand ».

Mettant entre parenthèses le fait que la Seconde Guerre mondiale n'est encore vieille que de six mois, Keynes dresse un tableau de l'après-guerre et du rôle qu'y jouera l'Allemagne.

Il commence par rappeler que le programme de Schacht et de Funk pour un *ordre économique nouveau* est excellent et que la Grande-Bretagne est, selon ses conseils, sur le point de l'adopter. Il explique ensuite :

> [...] j'ai indiqué que sous de nouveaux auspices, l'Allemagne sera autorisée à renouer avec cette part de leadership *économique* en Europe centrale qui découle naturellement de ses qualifications et de sa position géographique. J'imagine mal comment le reste de l'Europe pourrait espérer une reconstruction économique effective si l'Allemagne en est exclue et demeure une masse purulente en son sein ; une Allemagne reconstruite renouera nécessairement avec son leadership. Une telle conclusion est inévitable, à moins que nous n'ayons l'intention de confier la tâche à la Russie (*ibid.* : 9).

Comme nul ne l'ignore, la tâche ne fut pas confiée à la Russie, et l'Allemagne exerce aujourd'hui du coup le leadership dont Keynes considérait qu'il lui était « naturel », alors même que Londres était chaque jour défigurée davantage par le Blitz et que la bataille d'Angleterre durerait encore près de six mois.

## *L'absence de rancœur de Keynes vis-à-vis de l'Allemagne*

On a reproché à Keynes d'avoir été beaucoup trop indulgent envers l'Allemagne, qu'il s'agisse de l'attitude qu'il a envers elle pendant et après la Première Guerre mondiale ou pendant et après la Seconde Guerre mondiale. Je viens de reproduire ce qu'il écrivait en novembre 1940, alors que la Bataille d'Angleterre faisait encore rage et que l'issue de celle-ci demeurait incertaine.

Il faut rappeler ici que *Les Conséquences économiques de la paix*, publié en 1919, était un brûlot, un cri de colère jeté à la face du monde. Nous nous conduisons de manière indigne vis-à-vis de l'Allemagne, expliquait-il, et si nous ne revenons pas sur les conditions exorbitantes que nous imposons à cette nation vaincue en termes de réparations de guerre, nous serons forcés de nous en repentir. Il écrit dans un passage fameux et si souvent cité qu'il est véritablement entré dans l'histoire :

> La politique consistant à réduire à la servitude l'Allemagne pour une génération, à condamner à des conditions dégradantes la vie de millions d'êtres humains, et à priver de bonheur une nation tout entière, est odieuse et méprisable – odieuse et méprisable, même si elle est réalisable sur un plan pratique, même si elle devait nous enrichir, même si elle ne portait pas en germe la décomposition de la civilisation européenne tout entière. Certains prêchent cette politique au nom de la justice. Dans les grands événements de l'histoire humaine, dans le dénouement du destin des nations, la justice n'a jamais été une question qui se posait dans des termes aussi simples. Et même si elle l'avait été, les nations ne sont pas autorisées, ni par la religion ni par la morale naturelle, à punir les enfants de leurs ennemis pour les erreurs commises par leurs parents ou leurs dirigeants (Keynes, 1919 : 225 ; [1931c], [1931] 1972 : 13).

Et, plus loin dans le même livre, dans un passage non moins fameux :

> Si ce que nous visons intentionnellement, c'est l'appauvrissement de l'Europe centrale, la vengeance, j'ose l'affirmer, sera terrible. Rien ne pourra alors retarder très longtemps l'ultime guerre civile entre les forces de la réaction et les convulsions désespérées de la révolution, en comparaison desquelles les horreurs de la dernière guerre allemande seront peu de chose, et qui détruira le vainqueur quel qu'il soit, la civilisation elle-même et le progrès de toute notre génération (Keynes, 1919 : 268 ; [1931c], [1931] 1972 : 20).

Le 8 juillet 1919, au moment où le proche qu'est Keynes pour Virginia Woolf, mais à qui elle n'accordera jamais cependant davantage qu'une sympathie méfiante, claque la porte de la Conférence de paix à Paris où s'élabore le traité de Versailles, elle consigne dans son journal intime le témoignage déjà cité qu'il vient de lui confier du « spectacle affligeant et dégradant de la Conférence de paix, où des hommes jetèrent les dés sans vergogne, non pas pour l'Europe, ni même pour l'Angleterre, mais pour assurer leur propre retour au Parlement lors des prochaines élections » (Skidelsky, 1983 : 378).

Robert Skidelsky mentionne dans les premières pages de sa monumentale biographie de Keynes que celui-ci eut deux nurses allemandes : Mesdemoiselles Rotman et Hubbe, et il ajoute que « Maynard grandit dans une famille germanophile » (*ibid.* : 55).

Voilà sans doute une raison toute simple qui pourrait expliquer bien des choses. Il en existe pourtant une autre, et dont le pouvoir explicatif ne serait pas moindre : que, pour ce qui touche à l'Allemagne, Keynes avait tout simplement raison. Et c'est en fait la position que Skidelsky lui-même n'hésite pas à adopter. Il écrit :

> Si les propositions de Keynes en 1919 avaient été appliquées, il est improbable que Hitler serait devenu chancelier allemand (*ibid.* : 399).

Les choses se seraient peut-être passées de la manière qu'imagine Skidelsky et je le pense également, l'histoire conjecturale n'en est pas moins, comme je le rappelais dans mon introduction, un exercice périlleux parce qu'il est sans risque : totalement protégé à jamais d'un démenti éventuel par les faits.

Pourquoi Keynes ne s'est-il pas expliqué de son attitude conciliante vis-à-vis de l'Allemagne, malgré deux guerres brutales entre cette nation et la sienne propre, dont il était le pur produit, parfois même jusqu'à la caricature ? Nous ne serions pas obligés alors de nous cantonner à de simples supputations.

Mais peut-être Keynes s'en est-il expliqué ? Peut-être est-ce lui qui parle ou qui s'exprime, au moins partiellement, quand le peintre Duncan Grant, son amant à cette époque, se justifie aux yeux de son propre père, le major Bartle Grant, d'avoir réclamé le statut d'objecteur de conscience et lui explique ce qu'est la guerre selon lui :

> En un sens j'étais devenu, je suppose, *non patriote*, comme il convient aux artistes. Je me suis rendu compte que l'ennemi que l'on a, ce ne sont pas des masses indistinctes constituées d'étrangers, mais la même chose que la masse des gens qui composent son propre pays, et que ce qu'on désigne de l'appellation d'ami, ce sont des personnes fidèles à un idéal, que l'on pourrait aussi bien rencontrer, et que l'on rencontre d'ailleurs, dans chaque pays que l'on visite. Cela, je le pense toujours et je continue de penser que la guerre offre le spectacle de la folie et de la déraison sous sa forme ultime (*ibid.* : 26).

Nous sommes alors en 1915, Duncan Grant a trente ans et John Maynard Keynes est de deux ans son aîné.

CHAPITRE 17

# Bretton Woods

## *Les monnaies individuelles et leurs interactions*

Les monnaies ne sont sans doute pas nées indépendamment les unes des autres : certaines nations ont dû copier ce qui se faisait chez l'une de leurs voisines dont la monnaie s'était mise à circuler chez elles, facilitant le négoce local. L'invention a dû leur paraître excellente et mériter d'être reprise. Quoi qu'il en soit, au bout d'un moment, chacune de ces nations disposa de sa propre devise, constituant un système monétaire autonome.

Comme aucune de ces nations émettrices de monnaie ne vivait en autarcie, un *modus vivendi* a dû être trouvé partout où elles interagissaient dans le commerce qui s'établissait entre elles, autrement dit quand des citoyens de deux de ces nations s'achetaient et se vendaient des biens, l'acheteur réglant dans sa propre monnaie ou devant préalablement échanger sa propre monnaie pour l'autre, auprès d'un changeur. La question de la parité de ces deux devises se posait alors.

Si la parité entre deux monnaies est flottante, c'est le rapport de force implicite ici et maintenant entre les économies des deux pays qui en sont garants qui détermine le taux de change entre ces deux monnaies.

Lorsque la parité entre deux devises est fixe, les fluctuations du rapport de force entre les deux nations émettrices débouche, le cas échéant, sur une appréciation ou une dépréciation des prix exprimés dans l'autre devise à ce point marquée qu'une redéfinition du taux de change devient impérative, forçant à la dévaluation de l'une des deux monnaies dans les termes de l'autre, et à une réévaluation relative de l'autre.

Les systèmes monétaires étant nés sinon indépendamment les uns des autres, du moins chacun d'entre eux acquérant une vie autonome, sans souci particulier pour les nations émettrices de monnaie d'une organisation monétaire qui couvre tous ces systèmes conjointement sur le plan international, c'est pragmatiquement qu'il a fallu découvrir les conditions de fonctionnement optimales d'un système qui puisse englober l'ensemble des systèmes monétaires sur la base d'opérations de change entre toutes les paires imaginables de ces nations prises deux par deux.

La mise en place d'un système monétaire global se fit en 1944 quand, à l'initiative des États-Unis et de la Grande-Bretagne, les Alliés s'accordèrent pour instaurer un ordre monétaire international. C'était l'aboutissement des accords de Bretton Woods, une retraite sauvage au fond des bois du New Hampshire. Après une histoire chaotique de vingt-sept ans, les accords de 1944 furent dénoncés en 1971 par Richard Nixon, alors président des États-Unis. Aucun ordre monétaire international n'a remplacé depuis celui qui était né à Bretton Woods.

## *L'ordre monétaire né en 1944 à Bretton Woods*

En 1944, deux propositions se retrouvèrent face à face à Bretton Woods : une proposition américaine, défendue par Harry Dexter White et une proposition britannique défendue par John Maynard Keynes.

Voici l'esprit de la position britannique, telle que Keynes en brossa le portrait à l'intention du gouverneur de la Banque d'Angleterre, Montagu Norman :

> L'*essence* de ce programme est en réalité extrêmement simple. Il s'agit de l'extension au champ international des principes essentiels de la *banque* par lesquels, si un type veut laisser ses ressources en jachère, ces ressources ne sont pas pour autant retirées de la circulation mais sont mises à la disposition d'un autre type prêt à les utiliser – et de

> rendre cela possible sans que le premier ne perde sa liquidité ni son droit d'utiliser ses propres ressources aussitôt qu'il jugera bon de le faire [...]. C'est seulement en étendant ces mêmes principes au champ international que nous pouvons remédier aux maux manifestes de l'économie internationale telle qu'elle existait entre les deux guerres... (Keynes [1941b], 1980 : 98-99).

Curieusement, les propositions américaine et britannique étaient plus proches l'une de l'autre durant la période de négociation qui précéda l'accord qu'elles ne le furent au final. Les Américains étaient ainsi bien disposés à l'origine à l'égard du principe d'une nouvelle monnaie de compte internationale, servant de base pour établir le taux de change entre les diverses monnaies qui continueraient, elles, d'exister comme avant, monnaie qui se serait appelée « *unitas* », tandis que les Britanniques proposaient eux une monnaie de compte internationale appelée « *bancor* ». À l'arrivée cependant, les Américains proposèrent de faire de leur propre devise la monnaie internationale, qui deviendrait ainsi *devise de référence* et acquerrait en conséquence le statut de *devise de réserve* dans les échanges internationaux. Les Britanniques s'en tinrent au *bancor* mais perdirent la partie. Avec l'économie américaine représentant en 1944, de l'ordre de 50 % de l'économie mondiale dans un contexte d'épuisement généralisé de nations saignées à blanc en raison de la guerre, le rapport de force était trop défavorable aux Britanniques dans les négociations.

Le dollar resterait seul ancré à l'or, la parité étant de 35 dollars pour une once d'or, les autres devises auraient un taux de change, une parité, fixe avec le dollar, quitte à revoir celle-ci périodiquement par la dévaluation ou la réévaluation. Cette solution américaine prévalut jusqu'à ce qu'apparaissent les effets délétères de ce qui fut appelé plus tard le « dilemme de Triffin », du nom de l'économiste belge Robert Triffin (1911-1993) qui mit en évidence en 1959 la contradiction qui minait l'ordre monétaire international né en 1944.

La situation qui s'était établie de fait exigeait du dollar américain qu'il équivaille à la fois à la richesse que constitue l'économie américaine, et à la part de l'économie mondiale correspondant à son rôle de monnaie de réserve internationale. Une nation gère sa monnaie en en maintenant le stock à la mesure de la richesse créée sur son territoire mais quelle quantité doit-elle en créer lorsque cette monnaie sert de référence au monde entier ? Elle doit en créer plus, mais combien en plus ?

Le seul moyen pour elle de parvenir à jouer ainsi sur deux tableaux est d'acheter à l'étranger davantage que l'étranger ne lui achète, autrement dit, d'avoir une balance commerciale des paiements déficitaire en permanence vis-à-vis du reste du monde. Alors que la bonne gestion de sa devise comme monnaie domestique exige un équilibre de sa balance des paiements, une bonne gestion de sa qualité d'émettrice d'une monnaie de référence exige au contraire que celle-ci soit déficitaire. Il s'agit d'une contradiction logique et aucun pays ne peut bien entendu jamais satisfaire les deux conditions. C'est là le dilemme de Triffin, lequel dénonçait en 1961 « les absurdités associées à l'usage de devises nationales comme réserves internationales ». Nous payons encore aujourd'hui les conséquences de cette bourde monumentale qui résultait d'une compréhension incomplète et du coup fautive du fonctionnement d'une monnaie.

En 1971, la situation était devenue intenable pour les États-Unis depuis une dizaine d'années déjà : il avait fallu dix ans auparavant, en 1961, créer un London Gold Pool rassemblant huit nations pour maintenir la parité de 35 dollars pour une once d'or définie initialement. L'existence du pool n'avait offert au système qu'un sursis. Quand la Suisse, puis la France réclamèrent aux États-Unis de l'or en échange de dollars accumulés, Nixon s'exécuta, avant de fermer le robinet une fois pour toutes, mettant fin à l'ordre monétaire international mis en place à Bretton Woods en 1944. Aucun nouvel ordre monétaire international ne lui a succédé.

David McNally (2009) a attribué aux fluctuations permanentes du taux de change des devises qui en a résulté, l'invention de l'instrument financier dérivé appelé « swap de change » permettant à ceux qui y recourent de se couvrir, de s'immuniser, contre la variabilité pour un certain montant d'une devise particulière. Est né ensuite, dans le sillage du « swap de change », le « swap de taux » qui permet d'échanger versements d'intérêts à taux fixe contre taux variable, et à leur suite, tout un ensemble de produits dérivés plus récents.

## *La mission à Washington à l'automne 1945*

La dernière mission diplomatique de Keynes fut un abominable fiasco. De septembre à novembre 1945 (il mourrait six mois plus tard, en avril 1946), Keynes dirigea à Washington la délégation britannique chargée d'obtenir auprès des États-Unis un prêt au montant considérable de 6 milliards de dollars de l'époque.

Les Britanniques cherchaient à obtenir des États-Unis un prêt sans intérêt ou mieux encore un simple don, qui serait dans les termes desquels ils se représentaient les choses, leur récompense pour avoir mené de manière anticipée et par procuration sur le front européen, la guerre que les États-Unis ne se décideraient à mener officiellement qu'à partir de décembre 1941, au soir de la destruction de leur flotte à Pearl Harbor dans l'archipel de Hawaii. Les Américains envisageaient ce prêt dans une tout autre perspective : comme le moyen de créer une fois pour toutes une zone de libre-échange entre les deux nations et de mettre fin à la rivalité entre le dollar et la livre sterling par l'élimination de cette dernière sur la scène internationale, entérinement de l'état de banqueroute de fait dans lequel se trouvait la Grande-Bretagne en 1945. Les Américains eurent gain de cause.

Keynes s'était convaincu que la contrepartie américaine partageait son point de vue quant à cette supposée « dette morale » des États-Unis vis-à-vis de la Grande-Bretagne. Il en avait également convaincu les autorités de son pays qui l'avaient placé à la tête de la délégation chargée des négociations. La déroute de la Grande-Bretagne dans ces négociations fut quasi totale. Pire encore, Keynes fut remplacé à son insu à la tête de la délégation, durant la dernière semaine de la mission, par Edward Bridges, secrétaire général de l'administration des Finances britannique.

Dans la représentation que Keynes s'en était faite, le progrès dans les négociations se déroulait en deux phases : la première était sans histoire et ses résultats étaient gratifiants, alors que la seconde était semée d'embûches et ses aboutissements, décourageants. La première phase était celle des sessions plénières auxquelles assistaient les deux délégations, au cours desquelles Keynes avait le sentiment de convaincre aisément sa contrepartie américaine de la justesse de ses thèses. La seconde phase avait lieu ensuite et Keynes l'interprétait comme le fait que des juristes s'empressaient de dénaturer la teneur de l'accord qui venait d'être conclu et rédigeaient alors un texte grossièrement biaisé en faveur des États-Unis.

Une telle interprétation du déroulement des faits n'est pas sans une certaine vraisemblance : le pouvoir de persuasion de Keynes était, selon le témoignage de ceux qui l'ont connu, irrésistible, et les membres des diverses missions américaines qui eurent à l'affronter au cours de négociations de 1941 à 1945 se sont plaints de ce qu'ils considéraient comme son talent inégalé d'embobiner ses interlocuteurs en recourant à l'éventail complet des procédés d'ordre rhétorique. Quant à la réécriture par les juristes, elle était sans doute le reflet du véritable rapport de force entre les parties en présence.

Les nombreux commentaires de la délégation britannique qui nous sont parvenus font cependant penser que les négociations ne se déroulèrent pas de la manière que Keynes imaginait quant à lui.

Le 12 novembre 1945, Fred Harmer, qui joua le rôle d'attaché de Keynes durant les discussions de Washington note : « M[aynard] énervé et difficile à supporter. Il est très fatigué et ce qui en résulte nous est difficile à gérer… tout cela s'apparente à un cauchemar » (Skidelsky, 2000 : 432) ; et trois jours plus tard, le 15 novembre : « M. très énervé et ayant beaucoup de mal à contrôler ses émotions. (Le fait qu'il prenne tout cela personnellement relève de l'évidence) » (*ibid.* : 433) ; et lorsque Harry Dexter White, qui avait déjà été son interlocuteur privilégié à Bretton Woods l'année précédente, l'appelle pour proposer une discussion sur quelques points techniques, Harmer note que « M. a été abominablement grossier envers lui au téléphone – précisément ce que nous cherchions à éviter » (*ibid.*). Le lendemain, Harmer décrit Keynes comme « pratiquement incontrôlable » (*ibid.* : 434).

Un autre témoin, le journaliste financier belge Paul Bareau, alors attaché au ministère des Finances britannique, constate : « Il était trop brillant, trop coupant et, vers la fin, trop épuisé » (*ibid.* : 449).

Skidelsky souligne cependant la patience dont firent preuve envers le grand homme les membres de la délégation dans leur ensemble :

> La leçon la plus réconfortante des négociations de Washington, ce fut ce soutien que manifestèrent envers Keynes ces hommes ainsi que leur jeune équipe. Ils le respectaient, ils l'admiraient et, pour certains, l'aimaient pour son génie, pour son esprit, pour sa capacité à rebondir, pour son dynamisme, pour son allant et sa persévérance sans faille, et ils se firent de plus en plus protecteurs envers lui alors que sa santé déclinait (*ibid.*).

Quelques remarques de Keynes lui-même à la même époque font penser que le soupçon l'effleurait lui aussi que ses facultés mentales avaient perdu de leur acuité. Il écrivait ainsi à sa mère le 21 octobre : « Je reste donc assez optimiste et, en raison de ce début de sénilité, je ne me fais plus autant de souci qu'autrefois... » (*ibid.* : 425).

Les explications offertes pour ce naufrage par différents auteurs et, comme on vient de le voir, par différents témoins contemporains, sont toutes du même ordre : un homme qui, en dépit du fait qu'il n'a encore que soixante-deux ans, attend l'ultime crise cardiaque qui finira par avoir raison de lui, et qui le terrassera en effet quelques mois plus tard : le 21 avril 1946. Clive Bell devait rapporter le surlendemain : « Maynard mourut de la manière la plus soudaine. Lydia [son épouse] lui avait apporté une tasse de thé à dix heures du matin : il fit la grimace et s'effondra » (*ibid.* : 471).

Mais une affection cardiaque peut-elle expliquer la détérioration du caractère que les témoins purent observer chez Keynes durant cette mission diplomatique à Washington à l'automne 1945 ?

J'en étais à me poser cette question quand mon attention fut attirée par une lettre que cite Skidelsky à titre purement documentaire, sans en faire le moindre commentaire. Il s'agit d'une correspondance que Keynes adressa à son retour de Washington à son cardiologue, le docteur Janos Plesch, dont le livre *La Physiologie et la Pathologie du cœur et des vaisseaux sanguins* faisait alors autorité (*ibid.* : 40) et dont les patients fameux allaient de Guillaume II à Marlene Dietrich, en passant par Yehudi Menuhin et Albert Einstein. Keynes parlait familièrement du docteur Plesch en l'appelant « l'Ogre », en raison du régime draconien qu'il lui faisait suivre.

Keynes avait été diagnostiqué au moment de sa première crise cardiaque en 1937 comme souffrant d'une « endocardite causée par le

*Streptococcus viridans* » (Skidelsky, 2000 : 6). Le docteur Janos Plesch, le cardiologue de Keynes, fut l'un des tout premiers à prescrire à ses patients du Prontosil, le premier sulfamide connu, qui constituait un antibactérien puissant, efficace précisément contre les streptocoques (Bernstein, 2004).

Le Prontosil était utilisé dans les années 1930 comme colorant industriel. À partir de 1932, un médecin, Gerhard Domagk, se mit à tester les éventuelles vertus antibactériennes de la substance, vertus qu'il put confirmer en expérimentant sur des souris. Ariel Fenster (2012) rapporte la (trop belle ?) histoire selon laquelle Domagk obtint la confirmation de l'action fulgurante du Prontosil sur les streptocoques en parvenant à sauver la vie de sa fille à l'aide de ce qui se révéla à cette occasion être un « remède miracle ».

Il semblerait donc que Keynes, atteint d'une affection cardiaque diagnostiquée comme étant causée par les streptocoques, ait eu en fait la chance, après sa première crise cardiaque dramatique de juin 1937, d'être soigné par un des seuls médecins capables à l'époque de prolonger sa vie de près de neuf ans.

Voici ce que Keynes écrit dans sa lettre au docteur Plesch :

> Durant les huit ou neuf premières semaines, j'étais en excellente forme – à condition que je me tienne tranquille, à peine conscient de mes problèmes physiques… Durant les dernières semaines, toutefois, alors que je menais une guerre sur deux fronts et endurais de très importantes responsabilités et de très importantes frustrations, je commençai à perdre pied. Tous les deux ou trois jours, lorsque intervenait un événement particulièrement éprouvant ou fatigant, des symptômes apparaissaient qui contrariaient tout particulièrement Lydia. Aussitôt que mes émotions provoquaient une décharge d'adrénaline, le vieux cœur était débordé quant à ce qu'il pouvait gérer confortablement. C'est pourquoi, en plus du sac à glace, j'avais pris l'habitude de passer le plus grand nombre possible de mes vingt-quatre heures dans une position horizontale. Ce qui me permit de tenir le coup, cependant, ce fut l'effet merveilleux de l'amytol de sodium… (*ibid.* : 438).

Ce qui retint mon attention dans cette lettre, c'est cette référence finale à l'« effet merveilleux de l'amytol de sodium ». « Effet merveilleux » pour Keynes lui-même si on lui fait confiance sur ce point, mais *quid* pour ceux qui se trouvaient à ses côtés ?

Je suis parti à la recherche de ce que je pouvais découvrir – moi qui n'ai aucune connaissance pharmacologique – sur l'*amytol de sodium*. Il s'agit en fait d'un barbiturique dont la notice Wikipedia en anglais dit ce qui suit :

> Injecté à un faible rythme par voie intraveineuse, l'amobarbital de sodium agirait comme un « sérum de vérité ». Une personne sous l'influence de cette drogue sera prête à communiquer une information qu'il ou elle « bloquerait » sinon. Dans cet usage, cette drogue a été utilisée pour la première fois dans un contexte clinique par le docteur William Bleckwenn de l'Université du Wisconsin pour contourner les inhibitions de patients en psychiatrie. L'utilisation de l'amobarbital comme sérum de vérité a perdu de sa crédibilité lorsqu'il fut découvert qu'il est possible d'induire de « faux souvenirs » chez un sujet.

Il apparaît également que pris en dose importante, l'amobarbital induit des troubles de l'humeur ainsi qu'une très grande irritabilité.

Le comportement de Keynes durant l'automne 1945, six mois avant sa mort, s'explique-t-il par sa condition cardiaque ou par le barbiturique qui, de son point de vue, « accomplissait des miracles » ? Une personne ayant souffert de la même maladie a eu l'amabilité de me faire parvenir un courrier que je reproduis ici :

> Vous vous intéressez à la fin de John Maynard Keynes, du fait d'une endocardite et vous vous interrogez sur le rôle de cette maladie dans son processus mental. Je peux vous livrer mon témoignage, ayant moi-même été atteint du même mal (*Streptococcus bovis*), alors que j'exerçais la profession de conseiller en développement économique auprès des collectivités locales.
>
> C'est une maladie dont le problème est qu'elle est atypique dans ses symptômes et donc très difficile à diagnostiquer, selon les cardiologues que j'ai rencontrés (en qualité de patient ou d'ami). C'est pourquoi, M. Keynes, nonobstant le fait que l'on n'utilisait pas les antibiotiques, aurait eu du mal à être diagnostiqué à l'époque, avant la phase terminale et définitive de la maladie.
>
> Physiquement, cette bactérie anaérobie « mange » les tissus des valves cardiaques et va également se loger dans les articulations. Les

valves atteintes fuient de plus en plus et entraînent un manque d'oxygénation général de l'organisme et en particulier du cerveau lors de la phase terminale de la septicémie (c'en est une). Ce qui n'arrange pas les choses, c'est que ces misérables bêtes vous déchargent également des toxines qui, avant même que vous ne soyez en anoxie, provoquent chez le malade des sortes d'hallucinations et entraînent chez lui des réactions inappropriées et une mésévaluation de la situation.

Il m'est arrivé, lors d'une restitution d'étude dans une salle polyvalente d'une grosse commune de Vendée, de perdre complètement le fil à la tribune et d'affirmer des choses de manière imprudente. Il m'était alors impossible à ce moment d'évaluer correctement les enjeux, malgré quinze ans de pratique de telles réunions. Celles-ci, tout professionnel le sait, peuvent être parfois houleuses. Elles demandent donc de la part de l'intervenant beaucoup de finesse pour ménager des intérêts souvent contradictoires. Le pire, c'est qu'en sortant j'étais convaincu d'avoir effectué un sans-faute et je débordais d'optimisme. Heureusement, j'ai récupéré ma lucidité quelques heures après (ces états ne sont pas permanents) et une discussion avec mon commanditaire m'a convaincu que cette intervention avait été un fiasco total.

Ce qu'il faut retenir :

– une maladie très difficile à diagnostiquer, des interventions tardives quand elles existent, et des effets psychotropes non négligeables ;
– en phase terminale : impossibilité d'avoir une activité normale, tant l'anoxie des tissus est importante.

CHAPITRE 18

# Keynes, les arts et les lettres

Un livre consacré à Keynes ne peut se permettre d'ignorer sa relation aux arts : il est en effet, aux yeux de la postérité, un protecteur éminent des arts, des lettres et des artistes. Et cette réputation qui est aujourd'hui la sienne n'est pas une construction tardive : elle existait déjà de son temps : Keynes fut en effet fait président du Conseil pour l'encouragement de la musique et des arts (CEMA) par le gouvernement britannique en 1942. Il s'agissait alors de permettre aux artistes empêchés de jouer dans les théâtres et salles de concerts en raison des bombardements constants, de pratiquer leur métier dans les abris antiaériens et les centres de regroupement des populations évacuées des villes anglaises. La guerre terminée, en 1946, le CEMA deviendra le Conseil des arts de la Grande-Bretagne qui existera jusqu'en 1994, quand il fut scindé sur une base régionale.

Keynes acquit dans cette fonction la réputation de défenseur farouche des artistes professionnels et, au contraire, d'ennemi juré des amateurs de bonne volonté, à l'égard desquels il se montra en effet sans pitié (Skidelsky, 2000 : 286-287).

Keynes aimait la bohème : le monde aux règles morales pas trop contraignantes au sein duquel les gens bien nés concoctent à leur usage propre celles qui conviennent le mieux à leur tempérament. L'aspect de cette bohème qui le séduisait le plus était sans aucun doute sa tolérance à la fantaisie dans les relations sexuelles, et en particulier vis-à-vis de l'homosexualité qui fut un trait marquant de sa personnalité. Les hommes lui furent toujours immédiatement compréhensibles, alors que les femmes lui demeurèrent au contraire une énigme indéchiffrable et cela en dépit de quelques aventures juvéniles hétérosexuelles, et ensuite de son mariage. Pour se faire une image précise de cela, il suffit de relire ce compte rendu d'une rencontre où Keynes et l'un de ses amis, malgré leurs efforts louables, s'adressent à deux jeunes filles de la façon dont des représentants dûment mandatés de la Terre le feraient aux ambassadeurs d'une civilisation extraterrestre. Deux mondes impénétrables l'un à l'autre, au propre comme au figuré.

Mais que comprend précisément Keynes à l'art ? Selon ses proches, pas grand-chose : le Cézanne qu'il acquiert en 1924 a la réputation parmi eux d'être la toile la plus laide de l'artiste (Skidelsky, 1992 : 29). Quant à son amour du ballet, la finalité est ici transparente : procurer du travail à son épouse, la ballerine russe Lydia Lopokova, et mettre sa notoriété tout entière au service de cet objectif, sans la moindre subtilité : il créera l'Arts Theatre de Cambridge pour que Lydia s'y produise, il paiera de sa personne ainsi que de ses deniers et n'hésitera pas à démarcher lui-même des acheteurs pour les billets des spectacles où celle-ci danse. *The New Statesman and Nation* publiera le 11 avril 1931 un article anonyme intitulé « The Camargo Society », qui débute ainsi :

> Dans la soirée du 26 avril et l'après-midi du 27 avril, la société Camargo présentera sa troisième production au Cambridge Theatre. Il s'agira d'un gala. Le succès de cette société constituera un facteur important dans le développement du ballet dans notre pays, et tous les adeptes de la danse devraient se tenir au courant de ses activités. La société fut fondée l'an dernier pour offrir l'opportunité à des danseurs anglais, des chorégraphes, des musiciens et des artistes d'unir leurs efforts pour apporter leur soutien à l'art du ballet. Dans les premiers temps elle dépendra principalement des traditions et des danseurs russes… (Keynes [1931b], 2013 : 9).

Keynes avait indiqué peu de temps auparavant à Kingsley Martin, rédacteur en chef de la revue : « Je t'envoie ma pub à propos de Camargo, non signée bien entendu » (*ibid.* : 8).

Keynes aimera la peinture parce qu'il est amoureux du peintre Duncan Grant, il aimera le ballet parce qu'il est devenu le mari de la ballerine Lydia Lopokova. L'amour de l'art a donc chez Keynes un seul nom : sa loyauté envers les gens qu'il aime. Il achètera des toiles à des peintres traversant une mauvaise passe.

L'occasion fit aussi de lui le larron : en mission à Paris en mars 1918, pressé par ses amis de Bloomsbury, il obtient du gouvernement britannique 550 000 francs à dépenser à l'occasion à la vente aux enchères du studio de Degas dans un marché parisien de l'art déprimé par la guerre. L'une de ses proches, Vanessa Bell, sœur de Virginia Woolf née Bell, fut d'avis que la collaboration de Keynes à l'économie de guerre au ministère de Finances avait enfin trouvé son sens. Elle lui écrivit : « Nous fondons de grands espoirs sur toi et considérons que ton existence au Trésor est enfin justifiée » (Skidelsky, 1983 : 349). Keynes acquit pour lui-même lors de cette vente, prémices de sa propre collection, *Pommes* de Cézanne, deux petits Delacroix et un dessin d'Ingres.

Mais l'art pour Keynes, ce sont essentiellement les lettres : les livres et en fait, de manière tout à fait générale, tous les livres méritant d'être lus. Il dira en conclusion d'une allocution prononcée à la BBC le 1er juin 1936, « On Reading Books », sur la lecture des livres, splendide morceau qu'il serait tout simplement criminel de résumer ou de tenter maladroitement de paraphraser :

> Un lecteur doit acquérir une familiarité à la fois vaste et universelle avec les livres *en tant que tels*, si l'on peut dire. Il doit les aborder avec la totalité de ses sens ; il doit les connaître par leur toucher et par leur parfum. Il faut qu'il apprenne comment les tenir entre ses mains, comment faire bruisser leurs pages et obtenir en quelques secondes une première impression intuitive de ce qu'ils contiennent. Il doit au bout d'un certain temps en avoir touché plusieurs milliers, au moins dix fois davantage que ce qu'il lira véritablement. Il doit parcourir les livres des yeux comme un berger le fait avec des moutons, et les juger du regard inquisiteur et rapide qu'a le maquignon pour le bétail. Il doit être entouré de davantage de livres que ce qu'il lit, vivre dans la pénombre de pages non lues, dont il connaît le caractère général et le contenu, virevoltant autour de lui. Telle est la finalité des bibliothèques, la sienne propre et celles des autres, privées et publiques. C'est aussi la finalité des bonnes librairies, de livres neufs ou d'occasion, dont il en reste quelques-unes, et dont on aimerait qu'il y en ait davantage. Une librairie n'est pas comme un guichet de chemin de fer que l'on

> approche en sachant ce qu'on veut. Il faut y entrer ouvert à tout, presque comme dans un rêve, et permettre à ce qui est là d'attirer et d'influencer librement l'œil. Se promener entre les rayons d'une librairie, en s'y plongeant selon ce que dicte la curiosité, devrait être le divertissement d'une après-midi. Abandonnez toute timidité, tout scrupule à vous y adonner. Les librairies existent pour vous l'offrir, et les libraires l'accueillent volontiers, sachant fort bien comment tout cela se termine. Il s'agit d'une habitude à acquérir dès son jeune âge (Keynes [1936], 2013 : 334-335).

Que dire d'autre des livres en effet ?

CHAPITRE 19

# Le style de Keynes

Le ton de Keynes dans l'expression de ses pensées était bien particulier. Les Américains ont toujours craint, nous l'avons vu, de se voir « *bamboozled* » par lui : « embobinés ». Il existe une expression en anglais qui semble avoir été faite pour lui : « *too clever by half* », « trop malin de moitié » (c'est-à-dire : « une fois et demie aussi intelligent qu'il est décent de l'être »).

Le style dans lequel Keynes écrit nous est connu. Si je n'ai pas fait confiance aux traducteurs avant moi pour ses rares textes dont il existe une traduction française, c'est précisément pour m'efforcer de rendre ce ton. J'ai ignoré quelques-unes de ses particularités d'écriture, soit parce qu'elles apparaîtraient comme une erreur de ma part, c'est le cas de son usage curieux du point-virgule, qu'il utilisera par exemple devant un « et », soit parce qu'elles n'apparaîtront pas à la traduction, comme son habitude d'écrire « *round* », là où on attendrait plutôt « *around* ».

Le style dans lequel Keynes parlait nous est lui aujourd'hui essentiellement inconnu, si l'on excepte une vidéo d'une minute environ où Keynes lit un texte à propos de l'abandon définitif de l'étalon-or en Grande-Bretagne (Keynes, 1931), une grande victoire pour lui comme nous avons eu l'occasion de le voir. Il existe cependant quelques endroits où l'on peut découvrir ce style : dans les retranscriptions de discussions auxquelles il participa. Je vais citer quelques passages de l'une de celles-ci pour tenter de communiquer au lecteur ce qui caractérisait le ton très personnel de Keynes.

J'ai choisi la déposition de Keynes le 15 décembre 1932 devant la Royal Commission on Lotteries and Betting, la Commission royale britannique des loteries et des jeux. J'ai déjà eu l'occasion d'évoquer cette déposition du fait que c'est dans son cadre que Keynes utilisa pour la première fois l'image devenue fameuse de l'économie subordonnée à l'activité d'un casino.

En octobre 1932, le secrétaire de la commission, Edward Bridges, le même qui en 1945 à Washington prendrait la tête de la délégation britannique à l'insu de Keynes, contacte celui-ci pour lui demander s'il serait disposé à témoigner « sur des questions telles que la mesure dans laquelle les dépenses occasionnées par des loteries et des jeux portent atteinte au bien-être économique ou à la santé financière d'une nation ». Bridges précise à l'intention de Keynes qu'il est appelé à témoigner au titre de personne « disposant d'une expérience sur les questions économiques et financières » (Keynes [1932], 2013 : 397-398).

Keynes débute sa déposition écrite en huit points par la déclaration suivante :

> 1. Je m'exprime au titre d'économiste, et non de moraliste, supposant qu'il existe une disposition que les gens insistent à vouloir satisfaire, et que sa prohibition totale a été jugée soit indésirable, soit impraticable (*ibid.* : 398).

Le dernier des huit points dit ceci :

> 8. En résumé, les jeux devraient être bon marché, équitables, frivoles et à petite échelle, si l'on veut que leurs conséquences économiques se réduisent à leur minimum, et que l'amusement et une stimulation modérée soient maximisés. Il me semble que l'on ajouterait à la bonne humeur si pratiquement tout le monde dans la nation s'éveillait chaque dimanche matin en tendant la main en direction du journal du dimanche avec l'éventualité même minime d'avoir gagné une petite fortune. Il est agréable de se trouver en permanence dans un état d'esprit où l'on imagine que toutes sortes de choses sont possibles (*ibid.* : 399).

Le lecteur jugera à la lumière de ce point 8, représentatif de l'ensemble de la déclaration, si Keynes avait su se cantonner au rôle de l'économiste sans s'aventurer dans celui du moraliste. Ses réponses aux premières questions qui lui sont posées par les membres de la commission présentent pour le moins la même ambiguïté. Mais c'est le cas aussi de certaines des questions qu'on lui adresse. Ainsi, quand Mme Stocks lui dit : « Cela a été affirmé par d'autres témoins, qui ont exprimé les choses sans ambages et ont dit que les paris nous préservent du bolchevisme », Keynes lui répond : « Ce ne serait pas une mince affaire » (*ibid.* : 407).

L'un des membres de la commission prendra ombrage du fait que, dans ses réponses, Keynes a rapidement cessé de s'en tenir aux termes de son engagement proclamé de « [s]'exprime[r] au titre d'économiste, et non de moraliste ».

Reprenant à Keynes certaines de ses expressions, sir David Owen l'interroge : « Je ne suis pas certain quant à moi de savoir ce qu'est un économiste. Quelle est sa fonction ? S'agit-il pour eux de contribuer à la bonne humeur et à la frivolité de la vie ? »

Keynes répond : « Mon intention, il me semble, est de promouvoir en ces matières, la clarté de la pensée. »

Sir David Owen : « Je pensais que la fonction de l'économiste était de s'occuper de faits concrets et de statistiques pour prouver des choses. Votre déclaration selon laquelle les êtres humains aiment succomber de temps à autre à une palpitation m'a intéressé. Avez-vous des statistiques pour prouver cela, ou est-ce simplement une opinion personnelle ?

Keynes : « Je n'ai pas procédé à un recensement à ce sujet » (*ibid.* : 408).

Owen souligne à l'intention de la commission que, contrairement à son assertion initiale, Keynes ne s'exprime à aucun moment au titre d'économiste, mais en son nom personnel.

Keynes est désormais sur la défensive et quand sir James Leishman lui demande, « avec grand respect », ce sont ses termes, si sa proposition d'une loterie hebdomadaire était sérieuse, il répond cette fois : « J'exprimais seulement une opinion personnelle, et il se peut que je sois sorti de mon rôle en exprimant une opinion de ce genre » (*ibid.* : 409).

Nous sommes en 1932, Keynes a publié son *Traité sur la monnaie* deux ans auparavant mais il est célèbre depuis treize ans déjà :

depuis le succès en librairie des *Conséquences économique de la paix*. Il n'envisage plus que l'on puisse le faire témoigner au titre d'expert dans l'un ou l'autre domaine : si on le fait venir, c'est selon lui pour entendre « Keynes » s'exprimer sur le sujet qui fait débat. Quand il est rabroué et qu'on lui rappelle que c'est en réalité l'expert que l'on veut entendre de préférence à « Keynes », il fait machine arrière, non sans avoir d'abord décoché une dernière insolence : non, il n'a pas procédé à un recensement pour s'assurer que les êtres humains aiment succomber à une palpitation.

Quinze ans auparavant, en 1917, avant donc d'être connu, Keynes, alors âgé de trente-quatre ans, avait été envoyé en mission aux États-Unis, mandaté par le ministère des Finances afin de négocier un prêt de l'administration américaine. Sir Basil Blackett, le représentant britannique alors en poste, avait écrit à Londres à son propos : « Grossier, dogmatique et désobligeant », tandis que sir Cecil Spring-Rice, l'ambassadeur britannique à Washington, notait dans une lettre qu'il adressait à son épouse :

> Il fut grossier au-delà de toute expression et il faudra que je prenne des mesures. Il est aussi un Don [un professeur à Oxford ou à Cambridge] et la combinaison est loin d'être plaisante. Il est également un jeune homme talentueux et je suppose que la règle pour ceux-ci aujourd'hui est de faire démonstration de leur immense supériorité en écrasant l'insignifiance méprisable des créatures indignes autour d'eux (Skidelsky, 1983 : 342).

Tout dépendait bien entendu du regard que l'on portait sur la personnalité de Keynes. L'économiste Lionel Robbins voyait Keynes « homme mûr » sous un tout autre jour que le « blanc-bec » ayant horripilé Blackett ou Spring-Rice. Il écrivit dans son journal le 24 juin 1944, au soir d'une réunion à Atlantic City, préparatoire à la conférence monétaire internationale qui s'ouvrirait à Bretton Woods la semaine suivante :

> Cela s'est très bien passé. Keynes était de son humeur la plus clairvoyante et persuasive, et l'effet en fut irrésistible. Dans de tels moments, je me prends souvent à penser que Keynes doit être l'un des hommes les plus remarquables ayant jamais vécu – sa prompte logique, cet éclair

d'intuition qu'on voit aux oiseaux, cette fantaisie vivace, l'étendue de sa vision et, par-dessus tout, cet incomparable sens de l'aptitude des mots, tout cela se combine pour faire quelque chose se situant plusieurs degrés par-delà la limite de l'accomplissement humain ordinaire. Il est sûr que de nos jours seul le Premier ministre [Winston Churchill] est d'une stature comparable. Lui, bien sûr le surpasse. Mais la grandeur du Premier ministre est une chose bien plus facile à saisir que le génie de Keynes. Car en dernière analyse, les qualités spéciales du Premier ministre sont les qualités de notre race s'étant hissées au niveau de la grandeur. Alors que les qualités spéciales de Keynes se situent ailleurs. Il utilise, il est vrai, le style classique de notre culture et de notre langue, mais cela s'exprime à travers quelque chose qui n'est pas traditionnel, une qualité unique qui n'est pas de ce monde et dont on peut seulement dire qu'il s'agit du pur génie (Robbins, 1944 : 2-3).

CONCLUSION

# Ni Marx ni Keynes

En tant que manifestation de la pensée économique, je le souligne dans mes livres, la « science » économique ne présente malheureusement pas grand intérêt. Pire, elle nous a conduits sur une multitude de voies de garage où nous sommes aujourd'hui bloqués alors que la solution des questions économiques qui se posent à nous est urgente. Une remarque de Pierre Bourdieu reste d'une brûlante actualité :

> Le monde économique est-il vraiment, comme le veut le discours dominant, un ordre pur et parfait, déroulant implacablement la logique de ses conséquences prévisibles, et prompt à réprimer tous les manquements par les sanctions qu'il inflige, soit de manière automatique, soit plus exceptionnellement par l'intermédiaire de ses bras armés, le FMI ou l'OCDE, et des politiques qu'ils imposent : baisse du coût de la main-d'œuvre, réduction des dépenses publiques et flexibilisation du travail ? Et s'il n'était, en réalité, que la mise en pratique d'une utopie, le néolibéralisme, ainsi convertie en *programme politique,* mais une utopie qui, avec l'aide de la théorie économique dont elle se réclame, parvient à se penser comme la description scientifique du réel ?
>
> Cette théorie tutélaire est une pure fiction mathématique, fondée, dès l'origine, sur une formidable abstraction : celle qui, au nom d'une conception aussi étroite que stricte de la rationalité identifiée à la rationalité individuelle, consiste à mettre entre parenthèses les conditions économiques et sociales des dispositions rationnelles et des structures économiques et sociales qui sont la condition de leur exercice (Bourdieu, 1998).

Restent alors, Marx et Keynes. Marx, parce que bien qu'il qualifie sa réflexion de « critique de l'économie politique » (c'est là le sous-titre du *Capital*), son œuvre constitue sans aucun doute l'aboutissement de cette ligne de réflexion. Keynes, parce que tel un Pic de la Mirandole il joue à l'éléphant dans un magasin de porcelaine, réinjectant dans la pensée économique les leçons qui ont pu être tirées de l'ensemble des *sciences morales* au fil des siècles – de la science politique à la théologie. C'est la conséquence chez lui de son imprégnation par l'ancienne tradition scolastique dont il s'est repu de la substantifique moelle alors qu'il était lycéen à Eton d'abord, étudiant à Cambridge ensuite, deux lieux qui ont servi de conservatoire où cette pensée a su se poursuivre, comme je l'ai dit, en tant que *survivance* : le vestige préservé au sein d'une époque d'une manière de penser ou de faire appartenant à une époque antérieure.

Ce qui empêchera l'œuvre de Keynes de constituer un véritable changement de paradigme, c'est une certaine paresse chez lui – malgré son agitation permanente – qui lui permettra de faire passer « au bluff » l'expression débridée d'une fantaisie qui lui est toute personnelle pour une véritable révolution dans les représentations, utilisant pour cela le bulldozer de la suffisance pseudo-aristocratique que lui avait acquise son éducation.

En dépit du scepticisme parfois cruel de ses collègues à Cambridge et de ses confrères dans l'administration britannique, la complicité de ses élèves cantabrigiens contribuera à donner une forme acceptable en termes de « science » économique standard à certaines de ses hypothèses les moins fondées. On pense en particulier au Cambridge Circus de 1930-1931, auquel participèrent entre autres Richard Kahn, Piero Sraffa, James Meade, Joan et Austin Robinson (Keynes, 1973 : 337-343) et qui offrait à Keynes des retraitements de sa pensée clés en main. On pense aussi aux « traductions », six ans plus tard, de certaines de ses propositions les plus iconoclastes par John Hicks en *théorèmes* qui, s'ils les dénaturent entièrement, les rendent cependant assimilables par la « science » économique (Hicks, 1980-1981). Dénaturation dont Keynes sera conscient mais dont il ne pipera mot, probablement en raison du bénéfice d'acceptabilité qu'il y verra, et parce que le temps était venu pour le « coup » politique que devait jouer la *Théorie générale de l'emploi, de l'intérêt et de la monnaie* à ce moment précis de l'histoire : mettre la réduction du chômage au premier plan des préoccupations, faire du plein-emploi l'objectif seul qui permette de minimiser le *dissensus* au sein de nos sociétés, objectif qui nous est devenu aujourd'hui clairement hors de portée. C'est Keynes précisément qui, dès 1930, nous avertissait de la menace du chômage structurel, quand il écrivait :

> Nous souffrons d'une nouvelle maladie dont certains de mes lecteurs n'auront pas même encore entendu mentionner le nom, mais dont ils entendront abondamment parler dans les années qui viennent – à savoir le *chômage technologique*. Ce qui veut dire le chômage dû au fait que nous découvrons des moyens d'économiser l'utilisation du travail à un rythme plus rapide que celui auquel nous parvenons à trouver au travail de nouveaux débouchés (Keynes [1930], 1972 : 325).

Si Keynes est un homme pour notre temps, c'est en raison du style qui était le sien bien davantage que pour le contenu intrinsèque de son œuvre. Si son style demeure pour nous une source d'inspiration, c'est parce que l'édifice théorique qu'il a bâti de bric et de broc et non sans une grande désinvolture, comme j'ai eu l'occasion de le souligner, est trop mal assuré pour nous être d'un grand secours.

En effet, parmi les défauts les plus criants de la théorie keynésienne, on constate tout d'abord l'absence chez lui de tout rapport de force à l'œuvre dans les relations entre agents économiques. Les variables centrales de l'économie : les prix et les taux sont déterminés selon Keynes essentiellement par une seule des parties en présence : le vendeur, ayant calculé ses coûts et fixé sa marge de profit, décide du prix, quoi que puisse en penser l'acheteur, quel que soit le pouvoir d'achat de celui-ci ; quant au taux d'intérêt, c'est le prêteur qui le détermine seul prétendument, quelle que soit la demande en face, sur le marché des capitaux. Pire encore, le niveau des taux se définit dans la représentation du prêteur en fonction non pas d'une quelconque logique économique mais d'un mécanisme que Keynes qualifie de « psychologique » et dont la base de calcul est constituée de plusieurs couches emboîtées d'anticipations de ces taux à différentes échéances. Comment en effet ne pas s'éloigner du système de Keynes quand de prétendus « mécanismes psychologiques » hétéroclites sont convoqués à tout moment pour jouer le rôle de *deus ex machina* au sein d'une construction dont l'architecture globale en devient de plus en plus problématique ?

Quelle qu'ait été la qualité des stratégies que Keynes-spéculateur ait mises en œuvre à différents moments de sa vie, il a beaucoup trop souvent tenté d'ériger ces stratégies en principes économiques dont la validité serait incontestable. Bien sûr, le spéculateur réfléchit seul de son côté mais le monde des transactions commerciales et financières est lui fait de parties en présence confrontées dans un rapport de force, juges ultimes, par la tension qui existe entre elles, du prix ou du taux qui en résultera.

Autre défaut rédhibitoire de la théorie keynésienne : la nouvelle richesse créée apparaît chez lui comme venue de nulle part. Les intérêts versés ne sont pas chez Keynes des parts d'un surplus que l'homme a fait surgir dans le monde du fait de son activité, tirant parti de la façon généreuse dont le monde est disposé à son égard, mais émergent, pareils à Minerve du crâne de Jupiter, tous formés. « Par un simple jeu d'écritures », comme l'affirment candidement ceux qui imaginent aujourd'hui que l'argent est produit *ad libitum* par les banques commerciales, selon leurs besoins. C'est pourtant le même Keynes qui nous avertit en 1933 que l'économie s'alimente dans un processus de destruction de la nature :

> Et c'est la même règle de calcul financier autodestructeur qui gouverne chaque domaine du quotidien. Nous détruisons la beauté des campagnes parce que les splendeurs inappropriées de la nature sont sans valeur économique. Nous serions capables d'éteindre le soleil et les étoiles parce qu'ils ne versent pas de dividendes (Keynes [1933], 1982 : 242).

Keynes exècre Marx mais sa détestation va beaucoup trop loin. Ce qu'il hait en Marx, ce sont deux choses : la première, c'est le retour de Ricardo sous une forme plus abstraite et rigide encore. Souvenons-nous en effet de ce qu'il écrit à George Bernard Shaw de la *Théorie générale* alors en gestation : « Il y aura un changement radical et, en particulier, les fondations ricardiennes du marxisme auront été renversées » (Skidelsky, 1992 : 520-521). La seconde, c'est l'Union soviétique, en laquelle il lit la mise en application pratique de la pensée de Marx.

S'il est effectivement très malaisé d'extraire Marx de sa gangue dogmatique, et en particulier chez lui l'assimilation de tous ceux à qui il refuse sa sympathie sous l'étiquette unique et infamante de « capitalistes », qu'il s'agisse d'authentiques dispensateurs de capital, mais aussi bien d'industriels ou de marchands, quitte à confondre alors tragiquement rentes, profit entrepreneurial et profit marchand, Keynes n'aurait pas dû ignorer tout ce qui chez Marx aurait pu féconder sa propre pensée en y faisant émerger une critique cohérente et systématique de l'œuvre de l'auteur du *Capital.* Au lieu de cela, et comme nous l'a rapporté l'un de ses élèves : « Il avait lu Marx, disait-il, comme s'il s'agissait d'un roman policier, espérant trouver l'indice d'une idée sans jamais y parvenir » (Skidelsky, 1992 : 523).

Keynes s'affirme « socialiste » mais le trou noir de sa réflexion économique et financière, il faut le souligner, se trouve précisément là : la pensée économique dont Keynes ne sait absolument rien, c'est la pensée socialiste. Il ne lui aurait pourtant pas été bien difficile de la découvrir à travers l'*Histoire des doctrines économiques, depuis les physiocrates jusqu'à nos jours* de Gide et Rist, la meilleure entrée en matière à la pensée socialiste, publiée en 1909, au moment même où, jeune mathématicien, il s'initie à la pensée économique. Mais son horizon est alors étroitement britannique : à qui s'intéresse-t-il en effet ? À Burke, à Bentham, quelquefois à Adam Smith, à Ricardo, à Malthus (qui représente à ses yeux l'« anti-Ricardo »), à Jevons, à Marshall, son propre maître.

En quoi consiste alors, le style admirable de Keynes qui demeure pour nous une source féconde d'inspiration ?

C'est le style de celui qui écrit dans *Une révision du traité* (*A Revision of the Treaty*) que :

> [...] les citoyens ordinaires ne sont pas soumis à la même obligation que nos ministres, de devoir sacrifier la véracité au bien public. Parler et écrire librement est l'une de ces petites satisfactions qu'un particulier peut s'autoriser. Il s'agit peut-être même d'une façon d'apporter un élément de plus à cet agrégat de choses que la baguette magique des hommes d'État réussit à faire travailler ensemble, de la manière merveilleuse que l'on observe, pour notre bien ultime (Keynes, 1922 : 3).

C'est le style de celui qui écrit à l'un de ses correspondants qu'il « désespère personnellement d'obtenir des résultats par tout autre moyen qu'en disant la vérité violemment et brutalement – cela finira par marcher, même si c'est avec lenteur » (Skidelsky, 1983 : xxvii).

C'est le style de celui qui accorde sa confiance aux fruits de la délibération de l'homme plutôt qu'à ce qui est apparu spontanément dans le processus d'autodomestication de l'espèce qu'on appelle « civilisation » et qui en conclut qu'il ne faut pas hésiter à intervenir dans le cours de l'action humaine, qu'il ne faut pas hésiter à enjoindre ou à prohiber :

> Le monde *n'est pas* gouverné d'en haut de telle manière que l'intérêt privé et l'intérêt social coïncident toujours. Le monde *n'est pas* géré ici-bas de telle manière que ceux-ci coïncident en pratique. Que l'intérêt égoïste éclairé opère toujours dans l'intérêt général *n'est pas* une déduction correcte des principes de l'économie. Il *n'est pas* vrai non plus que l'intérêt égoïste *soit* éclairé ; ce qui est le plus souvent le cas, c'est que des individus agissant séparément pour promouvoir leurs propres objectifs sont trop ignorants ou trop faibles pour parvenir même à les atteindre. L'expérience *ne* révèle *pas* que les individus, quand ils se constituent en unités sociales, soient toujours moins clairvoyants que quand ils agissent à titre séparé » (Keynes [1926b], [1931] 1972 : 287-288).

Robert Skidelsky note à propos de Keynes, nous l'avons vu, qu'« il inventait la théorie qui justifierait ce qu'il avait l'intention de faire » (Skidelsky, 1992 : 344), et c'est là sans doute que se rejoignent la qualité principale et le défaut principal de sa pensée économique : avoir produit une théorie visant authentiquement à transformer le monde, mais avoir paresseusement confié à un ton où l'on distingue parfois mal le véritable trait d'esprit de la simple *arrogance de classe*, le soin d'en cacher les trop nombreuses faiblesses.

À ceux qui penseraient que Karl Marx constitue une piste plus féconde pour l'avenir de la pensée économique que John Maynard Keynes, je dirais ce qui suit. Marx a décidé d'abstraire la *formation des prix* et la *fixation du niveau des salaires* du contexte de la « lutte des classes », cadre pourtant hautement explicatif à condition de reconnaître en lui la mise en scène épique du rapport de force toujours présent. C'est cette exclusion qui oblige Marx à bâtir un édifice bancal qui nécessita pour contreforts ses *pronunciamentos* empruntés à la rhétorique révolutionnaire, suggérant que si les faits semblent infirmer ses affirmations péremptoires, l'histoire – qui confiera à ses poubelles les thèses « non scientifiques » selon lui de ses adversaires – ne manquera pas de lui donner raison, « en dernière instance », comme s'expriment certains de ses fidèles.

Le travail humain joue un rôle essentiel à l'intérieur du système de Keynes comme dans celui de Marx. Chez Marx, le travail humain constitue l'unique carburant de la *valeur*, laquelle est pour lui la justification du prix selon un mécanisme dont il ne précisera cependant jamais la nature exacte. Chez Keynes, parce que le plein-emploi fait fonctionner la machine économique à son régime optimal d'un point de vue sociétal.

Or le travail humain disparaît aujourd'hui rapidement et il est impératif que nous disposions sans tarder d'un modèle économique où l'on puisse rendre compte du prix autrement que par le travail humain et où l'on puisse définir un régime socio-économique optimal où le plein-emploi a cependant cessé de régner.

Si Marx l'emporte aussi aisément sur Keynes sur de nombreux points, c'est parce qu'il propose une *sociologie* du fonctionnement économique des sociétés, plutôt qu'une *psychologie* des agents économiques. Qu'il soit *keynésien* ou d'*individualisme méthodologique*, tout « psychologisme » en économie est en effet voué à l'échec parce que les explications offertes s'enferrent dans un renvoi à une « nature humaine » dont le portrait brossé selon la nécessité du moment est plus ou moins consternant, allant des « esprits animaux » de Keynes, dont un nom plus apte serait : « mécanisme inconnu », à l'*Homo oeconomicus* de la « science » économique standard, dont les invraisemblables traits sociopathes n'ont été répertoriés, en remontant le courant jusqu'à la source, qu'en vue du but unique de faire apparaître le système capitaliste comme immortel. Dans les termes de William Paley (1743-1805), un des premiers *utilitaristes*, « précurseur de Bentham » (Keynes [1944], 2010 : 232) que Keynes admirait au titre de représentant du « socialisme et de l'égalitarisme démocratique » (Keynes [1926a], [1931] 1972 : 274), tout système éthique fondé sur le principe d'idées innées « trouvera des raisons et des excuses aux opinions et aux pratiques en place » (Skidelsky, 1983 : 28).

La « science » économique « comportementale » d'aujourd'hui, inaugurée conjointement par Daniel Kahneman, récompensé par un prix Nobel d'économie en 2002, et Amos Tversky (1937-1996), a sans doute remis en question l'universalité de l'*Homo oeconomicus*, pour offrir un portrait plus en accord avec la réalité de l'être humain dans sa capacité d'*agent économique*, mais il ne s'agit encore là que de quelques rectifications de tir à l'intérieur du même cadre et non du « changement de paradigme » que certains représentants de ce courant imaginent avoir opéré. On ne quitte pas en effet avec elle le *psychologisme* qui vicie la « science » économique depuis ses débuts marginalistes dans les années 1870 : l'économie *comportementale* ignore l'existence de groupes mus par des intérêts propres en confrontation dans l'économie et dans la finance, de la même manière exactement que la « science » économique tout court. La dimension *politique* demeure absente de la réflexion de la « science » économique « comportementale » et le rapport de force y est toujours aussi invisible que chez son aînée. On me dira qu'elle n'en a cure parce qu'elle s'occupe d'autre chose ; sans doute, mais évitons alors de parler de « changement de paradigme ».

Marx et Keynes ont tous deux un agenda politique qui les détourne d'une réflexion sereine qui se poursuivrait autant que faire se peut « en toute objectivité » à l'abri des distractions induites par une inquiétude parasite. Marx est guidé par son projet révolutionnaire qui le force, entre autres, à prétendre que les luttes ouvrières ne modifieront jamais significativement le rapport de force entre patrons et travailleurs et que le salaire ne décollera du coup jamais significativement de sa borne inférieure que constitue le salaire de subsistance. Keynes quant à lui considère que les dégâts en termes humains d'une révolution ne justifieront jamais le choix d'une option aussi brutale et aux aboutissements aussi imprévisibles. L'exemple de l'Union soviétique convainc Keynes également qu'une révolution débouchera difficilement sur une solution qui ne soit pas ultradirigiste, qui ne remplacera pas un *laisser-faire* effectivement intolérable par son envers trop radicalement bureaucratique. La montée sur sa gauche du communisme et sur sa droite du nazisme dans les années 1930 force le socialiste qu'il est à emprunter une voie étroite entre les deux, et il y parvient d'une certaine manière sur la base de son objectif de réalisation d'un « *dissensus* sociétal minimal », que seul le plein-emploi est selon lui à même de réaliser. Mais il prévient dès 1930 que le chômage structurel dû à un bond qualitatif dans le développement du machinisme obligera à envisager un jour les choses dans une perspective radicalement autre.

Si l'on veut produire une théorie économique pour aujourd'hui, il convient donc chez Marx de le sauver de la *valeur travail* qu'il s'était contenté d'acheter clés en main à Ricardo et de le radicaliser sur deux points : la *fixation du niveau des salaires* et la *formation des prix*, en allant les situer dans le cadre de cette « lutte des classes » dont il avait cru bon de les exclure (je reviendrai ci-dessous sur les raisons pour lesquelles il avait décidé de le faire).

Plusieurs points d'entrée sont possibles pour un ravalement de Marx. On pense au fait que s'il a repris à Ricardo l'équation « valeur = travail », il a ignoré la remarque incidente que fait celui-ci dans sa correspondance à son disciple John Ramsay McCulloch (1789-1864), et selon laquelle une théorie de la valeur n'est en réalité nullement nécessaire (Jorion, 2012 : 204-206). Il faut aussi amender la valeur-travail de Marx en tenant compte de la critique produite par les socialistes et les anarchistes historiques, critique que l'on classerait aujourd'hui comme « écologiste » ou « décroissantiste », et selon laquelle la nouvelle richesse créée est un *complexe* où les « aubaines » offertes par la nature qui nous entoure jouent un rôle essentiel, et l'organisation *collective* du travail humain également ; le travail de la machine joue un rôle de plus en plus déterminant dans ces aubaines, et c'est l'institution de la propriété privée qui fait que le bénéfice des aubaines n'est pas partagé entre tous mais donne lieu à des rentes confisquées par des particuliers.

Quant à Keynes, il faut réfléchir à ce que pourrait être une théorie macroéconomique cohérente si le plein-emploi désormais hors d'atteinte a cessé d'être son point d'articulation possible. L'endroit d'où repartir, c'est sans doute, dans son raisonnement, là où le plein-emploi n'intervient pas comme point de départ mais se découvre comme conséquence logique : organiser la macroéconomie de telle sorte que son point focal soit ce qui permet de *minimiser le dissensus sociétal*, étant admis qu'aucune société ne pourra jamais être suffisamment homogène – pour des raisons de division sociale du travail – pour qu'un égalitarisme absolu puisse apparaître comme une solution viable à long terme. Dans une économie où le rapport de force se dégrade chaque jour davantage en défaveur du travailleur parce que, le travail humain disparaissant, l'emploi s'évanouit lui aussi, quel est le nouveau point focal susceptible de *minimiser le dissensus sociétal* ? C'est la réponse à cette question que nous tous devons maintenant découvrir.

*

*Note.* Pourquoi Marx a-t-il exclu la formation des prix et la fixation du niveau des salaires du cadre de la lutte des classes ? Il s'agit de questions que j'ai déjà longuement débattues et plutôt que de paraphraser laborieusement ce que j'en ai dit alors, je préfère reproduire ces quelques pages.

• Sur la formation des prix :

> Alors que Marx et Engels affirmaient dans la phrase inaugurale de la première partie du Manifeste du Parti communiste que "l'histoire de toutes les sociétés jusqu'ici a été l'histoire de la lutte des classes" (Marx & Engels [1848], 1965 : 161), dans la théorie de la formation des prix de Marx et dans son explication du partage de la richesse créée, la lutte des classes est, de manière inattendue, absente (Jorion, 2012 : 183). Marx considère que les rapports de force [ne] sont pour rien [dans la formation des prix] et *a fortiori*, la lutte des classes encore moins. Pourquoi ? Parce que, pour lui, la formation des prix est une question générale s'appliquant à tous les systèmes économiques où des marchandises sont produites et que le capitalisme n'est qu'une des formes possibles de ces systèmes (*cf.* Clarke 1982 : 77). Il lui faut donc énoncer une théorie de la formation des prix valant pour tous ces systèmes, or la lutte des classes ne caractérise que le capitalisme, donc la lutte des classes, et les rapports de force en général, n'ont rien à faire dans une théorie de la formation des prix, alors que pour moi (comme déjà chez Aristote) le rapport de force est le « moteur » dans la formation de tous les prix (Jorion, 2012 : 184).

• Sur la fixation du niveau des salaires :

> [Marx] considère que le salaire des salariés constitue un élément du même ordre que les avances en argent ou en matières premières en

provenance du « capitaliste », il en fait, selon ses propres termes, une partie des « frais de production ». Voici ce qu'il écrit dans *Travail salarié et capital*, texte rédigé en 1849 : « Ces frais de production consistent : 1° en matières premières et en instruments, c'est-à-dire en produits industriels dont la production a coûté un certain nombre de journées de travail, si bien qu'ils représentent un temps de travail déterminé ; 2° en travail immédiat qui n'a d'autre mesure que le temps » (Marx [1849], 1965 : 210). Marx adopte donc étonnamment le même point de vue que la fiche de paie contemporaine, qui mentionne le salaire sous la rubrique « coût total pour l'entreprise ». On peut répondre à cela que si les salaires font partie des *frais de production*, pourquoi ne pas considérer aussi comme *frais de production* les intérêts qui reviennent au capitaliste, ou bien encore le bénéfice qui va à l'industriel ou « entrepreneur » ? Mais, si c'était le cas, la notion de *frais de production* ne se justifierait plus, puisque la somme des *frais de production* ne serait rien d'autre, en réalité, que le prix de vente de la marchandise sur son marché primaire, celui où [...] la marchandise, le produit fini, est vendu pour la première fois.

Or ce n'est pas du tout la même chose que de considérer les salaires comme une des composantes des *frais de production*, ou comme des sommes revenant à l'une des trois parties en présence dans le partage du surplus. Chez Marx, les salaires sont un facteur objectif, un « donné », tout comme le prix des matières premières, alors que, dans ma manière d'aborder le problème, les sommes qui seront allouées comme salaires constituent une part du *surplus*, et leur montant reflète en réalité le rapport de force entre les salariés et leur patron. Je dirai donc que, chez Marx, les salaires sont « réifiés » – je veux dire par là qu'ils sont considérés comme une donnée objective au même titre que le coût des matières premières nécessaires à la production –, alors que, pour moi, ils constituent une part du surplus, leur montant se déterminant en fonction d'un rapport de force (Jorion, 2011 : 234-235).

Marx considère que la présence de syndicats peut influer sur le niveau des salaires mais que celui-ci aura cependant tendance à revenir vers son niveau « naturel », qui est un donné objectif d'ordre économique lié au fait que le travail est un « facteur de production » comme un autre (*cf.* Dobb, 1973 : 153). Donc pour lui, ici, le politique est un « facteur » contributif mais nullement le « moteur » du processus (Jorion, 2012 : 183).

Chez Marx, le montant du salaire oscille autour du niveau qui serait celui du salaire de subsistance. Dans *Salaire, prix et plus-value* (Marx [1865], 1965), il se contente de reprendre l'argument de Ricardo relatif au fait que le salaire de subsistance constitue une borne inférieure pour le salaire et que le patron tentera constamment de le ramener à ce niveau-là. Il sera parfois possible, dit-il de descendre en dessous, à condition qu'on repasse ensuite au-dessus pour que le salaire de subsistance soit assuré en moyenne. Ce que Marx affirme implicitement, c'est que le rapport de force est à ce point défavorable aux salariés que seule la borne inférieure du prix intervient en réalité dans la détermination de celui-ci (Jorion, 2012 : 245).

- Et en conclusion :

Une fois encore, donc, après la définition que j'ai proposée du prix comme résultante du rapport de force entre acheteur et vendeur (Jorion, 2010 : 92-93), la position que j'adopte constitue *de facto* une radicalisation de la position de Marx. Cette radicalisation transparaît clairement dans le fait que les revendications des salariés pour obtenir une meilleure rémunération ont un sens dans le cadre tel que je le définis, puisqu'elles sont susceptibles de modifier le rapport de force existant entre leurs patrons, les dirigeants d'entreprise que sont les industriels ou « entrepreneurs », et eux-mêmes, alors que, chez Marx, on ne voit pas pourquoi ces revendications pourraient faire une différence, les salaires ayant la même objectivité, la même « solidité », que le prix des matières premières, par exemple (Jorion, 2011 : 236).

# Épilogue

Quel pourrait être l'impact d'un livre comme celui-ci ? La réponse se trouve peut-être dans l'intervention de Joan Robinson lors de la discussion qui conclut les conférences Rafaelle Mattioli données par Richard Kahn en 1978 à Milan et consacrées à la genèse de la *Théorie générale de l'emploi, de l'intérêt et de la monnaie*.

Voici ce que dit Robinson à cette occasion :

> Le principal problème de Keynes était qu'il était un idéaliste. Il pensait qu'aussitôt que les gens auraient compris sa théorie, auraient compris comment le système capitaliste fonctionne véritablement, ils se comporteraient de manière raisonnable et géreraient le système de telle sorte que des effets positifs en résultent, et en particulier un niveau d'emploi élevé et stable. [...]
>
> Keynes était un innocent qui croyait qu'une théorie intelligente prévaut sur une autre qui est stupide. Mais il va de soi que dans le monde réel l'impact d'une politique ne découle pas d'une compréhension intelligente de l'économie mais du jeu des intérêts particuliers et du désir de défendre le capitalisme contre les courants de pensée radicale de chaque époque. Comparer les mérites des approches est donc une perte de temps. Du point de vue du mérite, qui pourrait bien préférer Milton Friedman à Keynes ? [...] mais cela ne signifie nullement que l'influence de Keynes prévaudra sur celle de Friedman. [...]
>
> Telle était la faiblesse de la position de Keynes : il nous montra comment comprendre les problèmes mais il ne comprit pas comment les résoudre (Kahn, 1984 : 203-205).

Keynes était aussi proche qu'un intellectuel puisse jamais l'être d'un homme d'État susceptible de voir les décisions qu'il prend se matérialiser dans la réalité concrète, il n'en fut pas moins aux yeux d'une de ses proches, nous venons de le voir, un « innocent ».

Keynes n'encouragea pas seulement le public à lire ses livres, il encouragea aussi les *bons entendeurs* à lire ce qu'il a écrit entre les lignes. Ce que le monde décide ensuite de faire de ce qui est écrit non seulement au sein même de ces lignes mais aussi entre elles, ne relève plus de l'auteur mais de ses lecteurs.

# Références bibliographiques


BERNSTEIN, Jeremy, « Janos Plesch. Brief Life of an Unconventional Doctor : 1878-1957 », *Harvard Magazine*, janvier-février 2004.

BLANCHARD, Olivier & Leigh, Daniel, « Growth Forecast Errors and Fiscal Multipliers », *IMF Working Paper*, janvier 2013, 13/1.

BOURDIEU, Pierre, « L'essence du néolibéralisme », *Le Monde diplomatique*, mars 1998.

BRIAN, Éric, « Aléas, normes sociales et limites de la performativité », *in* Christian Walter (dir.), *Nouvelles normes financières*, Paris, Springer-Verlag, 2010, p. 191-219.

CLARKE, Simon, *Marx, Marginalism and Modern Sociology*, Londres, Macmillan, 1982.

CLAVERT, Frédéric, *Hjalmar Schacht, financier et diplomate (1930-1950)*, Bruxelles, Peter Lang, 2009.

DELBOS, Geneviève & JORION, Paul [1984], *La Transmission des savoirs*, Paris, Éditions de la Maison des sciences de l'homme 2009.

DOBB, Maurice, *Theories of Value and Distribution since Adam Smith. Ideology and Economic Theory*, Cambridge, Cambridge University Press, 1973

DUBY, Georges, *Le Dimanche de Bouvines : 27 juillet 1214*, Gallimard, 1973.

FABOZZI, Frank J., Modigliani, Franco & Ferri, Michael G., *Foundations of Financial Markets and Institutions*, Englewood Cliffs (N.J.), Prentice-Hall, 1994.

FENET, P. A., *Recueil complet des travaux préparatoires au Code civil*, Paris, au dépôt, 1827, t. XIV : https ://books.google.be/books?id=FQ07AAAAcAAJ&printsec=frontcover&hl=fr&source=gbs_ge_summary_r&cad=0#v=onepage&q&f=false.

FENSTER, Ariel, « Prontosil : la petite histoire du premier “médicament miracle” », *Les Manchettes scientifiques d'Ariel Fenster*, Agence science-presse, 4 mai 2012, http://www.sciencepresse.qc.ca/blogue/2012/05/04/prontosil-petite-histoire-premier-medicament-miracle.

FOUCAULT, Michel [1979], *Naissance de la biopolitique. Cours au Collège de France. 1978-1979*, Paris, Gallimard/Seuil, 2004.

FRIOT, Bernard, *L'Enjeu des retraites*, Paris, La Dispute, 2010.
GIDE, Charles & RIST, Charles, *Histoire des doctrines économiques depuis les physiocrates jusqu'à nos jours*, Paris, Sirey, 1909.
GRAY, Alistair, « Reinsurance Investment Pushes Down Prices », *Financial Times*, 2 juin 2013.
HACKING, Ian, *The Emergence of Probability*, Cambridge, Cambridge University Press, 1975.
HICKS, John, « IS-LM : An Explanation », *Journal of Post Keynesian Economics*, hiver 1980-1981, vol. III, n° 2, p. 139-154.
HULL, John C., *Options, Futures, and Other Derivative Securities*, Englewood Cliffs, Prentice-Hall, 1993.
HULSE, Carl, « Pentagon Prepares A Futures Market On Terror Attacks », *The New York Times*, 29 juillet 2003.
JORION, Paul, « Effet attracteur de la performance économique moyenne. Un test de la théorie de l'économie paysanne de Chayanov », *Revue de l'Institut de sociologie*, 1983, 3-4, p. 423-437.
JORION, Paul, « Déterminants sociaux de la formation des prix de marché, L'exemple de la pêche artisanale », *La Revue du MAUSS*, 1990, n.s., 9, p. 71-106 ; n.s., 10, p. 49-64.
JORION, Paul, *Investing in a Post-Enron World*, New York, McGraw-Hill, 2003.
JORION, Paul, « Adam Smith's "Invisible Hand" Revisited », *Proceedings of the 1st World Conference on Simulation of Social Systems, Kyoto*, Springer Verlag, août 2006, vol. I, p. 247-254.
JORION, Paul, *La Crise du capitalisme américain*, Paris, La Découverte, 2007 ; rééd. Broissieux, Éditions du Croquant, 2009.
JORION, Paul, *L'Implosion. La finance contre l'économie. Ce que révèle et annonce la « crise des subprimes »*, Paris, Fayard, 2008.
JORION, Paul, *L'Argent, mode d'emploi*, Paris, Fayard, 2009a.
JORION, Paul, *Comment la vérité et la réalité furent inventées*, Paris, Gallimard, 2009b.
JORION, Paul, *Le Prix*, Broissieux, Éditions du Croquant, 2010.
JORION, Paul, *Le Capitalisme à l'agonie*, Paris, Fayard, 2011.
JORION, Paul, *Misère de la pensée économique*, Paris, Fayard, 2012.
KAHN, Richard, *The Making of Keynes'* General Theory, Cambridge, Cambridge University Press, 1984.
KEYNES, John Maynard [1913], *Indian Currency and Finance*, *in* Donald Moggridge (dir.), *The Collected Writings of John Maynard Keynes*, Cambridge, Macmillan/Cambridge University Press for the Royal Economic Society, 1971, vol. I.
KEYNES, John Maynard, *The Economic Consequences of the Peace*, Londres : Macmillan, 1919.
KEYNES, John Maynard, *A Treatise on Probability*, Londres, Macmillan, 1921.
KEYNES, John Maynard [1921], « Melchior : A Defeated Enemy », *in Essays in Biography*, Londres, Palgrave Macmillan, [1933] 2010, p. 389-429.
KEYNES, John Maynard, *A Revision of the Treaty*, Londres, Macmillan, 1922.
KEYNES, John Maynard, *A Tract on Monetary Reform*, Londres, Macmillan, 1923.
KEYNES, John Maynard [1924], « A Summary of the Author's Theory », *in* Donald Moggridge (dir.), *The Collected Writings of John Maynard Keynes*, vol. XIII :

*The General Theory and After : Part I, Preparation*, Cambridge, Cambridge University Press, 1973, p. 19-22.

KEYNES, John Maynard [1925a], « Am I a Liberal », *in* Donald Moggridge (dir.), *The Collected Writings of John Maynard Keynes*, vol. IX : *Essays in Persuasion*, Cambridge, Macmillan/Cambridge University Press for the Royal Economic Society [1931], 1972, p. 295-306.

KEYNES, John Maynard [1925b], « A Short View of Russia », *in* Donald Moggridge (dir.), *The Collected Writings of John Maynard Keynes*, vol. IX : *Essays in Persuasion*, Cambridge, Macmillan/Cambridge University Press for the Royal Economic Society [1931], 1972, p. 253-271.

KEYNES, John Maynard [1925c], « The Economic Consequences of M. Churchill », *in* Donald Moggridge (dir.), *The Collected Writings of John Maynard Keynes*, vol. IX : *Essays in Persuasion*, Cambridge, Macmillan/Cambridge University Press for the Royal Economic Society [1931], 1972, p. 207-230.

KEYNES, John Maynard [1926a], « Liberalism and Labour », *in* Donald Moggridge (dir.), *The Collected Writings of John Maynard Keynes*, vol. IX : *Essays in Persuasion*, Cambridge, Macmillan/Cambridge University Press for the Royal Economic Society [1931], 1972, p. 307-311.

KEYNES, John Maynard [1926b], « The End of *Laissez-Faire* », *in* Donald Moggridge (dir.), *The Collected Writings of John Maynard Keynes*, vol. IX : *Essays in Persuasion*, Cambridge, Macmillan/Cambridge University Press for the Royal Economic Society [1931], 1972, p. 272-294.

KEYNES, John Maynard [1926], « Trotsky on England », *in Essays in Biography*, Londres, Palgrave Macmillan [1933], 2010, p. 63-67.

KEYNES, John Maynard, *A Treatise on Money*, Londres, Macmillan, 1930, 2 vol.

KEYNES, John Maynard [1930], « Economic Possibilities for our Grandchildren », *in* Donald Moggridge (dir.), *The Collected Writings of John Maynard Keynes*, vol. IX : *Essays in Persuasion*, Cambridge, Macmillan/Cambridge University Press for the Royal Economic Society [1931], 1972, p. 321-332.

KEYNES, John Maynard [1931a], « Lettre à Kingsley Martin, le 21 mars 1931 », *in* Donald Moggridge (dir.), *The Collected Writings of John Maynard Keynes*, vol. XXVIII : *Social, Political and Literary Writings*, Cambridge, Cambridge University Press, 2013, p. 8.

KEYNES, John Maynard [1931b], « The Camargo Society », *in* Donald Moggridge (dir.), *The Collected Writings of John Maynard Keynes*, vol. XXVIII : *Social, Political and Literary Writings*, Cambridge, Cambridge University Press, 2013, p. 9-10.

KEYNES, John Maynard [1931], *Essays in Persuasion*, *in* Donald Moggridge (dir.), *The Collected Writings of John Maynard Keynes*, Cambridge, Macmillan/Cambridge University Press for the Royal Economic Society, 1972, vol. IX.

KEYNES, John Maynard, « Professor Keynes Is Optimistic », *British Movietone*, 1931 ; https ://www.youtube.com/watch?v=U1S9F3agsUA.

KEYNES, John Maynard [1932], « The Dilemma of Modern Socialism », *in* Donald Moggridge (dir.), *The Collected Writings of John Maynard Keynes*, vol. XXI : *Activities 1931-1939, World Crises and Policies in Britain and America*, Londres, Macmillan/Cambridge University Press, 1982, p. 33-38.

KEYNES, John Maynard [1932], « Royal Commission on Lotteries and Betting », *in* Donald Moggridge (dir.), *The Collected Writings of John Maynard Keynes*, vol. XXVIII : *Social, Political and Literary Writings*, Cambridge, Cambridge University Press, 2013, p. 397-412.

KEYNES, John Maynard [1933a], « Thomas Robert Malthus », *in Essays in Biography*, Londres, Palgrave Macmillan, 2010, p. 71-108.

KEYNES, John Maynard [1933b], *Essays in Biography*, Londres, Palgrave Macmillan, 2010.

KEYNES, John Maynard [1933], « National Self-Sufficiency », *in* Donald Moggridge (dir.), *The Collected Writings of John Maynard Keynes*, vol. XXI : *Activities 1931-1939, World Crises and Policies in Britain and America*, Londres, Macmillan, 1982, p. 233-246.

KEYNES, John Maynard [1933-1934], « 5. Quasi-Rent and the Marginal Efficiency of Capital », *in* Donald Moggridge (dir.), *The Collected Writings of John Maynard Keynes*, vol. XXIX : *The General Theory and After : A Supplement*, Cambridge, Macmillan/Cambridge University Press for the Royal Economic Society, 1979 : 111-120.

KEYNES, John Maynard [1936], *The General Theory of Employment, Interest and Money*, *in* Donald Moggridge (dir.), *The Collected Writings of John Maynard Keynes*, Cambridge, Macmillan/Cambridge University Press for the Royal Economic Society, 1973, vol. VII.

KEYNES, John Maynard [1936], « On Reading Books », *in* Donald Moggridge (dir.), *The Collected Writings of John Maynard Keynes*, vol. XXVIII : *Social, Political and Literary Writings*, Cambridge, Cambridge University Press, 2013, p. 329-335.

KEYNES, John Maynard [1937a], « The General Theory of Employment », *in* Donald Moggridge (dir.), *The Collected Writings of John Maynard Keynes*, vol. XIV : *The General Theory and After : Part II, Defence and Development*, Cambridge, Cambridge University Press, 1973, 109-123.

KEYNES, John Maynard [1937b], « Alternative Theories of the Rate of Interest », *in* Donald Moggridge (dir.), *The Collected Writings of John Maynard Keynes*, vol. XIV : *The General Theory and After : Part II, Defence and Development*, Cambridge, Cambridge University Press, 1973, p. 201-215.

KEYNES, John Maynard [1937], « Lettre à Kingsley Martin, le 25 juillet 1937 », *in* Donald Moggridge (dir.), *The Collected Writings of John Maynard Keynes*, vol. XXVIII : *Social, Political and Literary Writings*, Cambridge, Cambridge University Press, 2013, p. 71-73.

KEYNES, John Maynard [1939], « Democracy and Efficiency », *in* Donald Moggridge (dir.), *The Collected Writings of John Maynard Keynes*, vol. XXI : *Activities 1931-1939, World Crises and Policies in Britain and America*, Londres, Macmillan, 1982, p. 491-500.

KEYNES, John Maynard [1940], « Proposals to Counter the German "New Order" », *in* Donald Moggridge (dir.), *The Collected Writings of John Maynard Keynes*, vol. XXV : *Activities 1940-1944, Shaping the Post-war World : the Clearing Union*, Londres, Macmillan, 1980, p. 7-10.

KEYNES, John Maynard [1941a], « Proposals for an International Currency Union [Second Draft, November 18, 1941] », *in* Donald Moggridge (dir.), *The Collected*

*Writings of John Maynard Keynes*, vol. XXV : *Activities 1940-1944, Shaping the Post-war World : the Clearing Union*, Londres, Macmillan, 1980, p. 42-66.

Keynes, John Maynard [1941b], « Lettre à Montagu Norman, 19 décembre 1941 », *in* Donald Moggridge (dir.), *The Collected Writings of John Maynard Keynes*, vol. XXV : *Activities 1940-1944, Shaping the Post-war World : the Clearing Union*, Londres, Macmillan, 1980, p. 98-100.

Keynes, John Maynard [1943], « Newton, the man », *in Essays in Biography*, Londres, Palgrave Macmillan, 2010, p. 363-374.

Keynes, John Maynard [1944], « Mary Paley Marshall », *in Essays in Biography*, Londres, Palgrave Macmillan, 2010, p. 232-250.

Keynes, John Maynard, « Towards the *General Theory* », *in* Donald Moggridge (dir.) *The Collected Writings of John Maynard Keynes*, vol. XIII : *The General Theory and After : Part I, Preparation*, Cambridge, Cambridge University Press, 1973, p. 337-343.

Keynes, John Maynard et Hubert Henderson [1929], « Can Lloyd George Do It ? », *in* Donald Moggridge (dir.), *The Collected Writings of John Maynard Keynes*, vol. IX : *Essays in Persuasion*, Cambridge, Macmillan/Cambridge University Press for the Royal Economic Society [1931], 1972, p. 86-125.

LeFevre, Edwin [1923], *Reminiscences of a Stock Operator*, New York, John Wiley and Sons, 1994.

McNally, David, « From Financial Crisis to World Slump : Accumulation, Financialization, and the Global Slowdown », *Historical Materialism*, 2009, 17, p. 35-83.

Marx, Karl [1844], *Manuscrits de 1844*, Paris, Éditions sociales, 1969.

Marx, Karl [1849], « Travail salarié et capital », *in Œuvres*, t. I : *Économie*, Paris, Gallimard, « Bibliothèque de la Pléiade », 1965.

Marx, Karl [1865], « Salaire, prix et plus-value », *in Œuvres*, t. I : *Économie*, Paris, Gallimard, « Bibliothèque de la Pléiade », 1965.

Marx, Karl & Engels, Friedrich [1848], « Le manifeste communiste », *in Œuvres*, t. I : *Économie*, Paris, Gallimard, « Bibliothèque de la Pléiade », 1965.

Minsky, Hyman P. [1975], *John Maynard Keynes*, New York, McGraw-Hill, 2008.

Moore, Basil, *Horizontalists and Verticalists. The Macroeconomics of Credit Money*, Cambridge, Cambridge University Press, 1988.

Mouchot, Claude, « De quelques analogies physiques en économie politique », *Revue européenne des sciences sociales*, 2000, vol. XXXVIII, n° 117, p. 121-130.

Orléan, André, « Mimétisme et anticipations rationnelles : une perspective keynésienne », *Recherches économiques de Louvain/Louvain Economic Review*, 1986, vol. 52, n° 1, p. 45-66.

Piermay, Michel, « Les limites de la conception du risque selon Solvabilité-II », *in* Christian Walter (dir.), *Nouvelles normes financières*, Paris, Springer-Verlag, 2010, p. 79-94.

Piketty, Thomas, *Le Capital au XXIe siècle*, Paris, Seuil, 2013.

Polanyi, Karl, « Aristotle Discovers the Economy », *in* Karl Polanyi, Conrad M. Arensberg & Harry W. Pearson (dir.), *Trade and Market in the Early Empires*, Glencoe, The Free Press, 1957, p. 64-94.

Quesnay, François, *Physiocratie*, présentation de Jean Cartelier, Paris, Flammarion 2008.

ROBBINS, Lionel, *Bretton Woods Diary*, London School of Economic Digital Library, 1944 : http://digital.library.lse.ac.uk/objects/lse:pat524yab#page/1/mode/2up.

RONCAGLIA, Alessandro, *Sraffa and the Theory of Prices*, Chichester, John Wiley and Sons, 1978.

ROUSSEAU, Jean-Jacques [1755], « Du contrat social », *in Œuvres complètes*, t. III : *Écrits politiques*, Paris, Gallimard, « Bibliothèque de la Pléiade », 1966.

RUSSELL, Bertrand, « Compte rendu de J. M. Keynes, *A Treatise on Probability* », *The Mathematical Gazette*, juillet 1922, p. 152.

SCHUMPETER, Joseph, *A History of Economic Analysis*, New York, Oxford University Press, 1954 ; trad. fr. : *Histoire de l'analyse économique*, Paris, Gallimard, 1983, trois tomes.

SKIDELSKY, Robert, *John Maynard Keynes. Hopes Betrayed 1883-1920*, Londres, Macmillan, 1983.

SKIDELSKY, Robert, *John Maynard Keynes. The Economist as Saviour 1920-1937*, Londres, Macmillan, 1992.

SKIDELSKY, Robert, *John Maynard Keynes. Fighting for Britain 1937-1946*, Londres, Macmillan, 2000.

SKIDELSKY, Robert, *Keynes. The Return of the Master*, New York, Public Affairs, 2009.

SMITH, Adam [1776], *An Inquiry into the Nature and Causes of the Wealth of Nations*, Oxford, Oxford University Press, 1976, 2 vol.

SRAFFA, Piero, *Production of Commodities by Means of Commodities. Prelude to a Critique of Economic Theory*, Cambridge, Cambridge University Press, 1960.

TALLEY, Ian, « IMF Details Errors in Calling for Austerity », *Wall Street Journal*, 3 janvier 2013.

TILY, Geoff, *Keynes Betrayed : The* General Theory, *the Rate of Interest and « Keynesian » Economics*, Londres, Palgrave Macmillan, 2007.

TURNER, Adair, *Economics after the Crisis. Objectives and Means*, Cambridge (Mass.), MIT Press, 2012.

ZENG, Min, « China Plays a Big Role as U.S. Treasury Yields Fall. Record Chinese Purchases of Treasurys Help Explain U.S. Bond Rally », *Wall Street Journal*, 16 juillet 2014.

# Table des matières

DEUXIÈME PARTIE

## *La Théorie générale de l'emploi, de l'intérêt et de la monnaie* (1936)

DU MÊME AUTEUR
CHEZ ODILE JACOB

*Comprendre les temps qui sont les nôtres. 2007-2013*, 2014

Cet ouvrage a été composé
en Adobe Garamond Pro
par Nord Compo
à Villeneuve-d'Ascq (Nord).

Achevé d'imprimer en octobre 2015
sur les presses de la Nouvelle Imprimerie Laballery (58)

La Nouvelle Imprimerie Laballery est titulaire de la marque Imprim'Vert®

N° d'édition : 7381-3308-1 – N° d'impression : 509302
Dépôt légal : septembre 2015

*Imprimé en France*